明清以来美洲粮食作物经济地理研究

Study on the Economic Geography of American Cereal Crops since the Ming and Qing Dynasties

李昕升 著

中国社会科学出版社

图书在版编目（CIP）数据

明清以来美洲粮食作物经济地理研究／李昕升著 . —北京：中国社会科学出版社，
2022. 10

（中国社会科学博士后文库）
ISBN 978 - 7 - 5227 - 0091 - 5

Ⅰ. ①明… Ⅱ. ①李… Ⅲ. ①外来种—粮食作物—作物经济—经济地理—研究—
中国—明清时代 Ⅳ. ①F326. 11

中国版本图书馆 CIP 数据核字（2022）第 064679 号

出 版 人	赵剑英
责任编辑	宋燕鹏
责任校对	王佳玉
责任印制	李寡寡

出 版	中国社会科学出版社
社 址	北京鼓楼西大街甲 158 号
邮 编	100720
网 址	http://www. csspw. cn
发 行 部	010 - 84083685
门 市 部	010 - 84029450
经 销	新华书店及其他书店

印刷装订	北京君升印刷有限公司
版 次	2022 年 10 月第 1 版
印 次	2022 年 10 月第 1 次印刷

开 本	710×1000 1/16
印 张	15
字 数	253 千字
定 价	78. 00 元

凡购买中国社会科学出版社图书，如有质量问题请与本社营销中心联系调换
电话:010 - 84083683

第十批《中国社会科学博士后文库》编委会及编辑部成员名单

（一）编委会

主　任：赵　芮

副主任：柯文俊　胡　滨　沈水生

秘书长：王　霄

成　员（按姓氏笔划排序）：

卜宪群　丁国旗　王立胜　王利民　史　丹

冯仲平　邢广程　刘　健　刘玉宏　孙壮志

李正华　李向阳　李雪松　李新烽　杨世伟

杨伯江　杨艳秋　何德旭　辛向阳　张　翼

张永生　张宇燕　张伯江　张政文　张冠梓

张晓晶　陈光金　陈星灿　金民卿　郑筱筠

赵天晓　赵剑英　胡正荣　都　阳　莫纪宏

柴　瑜　倪　峰　程　巍　樊建新　冀祥德

魏后凯

（二）编辑部

主　任：李洪雷

副主任：赫　更　葛吉艳　王若阳

成　员（按姓氏笔划排序）：

杨　振　宋　娜　赵　悦　胡　奇　侯聪睿

姚冬梅　贾　佳　柴　颖　梅　玫　焦永明

黎　元

《中国社会科学博士后文库》
出版说明

为繁荣发展中国哲学社会科学博士后事业，2012年，中国社会科学院和全国博士后管理委员会共同设立《中国社会科学博士后文库》（以下简称《文库》），旨在集中推出选题立意高、成果质量好、真正反映当前我国哲学社会科学领域博士后研究最高水准的创新成果。

《文库》坚持创新导向，每年面向全国征集和评选代表哲学社会科学领域博士后最高学术水平的学术著作。凡入选《文库》成果，由中国社会科学院和全国博士后管理委员会全额资助出版；入选者同时获得全国博士后管理委员会颁发的"优秀博士后学术成果"证书。

作为高端学术平台，《文库》将坚持发挥优秀博士后科研成果和优秀博士后人才的引领示范作用，鼓励和支持广大博士后推出更多精品力作。

《中国社会科学博士后文库》编委会

序

　　几年前，曾获李昕升博士赠其《中国南瓜史》一书，而有缘相识，并知其有"南瓜博士"之美誉。今其新著《明清以来美洲粮食作物经济地理研究》出版在即，嘱我为序。我虽多年未从事历史农业地理研究，对此道已觉生疏，然感其谦逊好学之至诚，不得不勉为敷陈数言。

　　自美国华裔历史学家何炳棣先生发现美洲粮食作物在中国之传播与清代中国人口增长的关系，于是计量史学率先进入，掀起了研究高潮。他们利用经济学模型对数以千计的方志物产史料进行回归分析，证明中国引种美洲粮食作物产生的这样那样的社会经济影响，认为清代并无明显而广泛的技术革新（农业革命），唯一的新因素就是美洲作物的推广。近十余年来，美洲粮食作物对人口增长的巨大意义似乎已经成为一种常识，充斥着美洲作物导致清代"人口奇迹"/"人口爆炸"的言论，如"玉米支撑了清代人口的增长""18 世纪的食物革命""康乾盛世就是番薯盛世""番薯挽救了中国"等。

　　李博士十分冷静地面对并思考了这些"常识"。他在本书中以玉米和番薯为代表的美洲粮食作物为中心，就传统社会农业生产进行理论与实证研究，从宏观角度分析美洲粮食作物在中国本土化全貌，从微观角度透视浙江、云南、江西、广西等地区变迁个案，以作物分布及变迁、时空差异和变化驱动力为重点，探讨人与自然的复杂互动，在以下几个方面提出了与流行观点不同的新看法。

　　一、玉米在乾隆中期才开始在浙江特别是山地广泛传播，棚民起了十分重要的作用。在云南也是在 19 世纪中期实现广泛传播，成为山区的食粮，晚清、民国是大规模种植阶段，奠定了全省主要粮食作物的地位。广西的玉米、番薯通过多条线路反复引种，在晚清完成推广，成为主粮作物。虽然增加了粮食产量，减轻了移民人口的压力，促进了山区的开发，但是加剧了水土流失，带来了相应的环境问题。

二、番薯在江西是由闽粤流民引种，因其代粮优势，推广成效颇佳，乾隆年间已经广泛种植于江西山区，至迟在 19 世纪中期，奠定了全省第二大粮食作物的地位，与闽、浙、粤一道共同构成东南番薯集中产区。番薯种植具有经济作物属性，支撑了农业经济的转型，出现了民食杂粮化的趋势。因此江西番薯推广不能单纯用人口压力论来解释。

三、玉米和番薯在中国的传播途径与效果不尽相同。比如桂西北山地多种玉米，桂东南平原多种番薯，其原因在于自然与社会因素博弈下的种植制度不同。玉米种植暗合了棚民开山的需求，是农民自发选择，非国家权力所能管控，得以在全国山区推广；番薯未融入北方种植制度，很长时期并非粮食作物而仅是救荒作物，在新中国成立之前的地位和作用是很有限的，在南方则不同。

四、基于中国农耕文化的特质，稻、麦等传统作物较之外来作物更加契合农业体制、更容易被饮食体系接纳、引起文化上的共鸣，形成"超稳定饮食结构"。玉米、番薯单产相对其他杂粮固然略有优势，但优势不是很明显，在传统作物搭配根深蒂固的前提下，很难做排他性竞争。因此在外来作物中是传入中国最晚的美洲作物，在近代乃至新中国成立之前，影响都是比较弱小的。

五、至迟在 19 世纪中期，玉米、番薯提供年人均粮食占有量 43.83 斤，仅能供养不到 3000 万的人口，因此不宜高估美洲粮食作物之于人口增长的作用。而且无论南北方，依然是贫困人民糊口杂粮。有清一代美洲作物基本没有被纳入赋税体系，虽然种植颇多，但充其量不过是"生计型"和"依赖型"农业商品经济，不足以实现经济根本转型。

六、南方玉米、番薯从乾隆中期至道光年间加速推广，北方则到清末民国时期才有较大发展，其价值凸显的时间是在 19 世纪中期之后，且主要是在山区缓解人口压力，而早在 19 世纪中期，中国人口已经达到帝制社会的峰值，也就是说，玉米、番薯完成推广并发生较大影响的时间与人口暴增时间并不一致。美洲作物推广作为技术革新之一，是由人口增长决定的，不能倒因为果。

作者也分析了"美洲作物决定论"产生的原因，认为：一部中国近代史，特别是 38 年的民国史，是中国历史上最频繁、最严重的一段灾荒史。玉米、番薯虽然不可能望水稻之项背，但是在部分省份已经是稳稳的第二大粮食作物了，而且其重要性与日俱增。于是引起人们对其作用的特别重视并加以夸大。

以上观点，是作者利用大量古籍、地方志、民间文献、报刊、田野调查资料，尤其是前人所未用的"中央研究院"近代史档案馆档案，进行辨伪、比勘、修正，利用传统约简式统计方法，结合农学知识、史学积累，对玉米、番薯两种主要粮食作物的播种面积、总产、单产做了细致估算得来的，具有较强的说服力，非常有见地，基本厘清了学术界对清至民国时期美洲作物在农业生产中地位和影响的争议和一些模糊认识，值得史学界深思。

在方法论上，作者质疑"经济学已经反复证明的函数关系"是否能够适用于传统非市场经济社会或二元经济体，认为传统史学者应当运用自己的方法来进行量化历史研究，不能只把目光聚焦到作物上。他举例说："2015年国家推出了马铃薯主粮化战略，若干年后，恐怕也会有人认为马铃薯是新世纪人口增长的主因，而忽略了全面放开二孩的政策，这就是量化历史的风险。"这一点我们确实应当反省。

由于本书关联的时空维度比较宏大，涉及的问题比较复杂，某些设计或提法仍然存在可供商榷之处。比如：

本书作为全国性"经济地理"专著，主要写了浙江、云南、江西、广西四省玉米、番薯的引种、推广与清代、民国人口增长之间的关系，种植区不够完整，尤其是缺少北方省份，并且尚缺少玉米、番薯作为商品的流通路线、价格地差等经济指数，可能会影响到一些全国性统计结论。

作者认为："马铃薯不在本书的讨论范围内，因为马铃薯虽然亦可作为粮食作物，但重要性远远难以与玉米、番薯相颉颃，传统社会只有在高寒山区尚有可圈可点之处（在人口集中的平原地区主要作为蔬菜，古今皆同）。"但不少人则持相反观点：清代中晚期，玉米、马铃薯等山地高产作物在云南的广泛种植，不仅丰富了云南的农作物品种，也改变了云南的粮食结构，农村产业结构发生了相应的变化。与此同时，耕地开始向高海拔地段推进，耕地面积也不断增加，既为山区移民提供了生存的基础，也为山区经济的发展提供了可能。此后，山区人口数量快速增长，推动了山区开发向纵深方向发展，云南民族地区的经济得到了快速的发展。因此至少在云南等边疆民族地区，马铃薯的食粮地位可能确实要高于番薯，本书如能加入马铃薯内容，当更具说服力。

　　这几个问题固属吹毛求疵，并不影响本书的基本价值。我很佩服李博士敏锐而独到的眼光和敢于挑战成说的勇气，以及精细考证和统计分析的方法。相信李博士的这本大作出版之后，必会引起学界关注，吹进一股清凉之风，沁人耳目，发人深省。

　　是为序。

郭声波

摘　要

　　鉴于历史时期美洲作物的巨大影响，一般认为，美洲作物之于清代人口增长有巨大作用。在大数据时代，美洲作物不仅是农史、历史地理、物质文化史等的重要命题，亦是经济史研究中量化历史研究的第一等题目。已有计量推导证明美洲作物，尤其是玉米，对清代人口增长贡献率超过了20%，看似符合史学研究的先验性结论，亦说明传统中国是典型的马尔萨斯社会。我们利用理论与实证的方式以美洲作物经济地理为中心的研究再出发，却得出了不一样的结论：

　　一是玉米、番薯虽然传入时间较早，但发挥功用时间较迟，除了番薯在明末的福建、广东尚有可圈可点之处，其余基本都不入流，直至乾隆中期之后南方山区开始推广、在道光年间完成推广。换言之，18世纪中期到19世纪中期是二者在南方山区推广最快的阶段，之后才作为主要粮食作物发挥了巨大功用，在南方平原地带，则一直建树不多；最终在南方形成了西部山区玉米种植带和东南丘陵番薯种植带，虽有交汇，但分庭抗礼，边界在湖广、广西。

　　二是北方玉米、番薯推广更晚，光绪以降的清末民国时期才有较大发展，最终奠定了一般粮食作物的地位，然仍并无二者在南方山区之地位。玉米胜于番薯，尤其在春麦区番薯几无踪迹，玉米在北方山区值得一书，在平原也有所发展，在总产量上得以超越南方。

　　三是乾隆以降，尤推乾隆帝，对番薯大加劝种，嘉庆以来，多见官方禁种玉米，这些虽有效果，但收效不大，番薯由于未融入北方当地的种植制度，多是昙花一现，灾后即撤，玉米暗合了棚民开山的需求，屡禁不止，愈演愈烈，归根到底，这些都是农民自发选择，不是国家权力所能管控的。

要之，美洲作物推广作为技术革新之一，是由人口增长决定的，不能倒因为果。实际上美洲粮食作物价值凸显的时间是在19世纪中期之后，且主要在山区缓解人口压力。玉米恐怕并非"可以解释（清代）人口增长的23％"，我们初步研究发现至迟在19世纪中期，玉米、番薯提供人均粮食占有量43.83斤、供养2473万—2798万人。至少太平天国（人口峰值）之前的人口压力并非源自美洲作物，即美洲作物不是刺激人口增长的主要因素，就全国而言美洲作物发挥更大功用的时间是在近代以来，已经错过了人口激增的阶段。依然是传统粮食作物在中国人口增长的问题上居功至伟。在美洲作物的问题上，并非传统史学，而是计量史学把虚假的相关性看成因果关系。这也证明，博赛拉普的反马尔萨斯理论，人口压力决定食物生产，更加符合传统中国国情。

关键词：美洲作物；玉米；番薯；本土化；量化历史

Abstract

In view of the great influence of American crops in the historical period, it is generally believed that the American crops have a great effect on the growth of the population in the Qing Dynasty. In the big data age, the American cropsare not only an important topic of Agricultural history, historical geography, material culture's history, etc, but also the first question in quantitative historical studies. It has been proved that American crops, especially maize, have contributed more than 20% to the population growth in the Qing Dynasty, which seems to be in line with the transcendental conclusions of history, and has been proved that traditional China is a typical Malthus society. We use theoretical and empirical methods to study again, but draw different conclusions.

Firstly, maize and sweet potato have been introduced early, but the impact time was late. Besides the sweet potato in Fujian and Guangdong which is important in the end of the Ming Dynasty, they were all unimportance in everywhere. They began to spread in southern mountainous areas till the middle of Qianlong period, and are popularized and completed in the southern mountain area in the Daoguang period. In a word, maize and sweet potato are popularized very fast in southern mountainous areas from the mid eighth Century to the mid nineteenth Century, after that, they played a great role as a major food crop, but they have not been flourishing in the southern plain. Finally, the western mountain maize planting areas and the southeast hilly sweet potato planting areas were formed in the south China. Although there was a confluence, the border was in Hunan Hubei and Guangxi.

Secondly, maize and sweet potato are extended later in the North China, which had a great development after the Guangxu period, and finally laid the status of the general grain crops, but can't compare with the position of the Maize and sweet potato in the South Mountain Area. Of course, maize is better than the sweet potato in the North, especially in the spring wheat area. Maize is worth mentioned in the northern mountainous area, and has also developed in the plains which is surpassed the south in total output.

Thirdly, since the Qianlong period, especially Emperor Hongli, the sweet potato has been greatly encouraged. Official banned maize after Jiaqing period that were little effective. Because of its failure to integrate into the northern cropping system, sweet potato is a flash in the pan, after the disaster is withdrawn, Maize coincides with the needs of the shed people to reclaim the mountains, despite repeated bans can't be stopped which growed more and more. In the final analysis, these are farmers' spontaneous choices, not controlled by state power.

So, as one of technical innovation American crops are determined by the population growth, can not reverse cause and effect. In fact, the value of American crops highlighted in the middle of the 19th Century, and largely alleviated population pressure in the mountains. Maize, I'm afraid, is not "an explanation for 23% of the population growth in the Qing Dynasty". The author's preliminary study found that maize and sweet potatoes provided 43. 83 Jin per capita grain and feeded 2473 ~ 2798 million in the middle of the nineteenth Century. At least the population pressure before the Taiping Heavenly Kingdom (Population peak) can not due to American crops, that is to say, American crops are not the main factors to stimulate population growth. The time for American crops to play a greater role in the country had missed the stage of population growth which was in fact in modern times. Traditional grain crops are highly valued in China's population growth. On the issue of American crops, it is not traditional historiography, but quantitative history have made the false relevance regarded as a causal relationship. It is also proved that bossaap's anti Malthus theory that population pressure determine food production, which is more in line with the traditional Chinese national conditions.

Key words: American crops; Maize; Sweet potato; Localization; Quantitative history

目　录

Contents

Contents R

绪　论

一　选题的依据和意义

（一）量化历史

量化统计是历史研究的重要方法之一，是对传统史学研究方法的补充，可以挖掘出文献背后潜藏的大量信息，从历史表象里发现全新的认知，不断推动历史学向科学化的方向发展。

随着史料边界的扩展、文献的不断发现，涌现出很多"新"史料，在海量的文献面前，任何人单打独斗式的老派研究都会力不从心，于是便滋生了以大数据为基础的历史研究，这是史学科学化的标志。我们在这里强调的主要是方法论的科学化，因为史料的科学化在"兰克革命"便走向了信史时代，但是诚如吴承明先生①指出的：即使做到所用史料都正确无误，仍然不能保证就可得出正确的结论，足见方法科学化的重要性。面对传统史学的定性研究，我们会提出更高的要求，当然并不是说定性研究不重要，本书仍以定性为主，而且这也是我们史学工作者的基本功，具有认识和处理史料的宝贵经验，定性研究是定量研究的基础，而不是看到数据库就匆忙上马量化研究。事实上，大数据研究疏于史料分析这种新的弊病使得研究本末倒置。

不可否认，经济史在这方面做得尤佳，开启了新史学的先河，盖因经济史是经济学的基础、经济学也是对历史学贡献最大的学科，具有天然的优势，经济制度、阶级斗争等之外，经济史对数字是非常敏感的，随着数据的增加、信度的提升，进行简单或复杂的运算也就是大势所趋了，即我们常说的"新经济史"。"新经济史"之所以为"新"，与其说是计量手段

---

① 因本书出现学人较多，统一略去"先生"，并非不含敬意，涉及的当事人请见谅。

的应用，不如说是研究思路的别致，换言之，要跳出以往成式窠臼，在科学史料的指导下，综合运用各种方法，研究"过去的、我们还不认识或认识不清的经济实践"（吴承明语）。

近年来兴起的计量史学，就是在数据史学指导下充分发掘文献中隐藏数据的一种新型经济史研究方式，它起源于美国，但是如李伯重所定义的这是"狭义的新经济史"[①]，如同历史研究应当是"史无定法"一样，量化历史的方法也不应局限在以数学模型为导向的计量经济学方法。所以从这个意义上讲，我们认为量化历史并非完全可以与计量史学画等号，传统的约简式计算、统计学方法，依然具有生命力，易言之，量化历史也有脱胎于本土史学的可能，具有浓厚的本土性，量化历史应该是"广义的新经济史"。新的方法固然值得借鉴，旧的手段也不该轻易扬弃，何况新的方法，也不只是计量经济学的方法，政治学、人口学、社会学、经济地理学等研究范式，均可以借用。

（二）美洲作物

在我国现有主要农作物中，本土原产的大概有 300 余种，另有 300 余种从国外传入。宋代以前，我国引进的农作物大部分来自亚洲西部，少部分来自非洲、地中海和印度，基本上是通过丝绸之路、蜀身毒道、海上丝绸之路传入的，引进的农作物多为蔬菜和果树。中唐以后，随着经济重心的南移，加之丝绸之路的不畅通[②]，海上丝绸之路迅速发展，不断有新作物从海上传入，明清时期原产于美洲的作物的引种和推广占了相当大的比重，是这一时期作物引进的特点。

1492 年哥伦布横渡大西洋抵达美洲，发现了新大陆，从此新大陆与旧大陆建立了经常的、牢固的、密切的联系。于是，美洲独有的农作物接连被欧洲探险者发现，并通过哥伦布及以后的商船，被陆续引种到欧洲，继而传遍旧大陆。随着新旧大陆之间的频繁交流，美洲作物逐渐传播到世界各地，极大地改变了世界作物栽培的地域分布，丰富了全世界人们的物

---

① 李伯重：《反思"新经济史"：回顾、分析与展望》，《澳门理工学报》（人文社会科学版）2017 年第 1 期。
② 中唐以后，吐蕃崛起，控制了陇右与河西，阻塞了我国与西域的贸易通道。在丝绸之路严重不畅通的情况下，我国和外国的商人开始转向从汉代以来逐步开辟的海上贸易通道，从而形成了一条从中国的广州，经东南亚和印度洋，到波斯湾的末罗国（今巴士拉），再西北到缚达（今巴格达）的海上丝绸之路。

质、精神生活。我国间接从美洲引进了不少作物,粮食作物如玉米、番薯、马铃薯,蔬菜作物(包括菜粮兼用)如南瓜、菜豆、笋瓜、西葫芦、木薯、辣椒、番茄、佛手瓜、蕉芋,油料作物如花生、向日葵,嗜好作物如烟草、可可,工业原料作物如陆地棉,药用作物如西洋参,果类作物如菠萝、番荔枝、番石榴、番木瓜、油梨、蛋黄果、人心果、腰果等近30种。

美洲作物的传入对我国的农业生产产生了深远的影响,充分利用了原来贫瘠的山区、沙地等边际土地,改善了我国农业生产资源的状况。增加了农作物,尤其是粮食作物的种类和产量,缓解了我国的人地矛盾、食物供给紧张问题,促进了商品经济的发展,使农民获得了更多的经济利益;拓展土地利用的空间与时间,提高了农业集约化水平;以及为我国植物油生产提供了重要的原料等。苏联植物学家、遗传学家瓦维洛夫(Николай Иванович Вавилов)曾说:"很难想像如果没有像向日葵、玉米、马铃薯、烟草、陆地棉等这些不久前引自美洲的作物我们的生活会是怎样。"①

一般认为,地理大发现,最重要的影响莫过于殖民主义的出现、工业资本主义的发展等,越来越多的学者认为"哥伦布大交换"(Columbian Exchange)才是其最重要的影响,改变了整个世界的面貌。"哥伦布大交换"由美国环境史家克罗斯比(Alfred W. Crosby)提出,是迄今为止环境史学界提出的最有影响的创见,从生态的角度对旧大陆征服新大陆这一重大历史转折做出全新解释,被广泛写入国内外世界史教材。"哥伦布大交换",简而言之,是指以 1492 年为开端,在之后的几个世纪里,旧大陆与新大陆间发生的动物、植物、微生物及经济、文化等方面的广泛交流。"哥伦布大交换"是双向的,比如此前美洲没有大牲畜"六畜"之四(马、牛、羊、猪),也没有我们的传统粮食作物"五谷"(稻或麻、黍、稷、麦、菽),美洲人主要靠三姐妹作物(The 3 Sisters)——玉米、菜豆、南瓜维持生计,三者互利共生,颇近似于传统中国的间作套种。

美籍东方学家劳费尔(Berthold Laufer)在《中国伊朗编》中曾高度称赞中国人向来乐于接受外来新鲜事物:"采纳许多有用的外国植物以为己用,并把它们并入自己完整的农业系统中去。"这里引入一个概念——

---

① [苏] Н. Й. 瓦维洛夫:《主要栽培植物的世界起源中心》,董玉琛译,农业出版社 1982 年版,第 4 页。

域外引种作物的本土化①，是指引进的作物适应中国的生存环境，并且融入中国的社会、经济、文化、科技体系之中，逐渐形成有别于原生地的、具有中国特色的新品种的过程。樊志民把这一认识，归纳为风土适应、技术改造、文化接纳三个递进的层次，李昕升在《中国南瓜史》（中国农业科学技术出版社 2017 年版）中称之为推广本土化、技术本土化、文化本土化。

美洲作物很快遍及中国，中国人从口腹到舌尖，成了早期全球化的最大受益者，各种美洲粮食、蔬果、经济作物纷至沓来，引发了整个农业结构的变化和经济形态的转型。质言之，鉴于美洲作物的巨大功用，明代后期以降，各种书写不绝于史，新中国成立之后，专题研究骤然增多，研究大盛。

（三）玉米与番薯

就传统社会而言，数十种美洲作物中以美洲粮食作物（玉米、番薯、马铃薯）影响最大，不仅仅是因为现存文本最多、最为史家所看重，更是由于美洲粮食作物与人民生计息息相关，美洲粮食作物在某种意义上决定了山区土地供养人口的上限②，近代文献中所保存珍贵的数据，为我们估计美洲粮食作物生产指标提供了珍贵的线索，本书强调的美洲作物如不加说明均是美洲粮食作物。

但是，马铃薯不在本书的讨论范围内，因为马铃薯虽然亦可作为粮食作物，但其重要性远远难以与玉米、番薯相颉颃，传统社会只有在高寒山区尚有可圈可点之处（在人口集中的平原地区主要作为蔬菜，古今皆同），历史地位与南瓜不相上下，联系到今天，马铃薯依然是菜粮兼用作物，否

---

① 本土化（domesticated），即多元交汇，是中华农业文明从不间断并蓬勃发展的原因之一。本土化是在地化（localization）累积的结果，至于在地化，按照阿帕杜莱（Appadurai，1996）的说法，在地化是想象力工作（work of imagination）的结果，社会群体需要从一个更全面的抽象思维或者物件中提取建立一种特殊性，换言之，在地化就是将抽象概念和物件的宏观形式转义成具体观点的过程，这些具体的观点在特定的语境中对特定的社会群体具有重要的社会意义。

② 基本上了解了粮食作物产量，就能够推算出供养人口的数量，因为"大概而论，北方各省大部分的人由食物中所得的滋养料，有 90%—95% 是由五谷而来。在南方的差异比较大些，不通他们大部分的滋养料，有 80%—95% 还是由五谷及薯类而来。既是如此情形，如果我们要研究中国人民食物的需要，便很简单了。如果我们晓得普通五谷类的需要，便可决定中国大部分的食物需要是如何了。"（张心一：《中国粮食问题》，中国太平洋国际学会 1932 年版，第 17 页。）

则"马铃薯主粮化战略"就没有立论的根基了。

我们对比下文关于马铃薯的文献综述也发现,关于马铃薯的研究是凤毛麟角的,这与其在传统社会未产生重要影响的态势相符,事实上,仅从马铃薯的重要别名"洋芋"之"洋"字,就可判断其产生影响时间较晚,大概是近代的事了。否则当如玉米、番薯一样,诞生"番麦""番薯"等带有"番"字的组合词。"胡""海"也均反映了传入农作物在时序上的差异。曾有人认为"口味偏好问题可能可以解释为什么马铃薯在中国并不十分受欢迎",这是一种想当然的想法,玉米、番薯难道就符合中国人的口味吗?新作物的口味适应都要经历漫长的接受历程(书末再述)。真正的原因:一是马铃薯本身传入就较晚;二是马铃薯不适合高温环境生长,而中国人口密集的地区多在雨热同季的暖湿环境;三是马铃薯的"退化现象"(即"晚疫病")等问题传统社会难以解决是限制其发展的最大原因。

美洲作物——玉米、番薯、马铃薯颇受计量史学者青睐,他们利用经济学模型对数以千计的方志物产史料进行回归分析,来证明它们变迁产生的这样那样的社会经济影响,其中最重要的议题就是美洲作物与人口增长的问题。一般认为,清代并无明显而广泛的技术革新(农业革命),唯一的新因素就是美洲作物的推广,何炳棣首先极具智慧地发现二者的勾连。但是仅是定性描述我们无法实测二者之间的具体关系,量化历史当然应该承担解释的责任,于是计量史学率先进入,掀起了研究高潮。但是,"经济学已经反复证明的函数关系",能否适用于传统非市场经济社会或二元经济体,这是一个问号,传统史学者应当运用自己的方法来进行量化历史研究。

(四)"美洲作物决定论"

近年来有众多言论过分夸大美洲作物,我们姑且称之为"美洲作物决定论"。"美洲作物决定论"是笔者自创的一个全新概念,这里略作解释。何炳棣之后关于美洲作物的讨论渐多,没有人否定美洲作物的重要性。不少学者发现它们之于人口增长的积极意义,如全汉昇、葛剑雄、王育民等,不过多是模糊处理,选择"含糊其词"这样比较严谨的叙述方式,至少在《美洲作物在中国的传播及其影响研究》①这样第一部从整体上专门论述美洲作物的专著及之前均是如此。近十余年来,有心人受到前贤的启

---

① 王思明:《美洲作物在中国的传播及其影响研究》,中国三峡出版社 2010 年版。

发,"变本加厉"地强调美洲作物对人口增长的巨大意义已经成为一种常识般的金科玉律深入人心,无论是学院派抑或民间学者,近年各种论著、网文只要涉及美洲作物,必然充斥着美洲作物导致清代"人口奇迹"/"人口爆炸"的言论①,如玉米支撑了清代人口的增长、"18 世纪的食物革命"、康乾盛世就是番薯盛世、番薯挽救了中国等。

笔者曾经参加过两届量化历史研究研习班,数据史学的理论和方法,大致是认同的。伴随着量化历史研究的"中国热",美洲作物再次华丽地进入学界的视野,"美洲作物决定论"闪亮登场。② 其中最有代表性的莫过于发表在经济增长领域最高期刊 JEG 的陈硕与龚启圣合作的雄文(以下简称陈文),该文得出的结论也确实让人耳目一新:引种玉米可以解释1776—1910 年人口增长的 18%。③ 如果加上番薯、马铃薯,直逼人口增长的 30%。

历史研究一般是有一分资料说一分话,陈文虽然颇有启发,但是结论未免有点惊世骇俗,与笔者长期以来研读史料、定性研究的结论大相径庭。而量化史学认为史学研究缺乏"用数据说话",因为没有大样本统计分析、检验假说的真伪而为其诟病,易言之,他们认为这仅仅是假说,并非历史事实,很可能被证伪。这确系科学严谨的态度,然而却忽略了史学

① 以陈硕、龚启圣为代表的量化历史研究为主,下文有详细介绍,此后的量化历史只要涉及玉米和番薯,都没有逃出他们的框架,堪称他们的追随者。即使是传统史学研究者,也持这样的观点,仅以 2019 年为例就有 [美] 易劳逸:《家族、土地与祖先》,苑杰译,重庆出版社2019 年版;张宏杰:《饥饿的盛世》,重庆出版社 2019 年版;王思明、周红冰:《中国食物变迁之动因分析——以农业发展为视角》,《江苏社会科学》2019 年第 4 期等。如果是消费倾向的网文,类似例子数不胜数。

② Nunn N. , Qian N. , "The Columbian Exchange: A History of Disease, Food, and Ideas", *The Journal of Economic Perspectives*, 2010, 24 (2), pp. 163 – 188; Jia R. , "Weather Shocks, Sweet Potatoes and Peasant Revolts in Historical China", *The Economic Journal*, 2014, 124 (575), pp. 92 – 118; Chen S. , Kung K. S. , "Of Maize and Men: The Effect of a New World Crop on Population and Economic Growth in China", *Journal of Economic Growth*, 2016, 21 (1), pp. 1 – 29;龚启圣:《怎样理解近代中国的经济与社会——来自现代经济学的解读》,《量化历史研究》2014 年第 1 期;陈永伟、黄英伟、周羿:《"哥伦布大交换"终结了"气候—治乱循环"吗?——对玉米在中国引种和农民起义发生率的一项历史考察》,《经济学(季刊)》2014 年第 3 期;何祚宇、代谦:《雾霾中的历史阴影——美洲作物引入、清代人口爆炸与生态环境的长期退化》,第四届量化历史研究国际年会论文集,北京,2016 年,第 571—614 页等。

③ Chen S. , Kung K. S. , "Of Maize and Men: The Effect of a New World Crop on Population and Economic Growth in China", *Journal of Economic Growth*, 2016, 21 (1), pp. 1 – 29.

家也并非是"拍着脑袋想问题",而是建立在"板凳须坐十年冷"这样的苦功夫的基础上,阅读了大量文献(大样本)后方奠定研究基础,必是以求真务实为依归。明证就是量化历史的结论验证,史学假说多是被证明是正确的,事实上量化历史提出的假说也并非凭空构建的因果关系,而多是由史学家率先提出的。举一个不恰当的例子,如果只把目光聚焦到作物上,2015年国家推出了马铃薯主粮化战略,若干年后,恐怕也会有人认为马铃薯是新世纪人口增长的主因,而忽略了全面放开二孩的政策,这就是量化历史的风险。

（五）方志的适用性

最后,我们再谈谈方志的适用性问题。笔者是"用志大户",万先生早就鲜明地指出:辑录古籍上有关农业的资料,方志最为大宗。① 方志农业资料(包括我们关注的作物资料)最为集中在方志物产篇,此外还散见于食货、民生甚至艺文篇等不一而足不言而喻,剖析方志物产篇最为方便农史、生物学史的研究,这是老生常谈,不再赘述。②

顾颉刚在《中国地方志综录》序言中说方志"纪经济则有户口、田赋、物产、关税"③,瞿宣颖在《方志考稿》自序中指出"方志多详物产、税额、物价等类事实,可以窥见经济状态之变迁"④,物产本就与"货殖""食货"息息相关。如方志中记载各类作物的亩产、面积、价格等数据是进行传统约简式计算的珍贵指标,可以还原当时的农业生产状况;其中不乏对耕作法、种植制度等的记述体现农业生产的地域分异及其规律,是研究经济发展史的绝佳材料;往往包含了重农思想、农学理论、农业经营思想,这类农业思想体系可以充实经济思想史的研究;对产品的供销记载,可以析清当地的经济类型,商品经济发展的程度与转型阶段,对于验证今天的经济理论和对今天的经济影响大有裨益,如论证"过密化"理论是否

① 万国鼎:《〈中国农学遗产选集〉总序》,载王思明、陈少华主编《万国鼎文集》,中国农业科技出版社2005年版,第361页。
② 南京农业大学中国农业遗产研究室从1955年开始纠集百余人奔赴全国各大图书馆查抄方志农业资料,1960年编成《方志物产》449册、《方志综合》111册、《方志分类》120册,共680巨册3600余万字。成为今天中华农业文明研究院的镇院之宝,即世所共知之"红本子"。详见包平、李昕升、卢勇:《方志物产史料的价值、利用与展望——以〈方志物产〉为中心》,《中国农史》2018年第3期。
③ 朱士嘉:《朱士嘉方志文集》,北京燕山出版社1991年版,第17页。
④ 瞿宣颖:《方志考稿　甲集》,天春书社1930年版,第3页。

具有普世价值，还要更多地从方志着手。

环境史是名副其实的新史学，以研究历史时期人与自然互动关系为鹄，中国本土的环境史研究多脱胎于农业史或历史地理专家。朱士嘉先生在提到方志四个有利于其一就是："便于了解该地区人口的增减、物产的丰歉，动植物和水族生长、迁徙、灭绝的情况和规律"[1]，换言之，方志具有环境史史料价值，其记载的动植物资源状况就是有待于被提取的环境结构要素，方志就是人与自然发生互动的主要展演舞台。方志反映了特定的时空范围内的各种环境资源以及人们如何利用这些资源来满足自身的生计所需。[2] 方志的研究有助于"复原"过去时代的农业环境，每一个特定的时空断面的物产分布都是最基本的，它们所构成的景观正是往日一个个时间断面业已日渐消失的物产地理面貌之基本图景，因此利用方志向新兴学科环境史转向是一个趋势。

但是，囿于考古材料的缺乏，我们已经无法获悉某一农作物最早在该地栽培的时间，只能根据文献资料佐证。相对来说，美洲作物传入中国的时间我们可以推估得更精确一些，这是因为其传入的明清时期，传统中国已经形成了编纂方志的传统，一方面方志经过一系列的订凡例、分事任、广搜访、详参订，更加关注微观的细枝末节，再有就是"物产"一般是方志的定例，必然会详加记载，美洲作物作为新奇作物被引种至该地后，往往会被方志编纂者所注意；另一方面，一般来说每个年号都会新修方志，新旧方志之间的时间不会间隔很长，使我们能够洞悉"物产"的增加状况。当然，方志中未记载不代表该作物尚未引种至该地，本着有一分材料说一分话的原则，出于严谨我们不做夸大估计。由于笔者占有全国数千部方志，对于判断美洲作物的引种时间、路线、分布及变迁是非常重要的。

所以，笔者用方志计数的方式，表达了在不同时期玉米种植的时空变迁，但是其实也是有一定局限的，如有专家指出：同治时期的数据为空白，最大的可能是当时没有相关的记载或者地方志编辑不够充分，而这种人为的断层，并不应该被量化或者统计所掩盖背后的意义。所以我们也有足够的理由对于地方志的记载保持警惕。当然，如果我们仅是做时空变迁

① 朱士嘉：《中国地方志的起源、特征及其史料价值》，《史学史资料》1979 年第 2 期。
② 方万鹏：《〈析津志〉所见元大都人与自然关系述论——兼议环境史研究中的地方史志资料利用》，《鄱阳湖学刊》2016 年第 6 期。

的趋势分析，还是足够的，因为这仅仅是"模糊处理"。笔者见过一位同行的行文，认为某一时期由于方志记载某一物种的缺失便认为此前该物种的记载是"同名异物"（即不存在）或出现了栽培中断，这是非常武断的判断。

近年来兴起的量化历史研究，就是在数据史学指导下充分发掘方志物产的一种新型经济史研究方式，美洲作物——玉米、番薯、马铃薯颇受计量史学者青睐，他们利用经济学模型对数以千计的方志物产史料做回归分析，来证明物产变迁产生的这样那样的社会经济影响，是一种新型的跨学科研究取向，值得借鉴。但是，笔者采取的仅仅是方志基础统计，计量方法可行性就更差了，因为它们只会把上述不确定因素无限放大。

总之，全面系统地考察明前以来美洲粮食作物在中国的引种、推广、分布、变迁的本土化面相，进而发现美洲作物与中国农业结构变迁、农业转型的勾连是必要的。此外，可以揭示美洲粮食作物传入、培育、改良、推进的本土化规律，把握美洲粮食作物对中国传统粮食作物的影响方式和原因，对当今社会美洲作物品种资源的推广，改善人们的饮食结构，保护和挖掘种质资源，提高供应的质量和科技水平具有重要的借鉴意义；粮食安全问题日益重要，玉米近年稳居中国第一大粮食作物，但供大于求，尤其生态脆弱的"镰刀弯"地区是玉米结构调整的重点地区，了解美洲作物的本土化历史，可以为推进稳粮增收、提质增效和可持续发展，提供更多、更完善的决策依据。

基于此，我们利用大量一手资料尤其是前人所未用的"中央研究院"近代史档案馆档案，结合农学知识、史学积累，就传统社会农业生产进行理论与实证研究——以美洲作物经济地理为中心。

二 国内外研究动态

美洲作物史是历史研究的学术增长点和研究富矿。改革开放之前，万国鼎、罗尔纲、夏鼐、吴德铎、何炳棣、全汉昇、王毓瑚等对于美洲作物史做出了大量开创性研究，是为研究的第一阶段，此阶段主要集中在美洲作物中国原产说析疑、传入中国的时间、传入中国的路径三大基本问题。第二阶段是在21世纪之前，游修龄、李根蟠、郭松义、陈树平、章楷、曹树基等在继续讨论上一阶段议题的基础上，延展性地探究美洲作物在华推广时空演进及重大影响，掀起了研究高潮，这其中又以陕西师范大学史念海团队和南京农业大学万国鼎团队最为关切该学术畛域。① 第三阶段，也就是近十余年来研究热点发生了新的转向，更多的是以之在各省的引种、推广、分布及变迁等问题为出发点，开展实证研究；以之长时段大范围立论，揭橥其具体影响，比如量化其对人口增长的贡献。

毕竟美洲作物密切联系长盛不衰的农业史、饮食史、历史地理话题，亦是经济史、社会史、物质文化史等的研究对象，是特别受全球史青睐的热点命题及普罗大众喜闻乐见的公众史兴趣点。美洲粮食作物史一直是研究的热点，但是美洲粮食作物是否为中国原产，传入中国的时间、路径等问题已经研究得非常成熟，近二十年来已经不再是关注的热点，更多的是以在各省的引种、推广、分布及变迁、时空差异等问题为出发点，结合各省传播的动因、影响，具体问题具体分析。

2004 年之前的研究详见曹玲《明清美洲粮食作物传入中国研究综述》，2004 年之后对美洲作物的研究呈现出新的特点：一是研究成果丰富，研究频率远超从前，各相关交叉学科、分支学科均有涉及，体现了多元视角；二是与以往只关注美洲粮食作物（玉米、番薯、马铃薯）不同，关注点开始更多地向经济作物、蔬菜作物转移。2015—2020 年对美洲作物史的研究又呈现出新的特点：一是研究精细化、碎片化趋势明显，可以真实地还原其微观历史；二是在"大分流"的基础上开始了"大合流"，这是研究成熟到一定程度后的宏观整体解析，宏大叙事是必然的路径；三是美洲蔬菜作物史、经济作物史的研究也实现了"大跃进"。

（一）玉米

玉米是讨论最多的美洲粮食作物。由于本书的叙事方式，第一章要重点关注、评述中国玉米传播史的分省研究现状，此处略过。这里仅展示与玉米引种、推广无涉的相关研究。

---

① 华林甫：《中国历史农业地理研究的世纪回顾》，《经济地理》2006 年第 5 期；樊如森：《中国历史经济地理学的回顾与展望》，《江西社会科学》2012 年第 4 期；樊如森：《新时期的中国历史经济地理学研究》，《人文杂志》2018 年第 8 期。由于历史地理学科背景下的叙述及议题只需宏观扫描即可，上述综述较少观照到南京农业大学相关成果。更全面、更集中详见曹玲：《明清美洲粮食作物传入中国研究综述》，《古今农业》2004 年第 2 期；李昕升：《近十年来美洲作物史研究综述（2004—2015）》，《中国社会经济史研究》2016 年第 1 期；李昕升：《近五年来美洲作物史研究评述（2016—2020）》，《中国社会经济史研究》2022 年第 1 期。

玉米在美洲作物史中的地位是首屈一指的，这与其古今重要性是分不开的，是美洲粮食作物的典型代表。域外作物本土化一般要经历漫长的历程，如小麦在史前便从西亚传入中国，在中国确立主粮地位却是在唐代，前后经历了几千年的时间，玉米（包括番薯）不过花了几百年，如此迅速地产生如此重大的影响着实让人叹为观止。今天（2010 年起）已经取代稻、麦成为第一大粮食作物，这其中的内生逻辑与畜牧业息息相关。当然，就如同今天玉米是第一大粮食作物，而并非第一大口粮一样，对其的认识一定要辩证客观，否则在研究玉米史的过程中便会陷入"美洲作物决定论"的怪圈。

关于玉米三大基本问题 20 世纪讨论较多，万国鼎、罗尔纲、何炳棣、全汉昇、章楷、李根蟠、游修龄、郭松义、陈树平、佟屏亚、曹树基、向安强、李晓岑等都做出了贡献，偶有提及玉米在中国农业生产、社会经济的影响，如人口增长、商品经济、水土流失等，新世纪以来则完全相反。

值得一提的是科学的基因研究揭示玉米驯化史，考古学家洛根·基斯特勒（Logan Kistler）等人发表在《Science》的研究表明：大约从 9000 年前开始，人类开始驯化墨西哥类蜀黍，驯化后的种群在 7500 年前横穿中美洲，而初次驯化后的玉米支系不久（6500 年前）就以非完全驯化的状态开始了离开墨西哥进入南美洲的旅程，然后在人类的相互作用下独立地完成各自的进化，换言之，亚马孙西南部可能是玉米二次驯化/改良的中心地带，[①] 即同一祖先，多地驯化。鉴于该文的重大影响，《中国社会科学报》也进行了观点摘要。[②]

杨虎《20 世纪中国玉米种业发展研究》在回顾 20 世纪玉米在中国的引进、传播及影响基础上，客观展现了传统玉米种业相关技术的继承与创新，并总结了传统玉米种业渐变的科技特征。[③] 韩萍等《中国玉米生产 30 年回顾》对中国玉米生产的发展水平、发展特点及增产措施进行了为期 30 年的回顾。[④]

玉米传播对环境的影响，尤其是负面影响，被寄予的关注度不逊于传

---

① Logan Kistler, ed., Multiproxy Evidence Highlights a Complex Evolutionary Legacy of Maize in South America, Science, 14 December 2018, Vol. 362 Issue 64209.
② 闫勇：《基因研究揭示玉米驯化史》，《中国社会科学报》2018 年 12 月 19 日国际资讯第 3 版。
③ 杨虎：《20 世纪中国玉米种业发展研究》，博士学位论文，南京农业大学，2011 年。
④ 韩萍等：《中国玉米生产 30 年回顾》，《中国农学通报》2007 年第 11 期。

播史本身。张祥稳等《清代中晚期山地种植玉米引发的水土流失及其遏止措施》①《清代中晚期山地广种玉米之动因》② 分别就大面积的山地开垦和玉米种植，破坏了原有的自然植被，引发严重的水土流失的现象做了描述，因为不同地区，官方和民间对开山种玉米的利弊有不同认识，所以采取的措施也不尽相同；促成此期玉米在我国山地广泛种植的主要动因是玉米的生态适应性、垦荒政策的刺激、市场价格对玉米生产的刺激、棚民山地所有者的利益诱惑。张祥稳等《清代以来玉米在长江下游山区的传种动因初探》《现象与本质：清代长江下游山区玉米生产引发的社会环境恶化》等认为禁止玉米在山场传种的根本目的是保护土著的社会环境、保护原生植被和遏止水土流失的生态动机并不明显。③ 张振兴《论清代在西南山区推广玉米种植的生态后果》针对玉米的生物属性与西南山区特殊的生态背景的不相统合最终引发了严重的水土流失，提出治理这一生态灾变，必须发掘和利用当地民族传统的本土生态知识。④

近年来，经济史界研究玉米的热潮有增无减，此乃关乎人口增长、环境变迁的大问题，他们已经不能满足仅通过描述性分析来阐述玉米的巨大影响，成为量化历史研究的热点之一，相关研究前言已述。但是李昕升等《再谈玉米在中国引种和农民起义发生率》针对计量史学实测玉米与人口增长、农民起义等的相关性，玉米在明代中晚期引种到中国之后，并未产生多大的影响，引种时间的早晚与种植强度并无必然联系，与农民起义发生率之间没有过多的关联。⑤

韩强强《环境史视野与清代陕南山地农垦》引入"环境应对"与"环境理性"相结合的分析手法，研究清代陕南山地农垦这一经济史命题。⑥ 梁诸英《清代徽州玉米经济新探》利用文书资料，发现清代玉米实

① 张祥稳、惠富平：《清代中晚期山地种植玉米引发的水土流失及其遏止措施》，《中国农史》2006 年第 3 期。
② 张祥稳、惠富平：《清代中晚期山地广种玉米之动因》，《史学月刊》2007 年第 10 期。
③ 张祥稳、李祥凝、戴家翠：《清代以来玉米在长江下游山区的传种动因初探》，《中国农史》2019 年第 4 期；张祥稳、戴家翠：《现象与本质：清代长江下游山区玉米生产引发的社会环境恶化》，《中国农史》2020 年第 4 期；张祥稳、惠富平：《当代长江下游山区玉米生产引发的环境问题及其应对研究》，《鄱阳湖学刊》2020 年第 3 期。
④ 张振兴：《论清代在西南山区推广玉米种植的生态后果》，《原生态民族文化学刊》2010 年第 3 期。
⑤ 李昕升、王思明：《再谈玉米在中国引种和农民起义发生率》，《暨南史学》2016 年第 1 期。
⑥ 韩强强：《环境史视野与清代陕南山地农垦》，《中国社会经济史研究》2020 年第 1 期。

物租大量出现，反映出民众对玉米这一粮食种类的认可；徽州玉米垦殖收益的分配方式颇为多样；玉米种植虽然对山地生态有所破坏，但也有促进林木种植的一面。①

此外，还有一些颇有特点的玉米史研究。张箭延续了其一贯的世界农史研究视野，是其新大陆农作物传播及影响课题的继续，介绍了《新大陆玉米在欧洲的传播研究》，与中国一样玉米传播不是一帆风顺的，16 世纪才作为口粮的一种，且很大程度上用来取代牧草作为饲料，玉米确实渐渐消解了欧洲传统的冬季休耕制度。②张钫有针对性地介绍了美国高产品种金皇后玉米在中国的传播与改良，20 世纪 30 年代美籍教师穆懿尔将之带到山西，随后在中共领导的各大根据地和解放区广泛传播，金皇后玉米在新中国成立后培育各类玉米杂交种中起了重要作用。③民族语言学者的介入，更可见玉米研究之热，韦景云《壮语"玉米"方言词分布及其传播》发现壮语"玉米"方言词众多，主要有"皇帝"和"御米"两大义项，并呈"一南一北"分布态势，进而推出玉米传入壮族地区时可能有陆上和海上两个通道。④

（二）番薯

番薯史研究也是长盛不衰，但逊于玉米。"救荒第一义"的番薯是货真价实的高产作物，在晚清以降南方的一些省份是仅次于水稻的第二大粮食作物，王朝国家也三令五申地劝种番薯，与禁种玉米的形势构成鲜明对比。不过由于番薯喜暖湿环境，海拔较高或纬度较北难以维系，更重要的是由于生产期较长，很难融入北方的种植制度，所以没有如玉米一样在北方取得大发展，自然就全国而言在粮食作物中排在末游地位。番薯学术史梳理同上，但目前番薯史的研究多侧重传播史，因此其他领域书写内容不多。

关于番薯三大基本问题同样在 20 世纪讨论较多，丁颖、梁方仲、万国鼎、胡锡文、夏鼐、王家琦、吴德铎、何炳棣、全汉昇、梁家勉、杨宝霖、周源和、李德彬、章楷、公宗鉴、郭松义、陈树平、曹树基等都做出

---

① 梁诸英：《清代徽州玉米经济新探》，《安徽大学学报（哲学社会科学版）》2014 年第 6 期。
② 张箭：《新大陆玉米在欧洲的传播研究》，《海交史研究》2018 年第 1 期。
③ 张钫：《金皇后玉米在中国的传播与改良》，《农业考古》2018 年第 4 期。
④ 韦景云：《壮语"玉米"方言词分布及其传播》，《中央民族大学学报（哲学社会科学版）》2018 年第 5 期。

了贡献，偶有提及番薯在中国农业生产、社会经济的影响，如人口增长、商品经济、藏种技术等，新世纪以来则完全相反。

美洲作物中唯一拥有十部农书以上的就是番薯，名气较大的如《金薯传习录》《甘薯疏》《甘薯录》等，相关研究不少，仅以《金薯传习录》为例，吴德铎开研究之先河，《关于甘薯和〈金薯传习录〉》① 一文立足点在番薯，对《金薯传习录》仅是附带一提，但一改该书默默无闻的境况；《对〈金薯传习录〉的再认识》② 依然以番薯为中心，介绍该书被发现的始末与价值。曾雄生《读〈金薯传习录〉札记》③、肖克之《〈金薯传习录〉版本说》④ 均是短篇札记。苏文菁等《〈金薯传习录〉与番薯在中国的传播》肯定了《金薯传习录》的地位，并综述了番薯在中国的引种路线。⑤

陈振龙陈氏家族、金学曾、弘历等均是番薯倡导者，相关研究如姜纬堂《乾隆推广番薯——兼说陈世元晚年之贡献》⑥、欧阳春林等《金学曾推进番薯在闽种植考》⑦，可见关键人物对番薯引种、推广的重要作用。

番薯之于台湾的重要作用，类似于稻米之于日本，作为记忆核心、性格结构和有意识的行为，甚至可以隐喻、概念化自我与他人的关系，所以台湾人经常以番薯人自居。《台湾文学中的番薯意象》以近代以来台湾文学为切入点，折射饥荒、思乡与身份认同，描绘了台湾人的番薯情结以及番薯承载的台湾历史与人心。⑧《早期台湾诗歌中对番薯的想象》从早期诗歌描述中可见，番薯原先被视为一种形象良好的"外来嘉植"而广受赞颂，对于移民构成的主流社会意义重大，但随着时间推移有"轻贱化"的趋势；移民社会对番薯的认识与利用受到原乡社会的影响。⑨

① 吴德铎：《关于甘薯和〈金薯传习录〉》，《文物》1961 年第 8 期。
② 吴德铎：《对〈金薯传习录〉的再认识》，《读书》1981 年第 6 期。
③ 曾雄生：《读〈金薯传习录〉札记》，《古今农业》1992 年第 4 期。
④ 肖克之：《〈金薯传习录〉版本说》，《古今农业》2000 年第 3 期。
⑤ 苏文菁、黄云龙：《〈金薯传习录〉与番薯在中国的传播》，《闽商文化研究》2017 年第 2 期。
⑥ 姜纬堂：《乾隆推广番薯——兼说陈世元晚年之贡献》，《古今农业》1993 年第 4 期。
⑦ 欧阳春林、郑金彪：《金学曾推进番薯在闽种植考》，《青岛农业大学学报（社会科学版）》2012 年第 1 期。
⑧ 卓慧：《台湾文学中的番薯意象》，《海峡两岸》2016 年第 10 期。
⑨ 倪仲俊：《早期台湾诗歌中对番薯的想象：来源、环境与社会功能》，《中国饮食文化》（台湾）2016 年第 4 期。

番薯同样进入量化历史研究的视野。袁泉《番薯引入对清代社会的影响研究》继承了 Jia 等人回归统计计量研究的结论①,认为番薯引入显著正向影响清代人口增长,能够起到平抑粮食价格、减少气候冲击时农民起义的次数的作用;② 于爱芝《番薯引入对明清人口的影响》同样认为番薯的引入对人口的增长具有显著的正向促进作用。③

(三) 马铃薯

马铃薯虽然位列美洲三大粮食作物之一,但研究广度深度难以与玉米、番薯相颉颃。研究一直是凤毛麟角、少有建树,无论是碎片化抑或整体化都有待加强。

翟乾祥《16—19 世纪马铃薯在中国的传播》就 400 年来马铃薯在中国各地的引种路线作了比较全面的阐述。④ 丁晓蕾《马铃薯在中国传播的技术及社会经济分析》从生物、技术及社会经济的角度考证马铃薯在中国传播的过程,重点对传播条件和传播障碍进行阐述,分析了 20 世纪中国的社会变迁和科技进步对马铃薯传播的影响。⑤ 陈桂权《由副食到主食:从马铃薯的本土化看其主粮化的前景》一针见血地指出技术的进步是马铃薯在中国种植范围全面扩展的关键,在我国以谷为主的饮食习惯中,马铃薯由副食到主粮地位的转变加工方式的进步是关键。⑥

对马铃薯的地方研究集中在山西,因为在山西马铃薯成为仅次于小麦和高粱的第三大农产品。梁四宝等《马铃薯在山西的传播引种及其经济作用》指出马铃薯自清道光年间在山西引种后,得到迅速传播,对百姓生活和手工业产生了重大影响,改变了人们的饮食结构,也为节粮和救荒创造了条件;其俗称也因地域和传入路径的不同而南北各异。⑦ 张青瑶《马铃

① Jia R. , "Weather Shocks, Sweet Potatoes and Peasant Revolts in Historical China", *The Economic Journal*, 2014, 124 (575), pp. 92 – 118.

② 袁泉:《番薯引入对清代社会的影响研究》,硕士学位论文,南京财经大学,2018 年。

③ 于爱芝:《番薯引入对明清人口的影响》,《华中农业大学学报 (社会科学版)》2020 年第 4 期。

④ 翟乾祥:《16—19 世纪马铃薯在中国的传播》,《中国科技史料》2004 年第 1 期。

⑤ 丁晓蕾:《马铃薯在中国传播的技术及社会经济分析》,《中国农史》2005 年第 3 期。

⑥ 陈桂权:《由副食到主食:从马铃薯的本土化看其主粮化的前景》,《古今农业》2015 年第 3 期。

⑦ 梁四宝、张晓玲:《马铃薯在山西的传播引种及其经济作用》,《山西大学学报 (哲学社会科学版)》2007 年第 4 期。

薯引种山西及相关社会经济影响》认为马铃薯至迟在乾隆四十八年
（1783）就已由地方官自陕南引种至山西浑源州，不仅发挥抗旱救灾功能，
并逐步成为北部地区民众的主要食物来源。① 此外还有崔助林《19 世纪以
来马铃薯在山西地区的传播及其影响》②。

  亭鹏旭《马铃薯传入甘肃初探》分析甘肃马铃薯的种植应在 19 世纪
六七十年代前后，首先从陕西与川陕鄂边境传入陇东南地区，随之缓慢扩
散，至民国时已成当地人民口粮大宗。③ 侯艳兰等《马铃薯在甘肃的传播
及对其饮食文化的影响》依然在讨论马铃薯在甘肃的本土化，即自晚清传
至甘肃，并逐渐成为甘肃人主要的粮食作物和餐桌上必不可少的菜品。④
刘鑫凯等《清代马铃薯在陕西的引种与传播》认为马铃薯引种陕西的主要
路径大致有三，从东南沿海地区引入秦岭北麓山地，从川鄂地区引进陕
南，从内蒙古等地引种至陕北；自清末而始，其种植范围迅速扩大，呈现
出高下俱种之态势。⑤ 霍丽杰：《马铃薯传入甘青地区探赜》认为马铃薯传
入甘青地区的时间可能在 18 世纪初期。⑥ 已有研究虽然厘清了马铃薯入华
的三大基本问题和国内推广的大致轮廓，唯有陕甘一带的传播研究尚有可
圈可点之处，同样缺乏对马铃薯社会经济影响的全面考索。

  涉及马铃薯世界史的有张箭《马铃薯的主粮化进程》将世界农史的研
究扩展到马铃薯，在肯定了前哥伦布时代印第安人对马铃薯贡献的基础
上，梳理了马铃薯在欧洲的发展从观赏研究、经蔬菜园圃、到主粮之一的
三个阶段。⑦ 王秀丽等《马铃薯发展历程的回溯与展望》也综述了马铃薯
在世界的传播。⑧ 马铃薯已经堪称作物传播的经典案例。

  马铃薯毕竟是世界第四大粮食作物，虽然在中国不甚热烈，但是在世

---

① 张青瑶：《马铃薯引种山西及相关社会经济影响》，《历史地理》2013 年第 1 期。

② 崔助林：《19 世纪以来马铃薯在山西地区的传播及其影响》，《山西大同大学学报（自然科学版）》2008 年第 4 期。

③ 亭鹏旭：《马铃薯传入甘肃初探》，《古今农业》2010 年第 2 期。

④ 侯艳兰、史志林：《马铃薯在甘肃的传播及对其饮食文化的影响》，《古今农业》2016 年第 2 期。

⑤ 刘鑫凯、朱宏斌：《清代马铃薯在陕西的引种与传播》，《中国历史地理论丛》2020 年第 3 期。

⑥ 霍丽杰：《马铃薯传入甘青地区探赜》，《西部学刊》2020 年第 5 期。

⑦ 张箭：《马铃薯的主粮化进程——它在世界上的发展与传播》，《自然辩证法通讯》2018 年第 4 期。

⑧ 王秀丽、陈萌山：《马铃薯发展历程的回溯与展望》，《农业经济问题》2020 年第 5 期。

界一直占据主流影响。世界马铃薯加工技术的集大成者《马铃薯生产与食品加工》被介绍到中国，专门辟有一章介绍"马铃薯生产与加工史"。① 《诸神的礼物》叙述了马铃薯突破最初的偏见与误解，成功地广为世人接受的过程，展现出历史与美食的相互关系，特别汇集了欧洲29国共计176道食谱，既展现了美食文化，也从侧面反映了它的种植与传播路径。②《马铃薯的世界史》将马铃薯作为近现代史的主角，讲述它如何拯救了无数人并塑造了历史。③ 以上多为通识科普，在公众史学领域，马铃薯可以说走在了前列。

（四）综合

无论是玉米、番薯还是马铃薯，的确实实在在地改变了中国的农业地理面貌，在种植制度、作物分布等的改变速度之快堪称历史之最，由此促进了农业产业化和农产商品化趋势，为今天的农业布局奠定了基础。

玉米、番薯具有相当的同质性，因此经常放在一起讨论。美洲粮食作物传入的影响方面，曹玲的两篇文章用力较多，《美洲粮食作物的传入对我国人民饮食生活的影响》④《美洲粮食作物的传入对我国农业生产和社会经济的影响》⑤。番薯和玉米的传入和传播，也是一个疾病的问题，李玉尚等《番薯、玉米与清初以来四川的钩虫病》叙述了乾嘉之后番薯和玉米开始向丘陵山地地区扩张，并成为四川主要作物，但导致钩虫病不仅感染范围广，感染率高，而且症象严重。⑥

郑维宽《清代玉米和番薯在广西传播问题新探》指出玉米、番薯的传播不仅促进了广西的土地开发和利用，而且增加了粮食总产量，对解决广西日益增长的人口特别是贫民的生计发挥了重要作用。⑦ 罗树杰《清代玉

---

① ［美］威廉·F.托尔博特、奥拉·史密斯编：《马铃薯生产与食品加工》，刘孟君译，上海科学技术出版社2017年版。
② ［奥］英格丽·哈斯林格：《诸神的礼物：马铃薯的文化史与美味料理》，薛文瑜译，浙江大学出版社2018年版。
③ ［日］伊藤章治：《马铃薯的世界史》，薯珺红、赵心僮译，陕西人民出版社2020年版。
④ 曹玲：《美洲粮食作物的传入对我国人民饮食生活的影响》，《农业考古》2005年第3期。
⑤ 曹玲：《美洲粮食作物的传入对我国农业生产和社会经济的影响》，《古今农业》2005年第3期。
⑥ 李玉尚、杨雨茜：《番薯、玉米与清初以来四川的钩虫病》，《科学与管理》2013年第6期。
⑦ 郑维宽：《清代玉米和番薯在广西传播问题新探》，《广西民族大学学报（哲学社会科学版）》2009年第6期。

米、番薯在广西的传播差异原因新解》针对郑维宽提出的玉米在广西的传播速度、种植范围优于番薯的原因提出质疑，认为其实最主要的原因是红薯的品质不如玉米。①

王保宁等《清至民国山东东部玉米、番薯的分布》认为与南方的玉米、番薯发展模式不同，在北方，两种美洲作物以竞争的方式排挤了原有作物，并导致作物结构由多样性渐趋向于简单化；人口增长固然是北方玉米、番薯扩展的主要原因，却不是唯一的原因，环境、市场、技术与政治，都是导致两种新作物扩展的重要因素。②唐凌《战时"农都"促进外来旱地粮食作物本土化效益分析》指出柳州沙塘的贡献不仅在于增强了生产实践的科学性及实效性，还在于扩大了大后方种植面积、产量，最后指出战时生产体制和科研试验系统的构建，是外来旱地粮食作物引进及传播效益增大的两大关键性因素。③李秋芳《明清时期华北平原粮食种植结构变迁研究》阐释了美洲粮食作物作为新因素引起的华北平原粮食种植结构的变迁、动因、影响。④

美洲粮食作物对于民族融合助力颇多。杨光芬《外来旱地粮食作物传入桂东南与民族经济融合研究》以玉米、番薯、马铃薯为载体，从经济交往融合的角度出发，以其种植面积及其产量的变化为研究的基础，深入探究玉米、红薯、马铃薯在桂东南地区传播的力量。⑤秦和平《清代农作物交流与四川山地民族交融》认为三者的传入成为推动两百年来西南山地民族持续迁徙的重要因素，可证并非"逃避统治者的自由"，而是族际交往交融的互动带来的共同发展。⑥

本阶段有益的尝试是从过于关注细枝末节的"大分流"向研究整合的"大合流"转向，并且从以往倾向于美洲作物推广、流布史到与社会经济

---

① 罗树杰：《清代玉米、番薯在广西的传播差异原因新解——兼与郑维宽教授商榷》，《广西民族大学学报（哲学社会科学版）》2014年第5期。

② 王保宁、曹树基：《清至民国山东东部玉米、番薯的分布——兼论新进作物与原作物的竞争》，《中国历史地理论丛》2009年第4期。

③ 唐凌：《战时"农都"促进外来旱地粮食作物本土化效益分析》，《古今农业》2017年第1期。

④ 李秋芳：《明清时期华北平原粮食种植结构变迁研究》，社会科学文献出版社2016年版。

⑤ 杨光芬：《外来旱地粮食作物传入桂东南与民族经济融合研究——以玉米、番薯、马铃薯为载体》，硕士学位论文，广西师范大学，2014年。

⑥ 秦和平：《清代农作物交流与四川山地民族交融》，《中山大学学报（社会科学版）》2020年第1期。

史开始勾连起来。因为目前的区域研究已经成熟到了一定阶段，虽未完全打通，但是并不妨碍我们进行整体化研究，"为了整体而局部""为了综合而区分"，全面映射美洲作物的社会经济影响（经济指标、历史国民账户研究）是必然趋势，符合认识论从特殊到一般再到特殊的规律。

但是，不宜高估美洲粮食作物之于人口增长的作用，虽然无论是定性还是定量研究都不乏对它们的溢美之词，但是我们要特别警惕"选精""集萃"的"成就范式"描述，如果在瀚如烟海的历史文献中，寻求它们"疑似"养活了大量人口的例子，总是能找到的，而且数不胜数。然而即使是文献的定性描述，也很可能是"猎奇"而非"共识"，关于喂养人口的记载我们看到历史时期南瓜并不亚于玉米、番薯，而人民司空见惯的传统主粮稻米却少有类似记载，难道可以认为三者的价值排序是南瓜等于玉米、番薯大于稻米？显然这不能代表一个时代、一个空间的情形。而且，文献记载总是添油加醋了主观因素或语焉不详，如果没有审慎地辨析史料，就上马计量史学，恐怕结论与实际情况会大相径庭。质言之，要尽量还原历史须在史料辨析的基础上，拥有跨学科学识、多方法视野，结合必要的历史数据、社会调查，小心求证多于大胆假设。

王思明《美洲原产作物的引种栽培及其对中国农业生产结构的影响》指出美洲作物的传播，不仅在推进农业技术进步和满足日益增长的人口的需求等方面发挥了积极的作用，而且对丰富中国农作物的种类、改善中国饮食原料的结构、推进商品经济的发展和增加农民收入也产生了非常重要的影响。[1] 王思明《外来作物如何影响中国人的生活》介绍了一些典型美洲作物发展史，特别阐释了这些作物对中国经济社会和文化的发展产生了极为深远的影响。[2] 吴建新《明清广东主要外来作物的再探索》叙述了明清时期番薯、玉米、花生、烟草在广东的引进和传播情况，并初步论述了这些作物对广东作物栽培制度、肥料应用、药物防虫技术的影响。[3] 崔思朋《明清时期丝绸之路上的中国与世界》以外来作物在中国的传播为视角，提出清代中国并非是以往学术界普遍存在的"闭关锁国"的封闭保守形象，而是通过丝绸之路所塑造的以中国为中心的对外交流网络，与世界

---

① 王思明：《美洲原产作物的引种栽培及其对中国农业生产结构的影响》，《中国农史》2004 年第 2 期。

② 王思明：《外来作物如何影响中国人的生活》，《中国农史》2018 年第 2 期。

③ 吴建新：《明清广东主要外来作物的再探索》，《古今农业》2008 年第 4 期。

存在广泛联系。① 朱川豫《从美洲作物的传播到世界农史分支的开拓》在综述国内、国际美洲作物史研究动态的基础上，强调了 2014 年出版的张著（即张箭《新大陆农作物的传播和意义》）的价值和意义，除足足论述了 19 种美洲作物之外，还指出在世界农史分支的开拓方面的功绩。②

1972 年克罗斯比第一次提出了"哥伦布大交换"概念，成为经典术语，阐述了我们司空见惯的玉米、番薯、马铃薯、木薯，如何因大交换得以散布到全世界，改变了我们所有人的餐桌，并大大影响了全球人口的成长。③ L. Canington Goodrich 介绍了中国主要美洲作物的来历。④ 星川清亲描绘了美洲作物的世界传播路线。⑤ N. W. 西蒙兹阐述了众多美洲作物的进化史。⑥ 王思明专门讨论了 9 种最为重要的美洲农作物的在华传播发展史。⑦ 韩茂莉三卷本《中国历史农业地理》多有美洲作物的影子，涉及的农业生产区域分异等五大方面均与美洲作物息息相关，专门讨论玉米、番薯的传播路径与地理分布。⑧ 张箭共涉猎 19 种美洲作物的栽培和传播发展史。⑨ 德·希·珀金斯、唐启宇、梁家勉、萧正洪、王宝卿、张建民、宋军令、郑南、俞为洁、彭世奖、闵宗殿、吴松弟、罗桂环，以及樊志民、朱宏斌团队在"域外作物引种与本土化"论题，吴松弟团队"中国近代经济地理"课题等均有所及。

如今，美洲作物史研究已经内化，除了传统农业史、经济史，还有社会史、环境史、历史地理等，特别是食物史、饮食史，基本都会涉及美洲作物的只言片语，篇幅长短不一。值得一提的是，近年公众史学异军突

---

① 崔思朋：《明清时期丝绸之路上的中国与世界——以外来作物在中国的传播为视角》，《求索》2020 年第 3 期。
② 朱川豫：《从美洲作物的传播到世界农史分支的开拓——评〈新大陆农作物的传播和意义〉》，《史学理论研究》2016 年第 3 期。
③ ［美］艾尔弗雷德·W. 克罗斯比：《哥伦布大交换：1492 年以后的生物影响和文化冲击》，郑明萱译，中国环境出版社 2014 年版。
④ ［美］L. Canington Goodrich：《中国几种农作物之来历》，蒋彦士译，《农报》1937 年第 4 卷第 20 期。
⑤ ［日］星川清亲：《栽培植物的起源与传播》，段传德、丁法元译，河南科学技术出版社 1981 年版。
⑥ ［英］N. W. 西蒙兹：《作物进化》，赵伟钧等译，农业出版社 1987 年版。
⑦ 王思明：《美洲作物在中国的传播及其影响研究》，中国三峡出版社 2010 年版。
⑧ 韩茂莉：《中国历史农业地理》，北京大学出版社 2012 年版。
⑨ 张箭：《新大陆农作物的传播和意义》，科学出版社 2014 年版。

起，相关图书有《贸易打造的世界》①《吃：食物如何改变我们人类和全球历史》②《驯化：十个物种造就了今天的世界》③《1493：物种大交换开创的世界史》④《改变历史进程的 50 种植物》⑤《植物传奇 改变世界的 27 种植物》⑥《撼动世界史的植物》⑦《食之养：果蔬的博物学》⑧《改变近代文明的六种植物》⑨《食物简史》⑩《民以食为天 百种食物漫话》⑪《世界植物文化史论》⑫ 等。加上前文提到的《植物在丝绸的路上穿行》《菜香百事》《庭院里的西洋菜》等，可谓洋洋大观，可见吃吃喝喝作为社会大众喜闻乐见的与日常生活息息相关的有趣的话题，近年来如雨后春笋，未来势必还会更加充斥图书市场。

中药铺式的全面列举并非本书的旨趣，除介绍近年典型成果提供一个醒目的目录之外，更多是想提供一种思考问题的方式。因此，不再列举其他书目、学位论文等。

综上，近二十年来对美洲粮食作物史研究还有许多不足：一是研究不均衡，即使是美洲粮食作物中最为瞩目的玉米，其学术关切还主要倾向于推广、流布史，与社会经济史缺乏恰切的关联；研究总体过于偏重玉米，番薯尚有不足，马铃薯严重不足。二是微观部分的地方性分布及变迁、时空差异研究仍需补充，进而形成合力，是研究历史农业地理的基本理路，玉米在有的种植大省连引种时间、路径等基本问题都没有梳理清晰。三是

---

① ［美］彭慕兰、史蒂文·托皮克：《贸易打造的世界》，黄中宪等译，上海人民出版社 2018 年版。

② ［英］菲利普·费尔南多－阿梅斯托：《吃：食物如何改变我们人类和全球历史》，韩良忆译，中信出版社 2019 年版。

③ ［英］艾丽丝·罗伯茨：《驯化：十个物种造就了今天的世界》，李文涛译，读者出版社 2019 年版。

④ ［美］查尔斯·曼恩：《1493：物种大交换开创的世界史》，朱菲、王原等译，中信出版社 2016 年版。

⑤ ［英］比尔·劳斯：《改变历史进程的 50 种植物》，高萍译，青岛出版社 2016 年版。

⑥ ［美］凯瑟琳·赫伯特·豪威尔：《植物传奇 改变世界的 27 种植物》，明冠华、李春丽译，人民邮电出版社 2018 年版。

⑦ ［日］稻垣荣洋：《撼动世界史的植物》，宋刚译，接力出版社 2019 年版。

⑧ ［美］乔·罗宾逊：《食之养：果蔬的博物学》，王晨译，北京大学出版社 2019 年版。

⑨ ［日］酒井伸雄：《改变近代文明的六种植物》，张蕊译，重庆大学出版社 2019 年版。

⑩ 林江：《食物简史：浓缩在 100 种食物里的人类简史》，中信出版社 2020 年版。

⑪ 傅维康：《民以食为天 百种食物漫话》，上海文化出版社 2017 年版。

⑫ 孟凡等：《世界植物文化史论》，江西科学技术出版社 2017 年版。

美洲作物巨大影响尤其是经济影响（经济指标）的研究大有可为，且可以区分不同地区的个性。

三　研究方法和资料来源

（一）研究方法

本研究具体采用以下研究方法：

1. 历史文献学

以历史文献学的研究方法为基本方法，通过对明代以降全国有关政书、类书、地方志、农书、本草书、医书、笔记、档案、别集、专著、期刊、报纸、民间文献等历史文献资料进行收集、整理，尽可能准确地反映美洲粮食作物在中国本土化的全景全貌。

2. 经济学

通过量化历史研究，采取适当的计量分析方法，利用真实可信的历史数据，在"碎片化"的量化资料中寻找规律，结合环环相扣的推理过程，验证经济学的主要理论和事件对今天经济表现的影响。

3. 地理学

地理信息科学（GIS）可以将历史数据实现数字化和信息化，更直观地反映出历史地理的变迁，再现不同空间结构下地理空间的历史进程，以便于从中找寻历史时期地理空间的变化规律，本研究使用地理信息系统软件 Mapinfo 将明代以来美洲粮食作物的地理分布情况实现数据可视化、信息地图化。

（二）资料来源

本研究资料主要来源于以下几个方面：

1. 古籍。农书、医书、本草类著作、笔记、政书、类书、丛书、别集等。

2. 地方志。全国官修府志、县志、州志、乡土志、私修方志等。

3. 档案。清代档案、民国档案等。

4. 期刊、报纸。民国期刊、报纸与现代期刊文献等。

5. 专著。民国专著与现代专著。

6. 其他。近现代少数民族调查资料、田野调查资料、民间文献（碑刻、家谱）等。

四　基本结构与研究重点

研究对象为玉米、番薯、马铃薯，换言之，即典型的美洲粮食作物。在"一带一路"视域下探究美洲粮食作物的经济地理意涵，重点观照明代以降三者的地域分异及规律，对经济社会、科技文化的影响进行重新检视，回应当下美洲粮食作物发展的需要。

本研究基于美洲粮食作物庞大史料集成汇考，从宏观角度分析美洲粮食作物在中国本土化全貌，从微观角度透视不同作物在不同地区变迁个案。置于明代以降文献的梳理来考察这一"物"的历史，将研究置于农史、历史地理、社会经济史等的学术脉络中展开，重新把握人、物关系，来呈现美洲粮食作物在日常生活中的价值和意义，进而钩沉作物史发展的状貌。

研究美洲粮食作物在中国的引种、推广、分布、变迁、影响等方面，对分布于中国的美洲粮食作物的历史与现实进行考察，重点关注作物的分布及变迁、时空差异和变化驱动力。根据美洲粮食作物的自然、社会两重性特征，努力从美洲粮食作物角度探讨人与自然的复杂互动，揭示作物生命史和人类生命史关系。

研究不单探寻其促进农业进步的事实，还以该事实为何发生、如何发生在历史时期中国社会和历史背景下为研究旨趣。由于研究作物史必然会涉及农业生产的地域分异及其规律，如种植制度、种植空间、作物组合、区域差异等，所以也就关联起了历史经济地理和社会经济史。

本研究共分为八章，三大部分。第一部分为第一章，全面综述前人微观研究，吸收已有研究精华，佐以评论；第二部分为第二、第三、第四、第五、第六章，针对前人不足，就重点空白区域，进行攻坚；第三部分为第八章，在所有定性研究基础上，从理论（制度史、理论经济史）与实证（量化历史）两个方面，分别阐释，得出结论。

第一章是以玉米、番薯为核心，展现近数十年来学界对于二者在中国各区域传播史的研究现状，虽然无法覆盖所有区域，但已经涵盖了多数重点省份，要完成宏观、统括的中国玉米史、番薯史分析，离不开这些微观的考察。根据已有研究发现，就全国意义而言，南方玉米、番薯从乾隆中期加速推广，在道光年间已经完成推广，北方则到清末民国时期才有较大发展。无论南北方，虽然种植颇多，在个别区域具有超越传统主粮的地位，但就全国而言依然是糊口杂粮。1949 年之后，则为主粮。

第二章指出浙江是玉米最早传入的地区之一，隆庆六年（1572）《留青日札》始见玉米在浙江传播，但直到康熙年间仍局限在浙北平原，乾隆中期玉米开始通过各种渠道在浙江进一步传播，特别是在山地广泛传播，先是浙南山地，然后是浙西、浙东山地，逐渐遍布浙江全省。棚民在浙江玉米传播中起了十分重要的作用，玉米促进了山地土地的开发利用，增加了粮食产量，也带来了相应的环境问题。

第三章考证云南是全国最早引种玉米的地区之一，引种后逐渐推广到内陆其他地区。玉米在云南一省的推广过程也是渐进的，先是自西向东沿滇缅大道分布，然后在山地广泛传播，成为山区的食粮，最终在 19 世纪中期基本推广完成。晚清、民国时期是玉米的大规模种植阶段，奠定了玉米作为全省主要粮食作物的地位。玉米在云南的推广虽然减轻了移民人口的压力、促进了山区的开发，但是加剧了水土流失、破坏了生态环境。

第四章发现江西在康熙年间始有番薯记载，是由闽粤流民引种而至。由于番薯的代粮优势，乾隆年间江西屡兴劝种活动。然而并非主要由于劝种，番薯在江西的推广才成效颇佳，乾隆年间已经广泛分布在江西山区。及至晚清，是番薯的大规模种植阶段，至迟在 19 世纪中期在全省推广完成，奠定了番薯作为全省第二大粮食作物的地位。江西亦与闽、浙、粤一道共同构成东南番薯集中产区。

第五章诠释从清初闽粤流民将番薯引种至江西到近代番薯成为全省第二大粮食作物，在不到两百年的时间里，江西山区作物结构发生了重大变化。清代番薯在江西成功推广是番薯自身优势结合流民因素的综合作用；由于某些因素的限制，番薯的推广也不是一帆风顺的。通过山东与江西进行对比清晰可见番薯推广的差异，不能单纯用人口压力论来解释。番薯在江西的推广的价值和功用颇多，对农业经济的转型亦有所裨益，也造成了民食杂粮化的趋势。

第六章发现明末清初传入广西的玉米、番薯，通过多条线路反复引种呈插花式分布之势。后又经渐次推广和去边缘化的再认识，终于在晚清完成推广，广泛分布，成为广西的主粮作物。然而玉米和番薯的时空分布各有特点，尤其是主产区差异明显，桂西北山地多玉米，桂东南平原多番薯，这种差异的根本不在于番薯对土壤要求更高、薯蓣排挤番薯、番薯品质低于玉米，而在于自然与社会因素博弈下的种植制度不同。

第七章说明作物生产指标是判断其在农业生产结构中地位与作用的指示器。然而由于历史资料的缺乏、数据统计的混乱，清至民国时期美洲作物实际生产情况学术界众说纷纭，莫衷一是，直接影响到对此期美洲作物在农业生产和社会经济中地位与作用的判断。本书在对大量第一手历史数据进行辨伪、比勘、修正的基础上，利用传统约简式统计方法，对玉米、番薯两种主要粮食作物的播种面积、总产、单产做了细致的估算，分析了这些作物生产对农业生产的深远影响，厘清了学术界对清至民国时期美洲作物在农业生产中地位和影响的争议和一些模糊认识。

第八章指出一般认为美洲作物之于人口增长有巨大作用，其实人口增长的逻辑因素是极其复杂的。清代最重要的技术革新是一岁数收和土地改造，美洲作物推广作为技术革新之一，是由人口增长决定的，不能倒因为果。实际上美洲作物价值凸显的时间在19世纪中期之后，且主要在山区缓解人口压力；传统社会美洲作物影响受限的原因在于并没有想象中的那么高产，即使略有优势也难以打破原有的种植制度，在"钱粮二色"的赋税体系下到底只能是糊口作物，是农业商品化粮食不足的补充。美洲作物能够成为第一等的题目和"美洲作物决定论"肇始于何炳棣，但又有着被形塑的20世纪心理认同、"以今推古"与"西方模式"这样深层次的原因。

结语抛出"中国超稳定饮食结构"。"中国超稳定饮食结构"是基于中国农耕文化的特质，由于中国传统农业高度发达，传统作物更有助于农业生产（稳产、高产）、更加契合农业体制、更容易被做成菜肴和被饮食体系接纳、更能引起文化上的共鸣。这其中因素，最为重要的就是种植制度与饮食文化的嵌入。

附录跳出了美洲作物，综述了近40年以来关于外来作物来华海路传播研究。以2000年为界可分为两个阶段，2000年以前为奠基时期，虽然研究不精深但胜在填补空白。2000年之后研究频率、力度、广度远超从前，呈现出整体性与专业化两大趋势。其中明清以来美洲作物的研究特别引人注目，这与历史时期海路越发重要的态势是相匹配的。东南沿海地区，特别是福建、广东被给予了更多的关注。要之，研究旨趣、内容、视角、方法、史料、学科都在不断地融合与创新，未来应当展现全球史视野、多学科学识的填补空白研究。

五　创新和存在的问题

(一) 创新之处

1. 学术思想

美洲粮食作物本土化研究确有继续开展、深入挖掘的必要，尤其是其社会经济影响（计量），全景式表达在华变迁史。努力把美洲粮食作物推向观察人类社会整体的前台，力图透过它们来解剖整体的历史，同时也要从整体史的角度来考察它们。

2. 学术观点

美洲作物推广作为技术革新之一，是由人口增长决定的，不能倒因为果。实际上美洲粮食作物价值凸显的时间在 19 世纪中期之后，且主要在山区缓解人口压力。玉米恐怕并非"可以解释（清代）人口增长的 23%"，笔者初步研究发现至迟在 19 世纪中期，玉米、番薯就提供人均粮食占有量 43.83 市斤、供养 2473 万—2798 万人。

3. 研究方法

通过量化历史研究，利用长期面板数据，进行定量分析，可以更科学地找出美洲粮食作物发展的规律。采用 GIS 方法，将历史数据通过地理信息系统软件实现数据可视化、信息地图化，直观、形象地展现美洲粮食作物的时空演变动态分布，以达到全方位、动态地展现美洲粮食作物在中国的地理分布历程。

(二) 存在的问题

1. 量化资料的收集和展示，历史上美洲粮食作物的量化资料较为零碎，往往只限于一个地方行政区的记载且缺乏连贯性，要充分利用相关数据进行量化经济史研究。

2. 本书研究时段选自明代至当代，时间跨度较长，空间上以全国为研究范围，空间范围广，与美洲粮食作物相关的资料分散于全国各类古籍之中，对历史文献的搜集任务艰巨。

3. 美洲粮食作物不同于传统的粮食作物，土地人口供养能力的相关性低于传统粮食作物，加之作为新作物的定位，对其的记载不如传统粮食作物详细。

第一章 美洲作物在中国的地理变迁

为了厘清玉米、番薯在中国引种推广、分布变迁、产量面积等经济地理概貌，首要任务便是析清二者在微观区域的细部发展演变史，以省作为叙述的地理单元是比较好的方式。诚然，长时段、大区域的宏大叙述必不可少，这在研究初期尤为重要，因为我们需要一个宏观的视野，进行时间、空间视角的整理，才能避免只见树木不见森林，搞清传播史的大模样，正确评估其价值、影响。如何炳棣《美洲作物的引进、传播及其对中国粮食生产的影响》[①]、陈树平《玉米和番薯在中国传播情况研究》[②]、郭松义《玉米、番薯在中国传播中的一些问题》[③]、曹树基《清代玉米、番薯分布的地理特征》[④]、王社教《殊途同归：明清时期玉米和番薯在中国的传播和推广》[⑤] 等[⑥]，不仅具有先驱性、里程碑等意义，大体叙述也是没有问题的，反映了史学工作者对于该问题的真知灼见。曹玲《美洲粮食作物的传入、传播及其影响研究》[⑦]、宋军令《明清时期美洲农作物在中国的传种及其影响研究 ——以玉米、番薯、烟草为视角》[⑧]、郑南《美洲原产

---

① ［美］何炳棣：《美洲作物的引进、传播及其对中国粮食生产的影响》，《世界农业》1979 年第 5、6 期。
② 陈树平：《玉米和番薯在中国传播情况研究》，《中国社会科学》1980 年第 3 期。
③ 郭松义：《玉米、番薯在中国传播中的一些问题》，《清史论丛》1986 年第 7 期。
④ 曹树基：《清代玉米、番薯分布的地理特征》，《历史地理研究》1990 年第 2 期。
⑤ 王社教：《殊途同归：明清时期玉米和番薯在中国的传播和推广》，载刘翠溶编《自然与人为互动：环境史研究的视角》，联经出版社 2008 年版，第 333—356 页。
⑥ 可见对于玉米、番薯问题的讨论，多是二者伴生，一来可见二者在美洲作物中的重要地位，二来反映了它们具有相似性与可比性，对比研究更有研究意义。
⑦ 曹玲：《美洲粮食作物的传入、传播及其影响研究》，硕士学位论文，南京农业大学，2003 年。
⑧ 宋军令：《明清时期美洲农作物在中国的传种及其影响研究 ——以玉米、番薯、烟草为视角》，博士学位论文，河南大学，2007 年。

作物的传入及其对中国社会影响问题的研究》① 是较早的以玉米、番薯为主题的学位论文。

　　然而，作为学术增长点和研究富矿的玉米史、番薯史，上述讨论已经不能满足学术发展的需求。有人曾经在量化历史暑期班上发言表示：历史学者经常用一条史料就概括一个时代的特征。之所以经常有人指出历史学不是科学，便在于历史研究严重依赖学者的史料综结能力与分析能力，这种定性研究，经常为人所诟病，观点众说纷纭。以玉米、番薯的明代以降全国范围的研究为例，具体到省级的描写已经语焉不详，往往是重引种、轻推广，分布变迁一句带过，毕竟由于研究目标、研究篇幅的限制，不可能在区域着墨太多。这样带来的问题，便是如雾里看花一般，虽然能够对问题大体描摹，但总是缺乏精细了解，无法深入下去，长此以往甚至会形成一些错误观点，本书多次批判的"美洲作物决定论"便是如此。所以我们才需要"碎片化"研究——研究玉米、番薯在省一级的传播史，通过考察省级的玉米、番薯地理格局及其演变的内在机制，探讨经济地理的长时段、区际变化过程和发展的空间特征，终极目标就是打通全国，在"大分流"的基础上再次"大合流"，形成一部完整的"中国玉米史""中国番薯史"。当然，省级单位的研究，也不代表就是完全符合历史真实的尽善尽美，但是因为区域缩小，研究者可以穷尽史料，在微观上倾注更多的心血，研究结论才更加确凿可信，这是史学工作者对于该问题最大化的"求真"。

　　笔者上述理念，得到了众多的"响应"，自 20 世纪 80 年代开始，类似的研究就层出不穷，证明我们"英雄所见略同"，众人拾柴火焰高，类似研究节省了笔者的时间、精力，本章积极吸纳它们，更易达成笔者的研究目标。评述已有研究，并不是简单的"拿来主义"，择其善者而从之，一切都是为了宏观整体解析，符合认识论从特殊到一般的规律。

---

① 郑南：《美洲原产作物的传入及其对中国社会影响问题的研究》，博士学位论文，浙江大学，2009 年。

第一节　玉米

　　玉米，学名玉蜀黍（Zea mays L.），禾本目禾本科的一年生草本植物。玉米在我国别名较多，如番麦、棒子、包（苞）米、玉（御）麦、包（苞）谷、包（苞）芦等，据咸金山统计有不同名称 99 种之多①。玉米是讨论最多的美洲作物。可以预见，人文社科对玉米倾注的关注会更多，毕竟玉米已经稳坐中国第一大粮食作物的地位，透析玉米的过去，才会更加精准地把握玉米的今天和未来。

　　咸金山《从方志记载看玉米在我国的引进和传播》②、韩茂莉《近五百年来玉米在中国境内的传播》③ 是其中代表作，仅就玉米的全方位扫射而言已经做到了尽善尽美，这些研究对玉米的进入（某省）就着墨甚多，但对于推广却语焉不详，我们从中可以获悉清代是玉米的"大跃进"时期，但是具体在清代的哪个阶段，很难确定；长时段、区际变化过程和发展的空间特征也没有展现。所以我们把目光投射到具体而微的区域研究上。

　　早在 1993 年，龚胜生最先开始了美洲作物的区域微观研究，这固然是从属于龚氏《清代两湖农业地理》④ 研究计划，但能够进行具体而微的玉米、番薯研究在当时也是难能可贵的，开类似研究之先河。龚氏《清代两湖地区的玉米和甘薯》认为：两湖（湖南、湖北）玉米在乾隆二十年（1755）开始快速推广，道光年间推广完成，已无多少推广潜力，玉米生产集中在湘西、鄂西山地（西部山区），这些地区州县的共同点为多是乾隆以后才规模开发的落后山区（改土归流），可见移民与玉米推广互为因果。⑤

　　耿占军《清代玉米在陕西的传播与分布》指出：关中地区，有清一代

① 咸金山：《从方志记载看玉米在我国的引进和传播》，《古今农业》1988 年第 1 期。
② 咸金山：《从方志记载看玉米在我国的引进和传播》，《古今农业》1988 年第 1 期。
③ 韩茂莉：《近五百年来玉米在中国境内的传播》，《中国文化研究》2007 年第 1 期。
④ 龚胜生：《清代两湖农业地理》，华中师范大学出版社 1996 年版。
⑤ 龚胜生：《清代两湖地区的玉米和甘薯》，《中国农史》1993 年第 3 期。

玉米始终未能在各地普遍大面积种植，民国时期也建树不多；陕南山区，乾隆三十年（1765）玉米种植出现了一次飞跃，此后一直占据主导地位；陕北地区，清代普及速度较慢、种植面积不广，民国时期渐有起色。① 总之，我们可见陕西三大区，唯有乾隆以降陕南玉米值得一提，其实主要因为棚民进驻山区，只有陕西的山原、瘠地玉米种植颇为活跃，直到民国时期陕北有所改变，关中依然变化不大。韩强强《环境史视野与清代陕南山地农垦》专门分析了玉米在陕南山地农垦中扮演的角色，玉米的引入使适应性利用山地环境更加可能，酿酒、饲猪的对策使建设性治理环境顺利进行，但也带来森林削减、水患频仍、水土流失、社会环境扰动等负效应，根据韩氏所引文献可见，记载集中在道光以降，晚清是陕南玉米规模种植、利用的阶段。②

李令福《明清山东粮食作物结构的时空特征》指出，清末玉米播种面积较大的县主要集中在山东东部，番薯在整个胶东半岛的种植规模都很大。③ 王保宁等《清至民国山东东部玉米、番薯的分布》认为，清末民国山东玉米、番薯主要分布在山东东部的登州府、莱州府和青州府，这呼应了李令福的结论。④

马雪芹《明清时期玉米、番薯在河南的栽种与推广》发现清代中后期玉米种植推广到全省，以豫西伏牛山区最广。⑤ 郭云奇《玉米在河南的传播种植及其农业经济价值》发现玉米自清初传入河南，但推广较为缓慢，直到光绪年间才有广泛的种植，⑥ 则更加客观。

李映发《清初移民与玉米甘薯在四川地区的传播》虽然认为二者传入与"湖广填四川"具有莫大关联，但并非展示传播阶段。⑦ 倒是周邦君《玉米在清代四川的传播及其相关问题》将玉米传播进行分区考察：川东乾隆以降栽培日广、川南道光以来记载较多、川北道光年间才种植不久、川中则一直不温不火，可见从嘉道时期开始，四川丘陵与山区的玉米种植

---

① 耿占军：《清代玉米在陕西的传播与分布》，《中国农史》1998 年第 1 期。
② 韩强强：《环境史视野与清代陕南山地农垦》，《中国社会经济史研究》2020 年第 1 期。
③ 李令福：《明清山东粮食作物结构的时空特征》，《中国历史地理论丛》1994 年第 1 期。
④ 王保宁、曹树基：《清至民国山东东部玉米、番薯的分布》，《中国历史地理论丛》2009 年第 4 期。
⑤ 马雪芹：《明清时期玉米、番薯在河南的栽种与推广》，《古今农业》1999 年第 1 期。
⑥ 郭云奇：《玉米在河南的传播种植及其农业经济价值》，《农业考古》2019 年第 3 期。
⑦ 李映发：《清初移民与玉米甘薯在四川地区的传播》，《中国农史》2003 年第 2 期。

比较普遍，平原地区则不太普及。① 郑伟《玉米在四川的传播及对四川饮食文化的影响》的研究大同小异。② 符必春《民国时期四川玉米物流空间格局研究》指出：四川玉米种植集中在盆地北部旱地及沱江、嘉陵江流域上游，盆周山地东部、东南部。③

梁四宝等《玉米在山西的传播引种及其经济作用》发现在清代各县方志中虽然很少见到对玉米产量的记载，但到光绪以后，却成为秋粮之一。④

郭志炜等《清至民国山西玉米种植迟滞的原因探析》重点分析了玉米在山西种植迟滞的原因，有作物竞争与人口压力的异常变动，还有农民的心理等方面。⑤

张敏波等《清代玉米推广栽培对湘西种植业的影响》认为清代后期，玉米栽培逐渐推及各厅县，成为湘西农作物中的大宗产品。⑥

杨金兰《黑龙江玉米种植小史》指出玉米在黑龙江虽然引种推广较晚，但到民国初期已成为当时五大作物之一。⑦

郑维宽《清代玉米和番薯在广西传播问题新探》认为道光年间是广西玉米种植的大发展时期，奠定了此后广西玉米种植分布的空间基础，生产空间集中在西部地区。⑧

王叶菁《试论玉米在甘肃的引种与传播》指出从晚清到民国，玉米在甘肃境内有了较大规模的推广和种植。⑨

郗玉松《清代土家族地区的移民与玉米引种》认为伴随着"改土归流"移民迁入，在乾隆中期到同治年间玉米在土家族地区大规模的推广种植。⑩

韩昭庆《清中叶至民国玉米种植与贵州石漠化变迁的关系》指出：乾

---

① 周邦君：《玉米在清代四川的传播及其相关问题》，《古今农业》2007 年第 4 期。
② 郑伟：《玉米在四川的传播及对四川饮食文化的影响》，《农业考古》2017 年第 3 期。
③ 符必春：《民国时期四川玉米物流空间格局研究》，《农业考古》2014 年第 4 期。
④ 梁四宝、王云爱：《玉米在山西的传播引种及其经济作用》，《中国农史》2004 年第 1 期。
⑤ 郭志炜：《清至民国山西玉米种植迟滞的原因探析》，《农业考古》2017 年第 4 期。
⑥ 张敏波等：《清代玉米推广栽培对湘西种植业的影响》，《湖南农业大学学报（社会科学版）》2007 年第 2 期。
⑦ 杨金兰：《黑龙江玉米种植小史》，《黑龙江农业科学》2008 年第 6 期。
⑧ 郑维宽：《清代玉米和番薯在广西传播问题新探》，《广西民族大学学报（哲学社会科学版）》2009 年第 6 期。
⑨ 王叶菁：《试论玉米在甘肃的引种与传播》，《丝绸之路》2014 年第 6 期。
⑩ 郗玉松：《清代土家族地区的移民与玉米引种》，《农业考古》2014 年第 4 期。

隆时期开始，记载玉米的州厅县迅速增多，此时出现玉米种植的州县主要沿湘黔线分布，此后继续扩展，清末玉米种植几乎覆盖整个贵州。① 笔者以为韩氏论述得更为客观，可能玉米在贵州并不像严奇岩《清代玉米的引进与推广对贵州石漠化的影响》所说：乾隆时期贵州才普遍推广种植玉米。②

赵永翔《清中期秦巴山区玉米种植及其影响》发现：玉米在嘉庆初期，短短数十年就迅速占据了秦巴山区大片田地。③

莫代山《清代改土归流后武陵民族地区的玉米种植及其社会影响》指出，玉米于改土归流后传入武陵民族地区，在嘉庆、道光年间得到推广，到同治时期已经成为地区最重要的粮食作物。④ 杨鹏《美洲作物在武陵地区的引种、推广及其影响研究》更加细化地研究，附议莫氏的观点。⑤

郭声波等《清代民国玉米在广东山区的种植传播》鲜明地揭橥玉米晚清以来在广东山区扩展（粤北石灰岩、海南五指山规模最大），并培育出新品种，其他地区可以忽略不计。⑥

李博文《1937 年以前玉米在黄河三角洲地区的发展情况研究》发现直至清末民初时，玉米主要由两条不同的路径传入黄河三角洲地区，至1937 年在各县域都有种植。⑦

刘超建等《由外而内：回疆玉米种植问题的再探讨》认为至少在 16 世纪初玉米在回疆应该得到了种植，但是在 19 世纪中期至 20 世纪初才得到广泛种植。⑧

① 韩昭庆：《清中叶至民国玉米种植与贵州石漠化变迁的关系》，《复旦学报（社会科学版）》2015 年第 4 期。

② 严奇岩：《清代玉米的引进与推广对贵州石漠化的影响》，《贵州师范大学学报（社会科学版）》2010 年第 3 期。

③ 赵永翔：《清中期秦巴山区玉米种植及其影响》，《华中农业大学学报（社会科学版）》2015 年第 2 期。

④ 莫代山：《清代改土归流后武陵民族地区的玉米种植及其社会影响》，《青海民族研究》2016 年第 1 期。

⑤ 杨鹏：《美洲作物在武陵地区的引种、推广及其影响研究》，硕士学位论文，华中师范大学，2020 年。

⑥ 郭声波等：《清代民国玉米在广东山区的种植传播》，载于薇等《南岭历史地理研究》第二辑，广东人民出版社 2017 年版，第 201—210 页。

⑦ 李博文：《1937 年以前玉米在黄河三角洲地区的发展情况研究》，《青岛农业大学学报（社会科学版）》2017 年第 2 期。

⑧ 刘超建、王恩春：《由外而内：回疆玉米种植问题的再探讨》，《农业考古》2017 年第 1 期。

梁诸英《清代徽州玉米经济新探》以文书资料为中心可见乾隆以后各个时期均有关于玉米种植的契约，这种苞芦实物租可见徽州民众对玉米的认可，但难以判断①；王保宁《以新作物为名：乾嘉年间徽州驱逐棚民运动再讨论》则认为民国时期徽州玉米重要程度提高，取代粟成为山农的主要粮食作物，此前的种植规模一直不大。②

综上，仅三十年学界同人对于玉米的区域研究便倾注了大量的心血，已经涉及陕西、山西、广西、甘肃、四川、山东、安徽、黑龙江、贵州、河南、湖北、湖南、秦巴山区、土家族地区、黄河三角洲，这些研究的共同点就是玉米虽然传入较早，明末、清初不一而足，但南方山区直至乾隆中期之后开始推广、在道光年间完成推广。换言之，18 世纪中期到 19 世纪中期这一百年是玉米推广最快的阶段，之后才作为主要粮食作物发挥了巨大功用，在南方平原地带，则一直建树不多，最终才形成了中西部山区玉米种植带；北方玉米推广更晚，光绪以降的清末民国时期才有较大发展，最终奠定了一般粮食作物的地位，然并其在南方之地位，然由于民国时期玉米在北方平原有大发展，总产量、面积得以超越南方。

第二节　番薯

番薯，学名甘薯（*Ipomoea batatas* L.），管状花目旋花科一年生草本植物。常见别名有红薯、山芋、地瓜、红苕、白薯等，至少有 40 种以上。其早期（明代）别名主要有番薯、甘薯、金薯、朱薯、朱蓣、红山药等。今天大田作物番薯的重要性不言而喻，实际上历史时期番薯也是颇受王朝国家、地方社会与升斗小民青睐的"救荒第一义"。传入中国后，番薯即使在美洲作物中也颇为特殊，有"甘薯十三胜"之说，在美洲作物中最早（万历）地发挥了粮食作物等功用，也是弘历亲自三令五申劝种的功勋作物，在短时期内受到如此重视，在帝制社会也是比较罕见的。

---

① 梁诸英：《清代徽州玉米经济新探——以文书资料为中心》，《安徽大学学报（哲学社会科学版）》2014 年第 6 期。

② 王保宁：《以新作物为名：乾嘉年间徽州驱逐棚民运动再讨论》，《清史研究》2019 年第 1 期。

由于番薯的学名为甘薯，甘薯也确系目前日常生活的常用名称，所以论述中常见"甘薯"云云，本书叙述统一为"番薯"，这其实有充分的学理依据，一是"甘薯"易与我国古已有之之薯蓣科薯蓣属薯蓣（多称山药，Dioscorea oppositifolia L.）的别称"甘薯"混淆；二是"甘薯"在民间不具有方言基础，历史时期很少以"甘薯"指代番薯。由于与主题联系不甚紧密，不再展开，另文再述。

关于番薯的整体性研究，同样不少，代表作有周源和《甘薯的历史地理——甘薯的土生、传入、传播与人口》①、黄福铭《明清时期番薯引进中国研究》②。

细部研究，郭松义在 1986 年最早研究番薯的区域性传播，其文《番薯在浙江的引种和推广》提道：乾隆晚期和嘉庆时期也差不多普遍了，这与棚民"炼山"息息相关。③

龚胜生《清代两湖地区的玉米和甘薯》认为：两湖（湖南、湖北）番薯在乾隆后期开始快速推广，嘉道年间两湖各地都已经普及，之后开始向纵深发展，番薯在湖北主要分布在鄂西南，在湖南全省均有，总体与玉米分布形成互补。④

马雪芹《明清时期玉米、番薯在河南的栽种与推广》注意到陈宏谋、弘历、毕沅、陈世元等官方和民间的力量在乾隆中后期对番薯的推广起到极大的作用。⑤ 但是笔者以为，恐怕乾隆年间河南的番薯同山东一样处于"引而不种、灾后即撤"的局面，正如后人赵圣涛《乾隆后期河南的灾赈与番薯推广》的研究结论：清末，番薯在河南的种植已经遍布全省。⑥

笔者以为番薯在华北平原的情况应当类似，河南番薯推广可与山东类比。李令福《明清山东粮食作物结构的时空特征》指出清末玉米播种面积较大的县主要集中在山东东部，番薯在整个胶东半岛的种植规模都很大。⑦ 王保宁《乾隆年间山东的灾荒与番薯引种》认为番薯虽然有救荒之奇效，

① 周源和：《甘薯的历史地理——甘薯的土生、传入、传播与人口》，《中国农史》1983 年第 3 期。
② 黄福铭：《明清时期番薯引进中国研究》，硕士学位论文，山东师范大学，2011 年。
③ 郭松义：《番薯在浙江的引种和推广》，《浙江学刊》1986 年第 3 期。
④ 龚胜生：《清代两湖地区的玉米和甘薯》，《中国农史》1993 年第 3 期。
⑤ 马雪芹：《明清时期玉米、番薯在河南的栽种与推广》，《古今农业》1999 年第 1 期。
⑥ 赵圣涛：《乾隆后期河南的灾赈与番薯推广》，《兰州学刊》2010 年第 8 期。
⑦ 李令福：《明清山东粮食作物结构的时空特征》，《中国历史地理论丛》1994 年第 1 期。

但长期无法融入当地农作制度，出现长期"引而不种"的局面，这一状况直到清末民国才发生改变，源于王保宁《花生与番薯：民国年间山东低山丘陵区的耕作制度》提出的一种新的种植制度：花生与番薯的轮种。①②所以研究者千万不能被文献记载的官方推广举措所迷惑，毕竟劝农行为与劝农效果是两个完全不同的概念，何况所谓的劝农也不是毫无意义，短期内的印象确实是一片"欣欣向荣"，但需要长期观察，洞悉文本后的真实。所以王宝卿《甘薯的引种传播及其影响研究——以建国前山东为例》可能高估了劝农意义③，陈冬生《甘薯在山东传播种植史略》认为的乾嘉时期番薯首先在山东的山区丘陵地带获得了较快的传播，道光年间又及平原，也值得商榷④。王弘扬《清至民国山东番薯的引种与本土化研究》继承了陈冬生的观点，认为道光年间山东布政使刘斯嵋刊发的《藩司刘饬劝种薯蓣札》对于番薯"下山"具有重要作用。⑤ 王保宁等《清至民国山东东部玉米、番薯的分布》认为清末民国山东玉米、番薯主要分布在山东东部的登州府、莱州府和青州府，这呼应了李令福的结论。⑥ 王政军等《清末至民国时期玉米、番薯在青岛地区的传播及对居民主食结构的影响》专门论及青岛的情况，认为道光年间，番薯已成为胶州的粮食作物之一。⑦

　　谢志诚《甘薯在河北的传种》，叙述仅仅从源头上肯定了陈世元、方观承、黄可润等典型人物对于河北引种番薯的功绩，未见分布变迁考，但料想与河南、山东应似大同小异。⑧

　　张敏波等《清代番薯引种栽培对湘西种植业的影响》发现清末湘西番薯种植才见大宗种植记载。⑨

　　郑维宽《清代玉米和番薯在广西传播问题新探》认为，乾隆年间，广

① 王保宁：《乾隆年间山东的灾荒与番薯引种》，《中国农史》2013 年第 3 期。
② 王保宁：《花生与番薯：民国年间山东低山丘陵区的耕作制度》，《中国农史》2012 年第 2 期。
③ 王宝卿：《甘薯的引种传播及其影响研究——以建国前山东为例》，《中国农学通报》2010 年第 11 期。
④ 陈冬生：《甘薯在山东传播种植史略》，《农业考古》1991 年第 1 期。
⑤ 王弘扬：《清至民国山东番薯的引种与本土化研究》，硕士学位论文，山东农业大学，2021 年。
⑥ 王保宁等：《清至民国山东东部玉米、番薯的分布》，《中国历史地理论丛》2009 年第 4 期。
⑦ 王政军、王宝卿：《清末至民国时期玉米、番薯在青岛地区的传播及对居民主食结构的影响》，《青岛农业大学学报（社会科学版）》2017 年第 1 期。
⑧ 谢志诚：《甘薯在河北的传种》，《中国农史》1992 年第 1 期。
⑨ 张敏波、刘锋：《清代番薯引种栽培对湘西种植业的影响》，《湖南农机》2007 年第 3 期。

西番薯的传播进入扩散期，此后持续发展，主要集中在广西东部、中部地区。①

周邦君《甘薯在清代四川的传播及其相关问题》指出：川东直到同治年间种植渐多、川南和川西与川东情况相近、川北咸丰年间已经生产颇多、川中嘉庆以来常见栽培，可见大体上从乾隆年间开始，特别是嘉道时期及其以后，四川番薯逐步得到广泛传播，道光年间已普遍种植，盆地内及长江、嘉陵江、岷江、沱江沿岸各县都有分布。②张茜《甘薯在四川的传播及对四川饮食文化的影响》同样认为道光年间其种植已极为普遍。③

欧阳春林《番薯的引种与明清福建沿海社会（1594—1911 年）》认为，明代番薯经陈振龙引种、金学曾推广，已经传遍了福建各地，到了清代类似金门这样的大陆岛都以番薯为生。④这是符合一般认识的，福建应当是番薯的最早登陆地与最早在全省功用的区域。

吴理清《番薯在潮州地区的传播与农业体系变动》以广东潮汕地区为中心，发现万历后期番薯在潮州地区已有所种植，明代即使没有完全普及，在清初也已经是重要粮食作物。⑤就全国而言，广东番薯推广之早应当仅次于福建。

李博文《晚清民国时期番薯在黄河三角洲的引种推广》发现清末民初，番薯在黄河三角洲已普遍种植。⑥

欧阳春林等《土地革命时期番薯在中央苏区的种植》指出，进入 20 世纪初叶，番薯在赣南、闽西的传播推广早已完成。⑦

熊帝兵《陈仅〈艺薯集证〉考述——兼论清代甘薯在陕西的引种与推广》认为，虽然早在乾隆十年（1745）陈宏谋已经引种成功，但作用有限，直至道光十五年《艺薯集证》刊刻后才对兴安府乃至陕西全省甘薯的

① 郑维宽：《清代玉米和番薯在广西传播问题新探》，《广西民族大学学报（哲学社会科学版）》2009 年第 6 期。
② 周邦君：《甘薯在清代四川的传播及其相关问题》，《古今农业》2010 年第 2 期。
③ 张茜：《甘薯在四川的传播及对四川饮食文化的影响》，《农业考古》2013 年第 3 期。
④ 欧阳春林：《番薯的引种与明清福建沿海社会（1594—1911 年）》，硕士学位论文，福建师范大学，2012 年。
⑤ 吴理清：《番薯在潮州地区的传播与农业体系变动》，《农业考古》2012 年第 4 期。
⑥ 李博文：《晚清民国时期番薯在黄河三角洲的引种推广》，《农业考古》2018 年第 3 期。
⑦ 欧阳春林、黄敬荣：《土地革命时期番薯在中央苏区的种植》，《农业考古》2019 年第 1 期。

进一步推广起到重要作用。①

　　杨鹏《美洲作物在武陵地区的引种、推广及其影响研究》指出，咸丰至光绪年间，番薯在武陵地区普遍种植，成为仅次于玉米的粮食作物。②

　　概言之，仅三十年学界同人对于番薯的区域研究便取得了大量成绩，已经涉及福建、广东（潮州）、浙江、广西、四川、山东、河南、河北、湖北、湖南、中央苏区、黄河三角洲，然较玉米还有一定的差距，这与番薯在粮食作物中的地位有一定关系，毕竟北方番薯种植无多。研究可见，除了番薯在明末的福建、广东尚有可圈可点之处，其余基本都不入流，直至乾隆中期之后南方开始推广、在道光年间完成推广。由于番薯的自然特性，不仅是南方低海拔山区，平原也有一定影响，最终形成东南丘陵番薯种植带，与中西部山区玉米种植带虽有交汇，但分庭抗礼，边界在湖广、广西一带；北方番薯种植则一直不温不火，清代中后期虽有帝王、官绅不断推广，然收效一般，番薯由于未融入北方当地的种植制度，多是昙花一现，灾后即撤，清末民国时期番薯在北方有了一定的发展，最终奠定了一般粮食作物的地位，然地位并无其在南方之地位，春麦区番薯几无踪迹。

第三节　研究评述

一　"两大阵地"

　　上述综述，基本涵盖了所有专题研究成果，但并不能说一网打尽，概因如今美洲作物史研究已经内化，除了传统农业史、经济史，还有社会史、环境史、历史地理等，特别是食物史、饮食史，基本都会涉及只言片语，篇幅长短不一。值得一提的是，近年公众史学异军突起，科普领域涉猎渐多。

---

① 熊帝兵：《陈仪〈艺蓣集证〉考述——兼论清代甘薯在陕西的引种与推广》，《自然科学史研究》2019 年第 2 期。
② 杨鹏：《美洲作物在武陵地区的引种、推广及其影响研究》，硕士学位论文，华中师范大学，2020 年。

上文没有提到的如李中清（James Lee）早年的博士学位论文《中国西南边疆的社会经济：1250—1850》① 其中就有篇幅提到了玉米、番薯，虽见识精辟，但毕竟非其主要研究目标，因此所述无多，主干资料也没有穷尽。笔者在 2020 年 10 月"第二届新时代史学理论论坛"见到译者之一秦树才，秦氏回忆当年翻译之时也是问题颇多，求助于李氏，李氏表示研究早已转向，加之时过多年，已经无法提供帮助。当然，即使是专题研究，能够取得上述成果，已经是超出预期。这其中起关键作用的人物或者说团体是万国鼎（南京农业大学）与史念海（陕西师范大学）。

中国农业科学院·南京农业大学中国农业遗产研究室（即今之中华农业文明研究院）作为全国农史研究重镇，美洲作物自然是其研究重点，虽不能说研究最早，但确实是用力最多、持续性最好的，如 1961 年，万国鼎出版《五谷史话》就单辟两章谈及玉米、番薯，另一领导人胡锡文于 1958 年在《农业遗产研究集刊（第二册）》上发表《甘薯来源和我们劳动祖先的栽培技术》一文，此后团队研究一直不曾间断，当然主要局限在宏观问题且其他单位关注不多。美洲作物史并不是不重要，出现这样的情况其实有深层次原因，见第九章相关叙述。21 世纪王思明《美洲作物在中国的传播及其影响研究》② 前后，中华农业文明研究院开启了新一轮美洲作物史研究，更加全面、客观、细化、深入，从历时性维度纵向梳理美洲作物在中国空间序列上的动态演化进程，从共时性维度来考索它们对中国横向的、静态的影响，尤其是对中国社会系统内部各因素之间关系结构（如社会经济）的考察。

陕西师范大学历史地理研究所（即今之西北历史环境与经济社会发展研究院）是历史地理研究中心，史念海在 20 世纪 80 年代首次提出"历史农业地理"一词，并将之作为历史经济地理的一个分支。史氏认为农业生产具有明显的区域差异，因此进行时间、空间视角的整合是一个不错的选择，史氏培养的硕士、博士 20 余人以历史农业地理作为论文选题，已

① 李中清：《中国西南边疆的社会经济：1250—1850》，林文勋等译，人民出版社 2012 年版。
② 王思明：《美洲作物在中国的传播及其影响研究》，中国三峡出版社 2010 年版。

经出版 16 部①，标志着中国历史农业地理研究理论与实践的成熟。历史农业地理研究的主要内容之一便是农作物的构成及其分布②，历史农业地理的特点 首先是它的区域性③，可见历史上美洲作物的区域流变是其重要环节。这些研究只要涉及明代多数会研究玉米、番薯的引种问题，谈及清代必然会研究玉米、番薯的时空变迁等问题。

本章的研究案例，很多便是万国鼎团队、史念海团队的作品。研究成果中药铺式的全面列举并非本书的旨趣，除了介绍近年典型成果提供一个醒目的目录，更多是想提供一种思考问题的方式。因此，不再列举其他书目、学位论文等。

二　研究缺陷

对于玉米、番薯的研究可以发现，玉米占有绝对优势。然而即使是研究成果丰硕的玉米，尽管对玉米在各省的推广研究成果斐然，但仍有不少省份尚未进入视野，其中不乏历史和今天的玉米种植大省，从而无法贯通省际，形成一部完整的"中国玉米史"。更重要的是，早年研究多倾向于玉米、番薯在省内的引种、推广的线性研究，仅有定性描述，且多是"引种—影响"的单调分析范式，因此有必要研究再出发，摆脱成式窠臼，才能在玉米史、番薯史领域形成张力。

针对不少省份尚未进入视野的问题，我们需要做的就是打通一些关键省份，注意这里是关键省份，而不是所有省份，所有省份的面面俱到似无必要，关键省份则是指：历史时期产量颇丰、面积颇大的生产大省，扮演

① 其中 14 部详见吴宏岐《史念海教授与中国历史农业地理学》，《淮阴师范学院学报（哲学社会科学版）》2001 年第 6 期，又有韩茂莉的中国历史农业地理集大成作《中国历史农业地理》，北京大学出版社 2012 年版（三卷本），以及李令福《中国北方农业历史地理专题研究》，中国社会科学出版社 2020 年版。还有多部并未出版，如陈新海《南北朝时期黄河中下游地区民族与农业地理初探》、邱晨音《清代江西农业地理》、陈国生《清代贵州农业地理初探》、马碟骥《清代浙江农业地理》、徐君峰《清代云南农业地理》、田龄《清代江苏农业地理》、张建军《清代新疆农牧业地理》、李辅斌《清代河北山西农业地理研究》、马波《清代闽台农业地理》、张联社《陕西历史农业地理研究》、张维慎《宁夏农牧业发展与环境变迁研究》、王宇尘《清代安徽农业地理初探》。
② 王社教：《历史农业地理学刍议》，《陕西师大学报（哲学社会科学版）》1994 年第 3 期。
③ 李令福：《历史农业地理学基本理论问题初探》，《陕西师范大学学报（哲学社会科学版）》2000 年第 4 期。

二次传播意义的关键节点、具有文献学意义的重要单元，这些空白的填补，是打通全国所不可或缺的，是故，本书的第二、第三、第四、第五、第六章分别针对浙江、云南、江西、广西，进行填补空白式的研究或再研究，一切都是为了第八章的大综合。

目前研究多是定性的"推广—影响"，即先描绘某一作物在某一地区推广的全景全貌，传入时间、路径等基本问题之后，阐释其影响，但多为史料填空式地分析，如改变了饮食结构、生产方式，养活了大量的人口，增加了经济利益，以及文化、医疗等影响不一而足，负面影响则是千篇一律的生态破坏、水土流失等，如此雷同的框架堪称"套路"。虽然大家均是在讨论不同时空，但学术创见其实是非常有限的。我们以为这样的填补空白的工作在较为特殊的省份是值得作全景式表达的，但并无必要全面铺开，且要注重在史料中发现特殊性，如已经有人利用徽州文书发现玉米的种植也有促进林木种植的一面①；而番薯引发的生态问题更是极其微小的，并非有人认为番薯结实在土中便更容易引发水土流失。

三　殊途同归

玉米和番薯，同为美洲作物，共同点颇多，在中国的传播却不尽相同，特别是社会应对上完全是不同的命运。乾隆以降，尤推弘历，对番薯大加劝种，嘉庆以来，多见官方禁种玉米，这些虽有效果，但收效不大，番薯由于未融入北方当地的种植制度，多是昙花一现，灾后即撤，玉米暗合了棚民开山的需求，屡禁不止，愈演愈烈，归根到底，这些都是农民自发选择，不是国家权力所能管控的。已有人研究发现，玉米之所以被禁，其实是"驱棚"运动的牺牲品，这其中的内在逻辑既有传统社会人民的认识不清，也有一些刻意为之的目的使然，当然随着玉米种植迅猛、价值增大，这些禁种的观念也烟消云散。至于番薯，番薯的传播是国家、社会与小民的共同选择，围绕帝王（弘历）、权力官僚（徐光启、陈宏谋、金学曾、陆燿、方观承、何裕成等）、地方政府（余光璧、黄可润等）、商人团体与一般士人（陈振龙世家、陈仅等）有说不完的故事，他们都是番薯倡导者。所以出现番薯"引而不种""灾后即撤"的现象，在于番薯很长时

---

① 梁诸英：《明清以来徽州地区农业地理研究》，方志出版社 2018 年版，第 135—146 页。

期并非粮食作物而仅是救荒作物，这其中的原因有花利代表、种植制度、技术闭锁几大主要因素的制约，还有藏种技术、番薯保存、口味生理等次要因素的控制。可见，番薯在新中国成立之前的地位和作用是很有限的，较玉米更加微弱，当然，二者在新中国成立之后都发生了这样的转变——政府力量为它们的种植提供了良好的政治保障，民间力量为其提供了经济活力，在二者的互动中，玉米、番薯从"逃避作物"最终加入国家的税收和仓储体系成为"国家作物"，最终成为我国仅次于稻米、小麦的主流粮食作物。

第二章　玉米在浙江的引种和推广

在浙江，玉米主要被称为玉蜀黍、观音粟、六（陆）谷、包（苞）芦，另外玉米还有的别名仅存于浙江，如乳粟、遇粟、二粟、棒槌粟、广东芦等。值得注意的还有芦粟，实际上是糖高粱，浙江地方志大多将其与玉米区分，但仍多次与玉米混淆，如光绪《嘉兴县志》载："今嘉兴有一种名芦粟，即北方之玉蜀黍，苗叶似高粱，而子粒攒簇，其色黄白，有秔有糯"①，属于同名异物的现象。咸金山、何炳棣②等均未将芦粟算作玉米的别名。

清代玉米的传播对于多山的浙江重要性十分突出，然尚无专门研究，而且存在诸多误区，如认为除了《留青日札》，"雍正以前只有康熙《天台县志》里有种植玉米的记载"等观点需要纠正，本章不但详细论述清代玉米在浙江的传播史，而且对玉米在不同传播阶段的传播情况进行动因、影响分析。

第一节　玉米在浙江的引种

玉米在明代中期传入我国，一般认为玉米经多渠道传入我国，其中就有"东南海路说"，就是指玉米经葡萄牙人或中国商人之手较早传入我国的福建、浙江等东南沿海地区。成书于隆庆六年（1572）的《留青日札》

---

① 光绪三十二年（1906）《嘉兴县志》卷十六《物产》，《中国地方志集成·浙江府县志辑15》，上海书店1993年版，第325页。

② ［美］何炳棣：《美洲作物的引进、传播及其对中国粮食生产的影响》，《世界农业》1979年第5期。

记载："御麦出于西番，旧名番麦，以其曾经进御，故曰御麦。干叶类稷，花类稻穗，其苞如拳而长，其须如红绒，其粒如芡实大而莹白，花开于顶，实结于节，真异谷也。吾乡传得此种，多有种之者。"① 可见玉米在此之前传入浙江沿海，杭州文人田艺蘅的记载是"东南海路说"的主要依据之一。但是玉米在传入浙江后的一百年都没有得到大面积推广，在康熙之前的方志记载仅有三次：乾隆《绍兴府志》引万历《山阴县志》："乳粟俗名遇粟"②；光绪《嘉兴县志》引天启《汤志》③："所谓杭糯粟者即此耳"④；以及万历《新昌县志》仅记载"珠粟"一词⑤。山阴县、嘉兴县均位于多山的浙江的北部平原地带（杭嘉湖平原和宁绍平原），新昌县距离宁绍平原不远，可见玉米在明末清初一直局限在浙北平原。

虽然玉米在传入浙江之初只在平原种植，但玉米的亩产不低，所以《留青日札》载"吾乡传得此种，多有种之者"，但是与水稻等传统作物相比，玉米仍处劣势，在五谷争地的情况下，玉米这种新作物并没有竞争优势，难以大面积推广。东南沿海各省情况均是如此，虽然引种较早，却发展缓慢，尚不能作为一种粮食作物在农业生产中占有一席之地，《本草纲目》记载玉米"种者亦罕"⑥，《农政全书》也只在底注中附带一提。

康熙年间，玉米在浙江开始由沿海缓慢向内陆山地推进，但仍然以平原地带为主。根据康熙年间方志记载情况（见表2—1），玉米仍主要种植于浙北平原的山阴、余杭，以及金衢盆地的武义，孝丰离杭嘉湖平原较近，天台、新昌距离宁绍平原不远。浙江山地已经开始引种玉米，但规模不大，如浙南山地的遂昌。浙江并不是与我国内陆地区玉米的"先丘陵山地后平原"的传播方式一样，而是"先平原后山地"。浙江的平原、盆地不仅人口较多，而且交通便利，内河航运发达，方便由沿海传入浙江的玉米的进一步传播。但是一方面由于旧的种植习惯的沿袭；另一方面由于处在平原河谷地带不能充分发挥玉米高产、耐饥、适应性强等特性，甚至不

① （明）田艺蘅：《留青日札》卷二十六《御麦》，上海古籍出版社1992年版，第489页。

② 万历四十年（1612）《山阴县志》。转引自乾隆五十七年（1792）《绍兴府志》卷十七《物产志一》，浙江府县志辑39，第441页。

③ 《汤志》指明天启年间汤齐聘所修县志，但未见刻板，崇祯十年（1637），知县罗蚧聘县人黄承昊，在《汤志》基础上续修成二十四卷，始有刻本。

④ 光绪三十二年（1906）《嘉兴县志》卷十六《物产》，浙江府县志辑15，第325页。

⑤ 万历七年（1579）《新昌县志》卷五《物产志》。

⑥ （明）李时珍：《本草纲目》卷二十三《谷部二》，辽海出版社2001年版，第899页。

利于玉米的生长①。因此玉米在传入初期，被视为消遣作物，在田头屋角或菜园"偶种一二，以娱孩稚"，方志记载比较简单，可以反映出玉米未成为主要粮食作物的事实，康熙《浙江通志》、雍正《浙江通志》均未记载玉米。另外，康熙《天台县志》记载的"玉芦，俗呼广东芦"②。有观点认为据此可知早期进入浙江的玉米来自广东，其实不然，广东最早关于玉米的记载也是清初屈大均的《广东新语》："玉膏黍一名玉膏粱，岭南少以为食，故见黍稷，往往不辨"③，远晚于浙江，应该是当地人民误以为自广东来。

表2—1　　　　　　　　康熙年间浙江地方志记载玉米的情况

府县	时间与出处	内容
山阴县	康熙十年（1671）《山阴县志》卷七《物产志》	乳粟，粒大如鸡豆，色白味甘，俗曰遇粟。
新昌县	康熙十年（1671）《新昌县志》卷一《物产》	珠粟。
孝丰县	康熙十二年（1673）《孝丰县志》卷三《土产》	鹿角米。
天台县	康熙二十二年（1683）《天台县志》卷五《物产》	玉芦，俗呼广东芦。
余杭县	康熙二十三年（1684）《栖里景物略》卷一《物产》	观音粟。
武义县	康熙三十七年（1698）《武义县志·物产》	乳粟，粒大如鸡豆，色白味甘，俗曰遇粟。
遂昌县	康熙五十一年（1712）《遂昌县志》卷二《物产》	观音粟。

① 玉米苗期有耐旱怕涝的特点，适当干旱有利于促根壮苗，如果土壤中水分过多、空气缺乏，容易形成黄苗、紫苗，造成"芽涝"。因此，玉米苗期要注意排水防涝。沿海平原地区并不适合玉米的栽培。
② 康熙二十二年（1683）《天台县志》卷五《物产》。
③ （清）屈大均：《广东新语》卷十四《食语》，中华书局1985年版，第377页。

第二节　玉米在浙江的推广

　　隆庆年间玉米引种到浙江，直到乾隆年间人民发现玉米适合山地的水土、气候条件（耐旱、耐寒、喜砂质土壤），又不与五谷争地，于是首次有了适于高山广泛种植的粮食作物，正好配合棚民垦山开荒。同时引进的美洲粮食作物番薯，虽然也有耐旱耐瘠的特性，但对气候要求相对暖湿，也没有玉米易于保存，因此在浙江山地种植的主要还是玉米。玉米在乾隆中期开始在浙江迅速传播，乾嘉时期是玉米的初步传播阶段（见表2—2）。

表2—2　　　　　　　乾嘉年间浙江地方志记载玉米的情况

府县	时间与出处	内容
镇海县	乾隆十七年（1752）《镇海县志》卷四《物产》	乳粟，粒大如鸡豆，色白味甘，俗名遇粟。
平阳县	乾隆二十四年（1759）《平阳县志》卷五《物产》	珍珠粟。
浦江县	乾隆四十一年（1776）《浦江县志》卷九《土产》	芦粟，一名御米，一名罂粟，一名高粟，茎叶与穄相似，而一茎数房，色光润，红黄紫白俱备，亦可疗饥，山中近始种之。
鄞县	乾隆五十三年（1788）《鄞县志》卷二十八《物产》	转引《留青日札》内容。
平湖县	乾隆四十五年（1780）《平湖县志》卷四《物产》	粟……一种粒大穗如摇槌，名珠珠粟。
开化县	乾隆六十年（1795）《开化县志》卷五《物产》	苞芦，种自安庆来，近年处处种之，可以代粮，然开邑田地山场因此多被水冲塌似宜禁。

府县	时间与出处	内容
绍兴府	乾隆五十七年（1792）《绍兴府志》卷十七《物产志》	乳粟，俗名遇粟。
于潜县	嘉庆十五年（1810）《于潜县志》卷十八《物产》	近年人图小利，将山租安庆人种作苞芦。
德清县	嘉庆六年（1801）《德清县续志》卷四《法制志》	各山邑多有外省人民搭棚开山，种植苞芦、靛青、蕃薯诸物，以致流民渐多，棚厂满山相望。
庆元县	嘉庆六年（1801）《庆元县志》卷七《物产》	包罗。
山阴县	嘉庆八年（1803）《山阴县志》卷八《土产》	乳粟。
上虞县	嘉庆十六年（1811）《上虞县志·物产》	蒀粟，俗呼棒槌粟。
西安县	嘉庆十六年（1811）《西安县志》卷二十一《物产》	（群芳谱）玉蜀黍一名玉高粱，土名苞萝。（王珉诗）我如杜陵叟，蜀饭兼苞萝。按，西邑流民向多垦山种此，数年后土松遇大水涨没田亩沟圳山亦荒废，为害甚巨，抚宁阮于嘉庆二年出示禁止。

注：宣平县、分水县在乾嘉年间虽未有方志记载玉米，但道光《宣平县志》、道光与光绪《分水县志》、道光《昌化县志》的记载均反映出三县在"乾隆四五十年间""乾隆间""嘉庆间"移民垦种玉米的事实。光绪《剡源乡志》亦反映出嘉庆初年玉米在当地已有种植。

　　乾嘉时期的浙江玉米分布除了集中在浙北平原（镇海、鄞县、平湖、绍兴府、上虞），浙南山地也已经颇具规模，如宣平、庆元、遂昌、西安，以及浙西山地的部分地区：开化、分水、德清、于潜、昌化。浙江一省之内的玉米传播具有特殊性和复杂性，一方面是浙江作为我国玉米的初级传播中心直接从国外引种但传播较为缓慢，局限在浙北平原一带；另一方面从玉米的次级传播中心安徽，二次引种至浙江向衢州府、处州府山地扩

展，如开化县"苞芦，种自安庆来，近年处处种之，可以代粮"①，宣平县
"宣初无此物，乾隆四五十年间，安徽人来此向土著租赁垦辟，虽陡绝高
崖皆可布种"②；另外，据光绪《分水县志》载："苞芦，俗呼菉谷，邑向
无此种，乾隆间江闽游民入境租山创种"。③ 所谓"江闽游民"，就是江
西、福建的棚民，西安县"西邑流民向多垦山种此"④，昌化县"嘉庆间，
江省棚民垦种苞芦，居人亦荷锄踵接"⑤，剡源乡"自嘉庆初福建台州棚民
相率来剡开山种靛、种苞芦，日辟日广"⑥。说明江西、福建同样作为玉米
二次传播的中心，向严州府、衢州府等山地传播，浙南山地东部沿海的平
阳县可能就是从福建引种的玉米。

　　道咸年间，浙江玉米种植迅速发展，在平原、山地均有分布。玉米已
经遍布浙南山地（见表2—3），尤以浙南山地西部的处州府为甚，庆元、
遂昌、宣平、丽水、缙云均为处州府辖县。浙南山地东部沿海一带玉米种
植分布不广，仅有温州下辖的乐清县。浙东山地海拔较低，棚民活动较
弱，玉米传播不广，嵊县、象山县在道光初年始有记载，象山县记载"玉
蜀秫"为"新增"⑦。

　　玉米种植已经推广到浙西山地北部的杭湖两府全部。"杭州府属之富
阳、余杭、临安、于潜、新城、昌化等县为嘉湖之上游，湖州府属之乌
程、归安、德清、安吉、孝丰、武康、长兴等县为苏松太之上游，皆系山
县……三十年前从无开垦者，嗣有江苏之淮、徐民，安徽之安庆民，浙江
之温、台民，来杭湖两属之各县，棚居山中，开种苞谷"，道光十三年
（1833），"其时各县山场，只开十之二三"，至道光三十年（1850），"近
已十开六七矣"⑧。开发浙西山地的不仅有外省棚民，还有温州、台州的棚
民，可谓是四面八方的流动，共同向山区集中。分水县"乾隆间江闽游民

① 乾隆六十年（1795）《开化县志》卷五《物产》。
② 道光二十年（1840）《宣平县志》卷十《物产》。
③ 光绪三十二年（1906）《分水县志》卷二《物产》，浙江府县志辑27，第91页。
④ 嘉庆十六年（1811）《西安县志》卷二十一《物产》。
⑤ 道光《昌化县志》卷三《河渠志》。
⑥ 光绪二十七年（1901）《剡源乡志》卷一《风俗》。
⑦ 道光十二年（1832）《象山县志》卷十九《物产》。
⑧ （清）盛康：《皇朝经世文续编》卷三十九《户政》十一《屯垦》，道光三十年（1850）汪元方：《请禁棚民开山阻水以杜后患疏》，文海出版社1966年版，第4153—4154页。

入境租山创种"①，湖杭两府的山县是从道光开始大面积种植玉米的，"近来异地棚民盘踞各源，种植苞芦，为害于水道农田不小"②。浙北平原玉米种植虽然一直延续，但道咸年间相对萎缩，方志记载或十分简略，或直接引用《留青日札》内容。

表2—3　　　　　　　道咸同光年间浙江地方志记载玉米的地区

	浙北平原	浙西山地	浙南山地	浙东山地
道光 （1821—1850）		武康县、分水县、建德县、昌化县	乐清县、庆元县、遂昌县、永康县、宣平县、丽水县、缙云县	嵊县、象山县
咸丰 （1851—1861）	鄞县、南浔镇			上虞县
同治 （1862—1875）	鄞县	安吉县、孝丰县、湖州府	江山县、云和县、黄岩县、景宁县、丽水县	嵊县
光绪 （1875—1908）	乌程县、归安县、镇海县、菱湖镇、嘉善县、平湖县、定海厅、慈溪县、嘉兴县	孝丰县、富阳县、寿昌县、分水县、开化县、临安县、于潜县	黄岩县、乐清县、青田县、庆元县、遂昌县、永康县、宣平县、缙云县、永嘉县、玉环厅	上虞县、奉化县、忠义乡、剡源乡、仙居县、宁海县、浦江县、诸暨县

注：浙南山地由仙霞岭山脉、洞宫山脉、括苍山脉和雁荡山脉组成，地势较高，平均海拔500米以上；浙西山地由白际山脉、千里岗山脉和昱岭山脉组成，山势陡峻，切割较深；浙东山地位于宁绍平原以南，括苍山以北，包括会稽山脉、四明山脉和天台山脉，海拔较低。另有金衢盆地位于浙江中部，只有光绪《金华县志》有记载，不在本表反映。表中忠义乡、剡源乡隶属于奉化县。

　　这里需要指出的是咸丰年间记载偏少甚至出现空白的情况。这是因为浙江作为太平天国运动的主战场之一，战争导致了大量人口死亡和土地荒芜的情况，尤以浙西山地、金衢盆地为甚，如同治元年"衢州人民，死者

---

① 光绪三十二年（1906）《分水县志》卷三《物产》，浙江府县志辑27，第91页。
② 道光八年（1828）《建德县志》卷二十一《杂记》。

尤众，往往不得到棺木，随死随埋，而荷锸者亦死。衢（州）、龙（游）、汤（溪）、寿（昌）各县，至数十里无人烟"①，其他各县多是如此。战后又掀起新的一轮棚民垦荒和种植玉米的高潮。

另外，需要注意的就是表2—3和表2—4是根据方志记载的情况，并不绝对化，考虑到因为编纂者有意或无意的原因，造成或少记或不记的玉米的情况，因此玉米在浙江的传播范围应该比笔者估计的要大。比如，道光、同治和民国《嵊县志》均载玉米，但光宣年间并未纂修方志，故本章没有统计，但就一般情况来说，光宣年间嵊县应该是持续栽培玉米的。表2—3和表2—4依然主要反映玉米在浙江传播的一种趋势。

表2—4　　　　　　不同时期浙江各府县记载玉米的次数　　　　单位：次

正德、嘉靖、隆庆 （1506—1572）	1	万历、天启、崇祯 （1573—1643）	3	顺治、康熙、雍正 （1644—1735）	7
乾隆、嘉庆 （1736—1820）	17	道光、咸丰 （1821—1861）	16	同治、光绪、宣统 （1862—1912）	46

注：本资料除个别资料引自有关文献外，其余均出自各省各地县（或相当于）县志，同一地区不同时期修纂的方志，凡有玉米记载的分别统计在内。各省通志、府志、乡土志等，凡与县志重复者不采用。

从同治至宣统年间，玉米在浙江可谓处处有之（见表2—4）。玉米作为一种"但得薄土，即可播种"的粮食作物，对广大农民来说有救荒之奇效，"山地皆可种"②，所以"棚民垦荒山多种之"③。故同光年间浙江地方志记载玉米的府县遍布全省，星罗棋布。就地理分布来说，主要集中在浙南山地和浙西山地，其次是浙北平原、浙东山地；就行政区划来说，处州府、湖州府玉米种植最为集中，其次是宁波府、杭州府和绍兴府。

浙南山地以西部处州府玉米种植最为普遍，同治《景宁县志》："玉蜀黍，俗呼苞芦，亦名观音粟，多种山中。"④光绪《缙云县志》："玉蜀黍，

① 徐映璞：《两浙史事丛稿》，浙江古籍出版社1988年版，第199页。
② 宣统二年（1910）《临安县志》卷二《物产》，浙江府县志辑7，第103页。
③ 光绪六年（1880）《乌程县志》卷二十九《物产》，浙江府县志辑26，第936页。
④ 同治十二年（1873）《景宁县志》卷十二《物产》，浙江府县志辑64，第457页。

俗名苞芦，又名观音粟。"① 光绪《青田县志》："玉蜀黍，苗叶俱似蜀黍，苞似梭鱼，大者长尺许，俗名苞萝。"② 光绪《遂昌县志》："玉蜀黍，苗叶俱似蜀黍，俗谓之包罗。"③ 此外，还有宣平、庆元，多为乾隆时期就已引种。但因处州府玉米种植在浙江山地中最早，开垦过度"凡山谷硗瘠，皆垦种番薯、苞粟、靛、果之属，以牟微利"④。因此也最早暴露水土流失等环境问题，"玉蜀黍……多种山中，山经垦易崩，颇为田害"⑤。同治《丽水县志》亦载玉蜀黍"多种山中，山经垦善崩，良田多被害"⑥。值得一提的还有浙南山地东海岸的玉环岛，雍正六年方设玉环厅，开始开发，光绪年间已有玉米记载⑦。

浙西山地地势陡峻，开发虽晚于浙南山地，但山地面积相对较小，开发难度不大，棚民很快聚集垦种玉米，如杭州府之富阳"又有蜀黍一名珠珠粟，又名苞萝，又名于粟，粒大穗如摇槌，俗称六谷"⑧。但以湖州府山县开发最为彻底，"湖郡南西北三面皆山……外来之人租得荒山，即芟尽草根，兴种蕃薯、包芦、花生、芝麻之属，弥山遍谷，到处皆有"⑨。而且玉米是其中传播最为广泛的作物，"粟之别种故，亦呼芦粟，又名薏米，又名包谷，又名包芦，棚民垦荒山多种之"⑩。同治《安吉县志》："苞芦，俗又名芦谷子（刘志），一名观音粟，亦名芋粟，高秆穗有丝，粒如珠缀，有紫黄二色，蒸食之。"⑪ 孝丰则称玉米为"鹿角米"⑫，两县紧靠名称却不同，同物异名现象可见一斑。湖州东北部为杭嘉湖平原一部分，乌程、归安、菱湖镇亦有种植。浙西山地部分地区如于潜直到光绪始种玉米"近年人图小利，将山租安庆人种作苞芦，谓之棚民"⑬。

① 光绪二年（1876）《缙云县志》卷十四《物产》，浙江府县志辑66，第523页。
② 光绪二年（1876）《青田县志》卷四《土产》，浙江府县志辑65，第630页。
③ 光绪二十二年（1896）《遂昌县志》卷十一《物产》，浙江府县志辑68，第594页。
④ 光绪三年（1877）《处州府志》卷四《水利》。
⑤ 同治三年（1864）《云和县志》卷十五《物产》，浙江府县志辑68，第949页。
⑥ 同治十三年（1874）《丽水县志》卷十三《物产》。
⑦ 光绪六年（1880）《玉环厅志》卷一《物产》。
⑧ 光绪三十二年（1906）《富阳县志》卷十六《物产》，浙江府县志辑6，第306页。
⑨ 同治十三年（1874）《湖州府志》卷四十三《水利》，浙江府县志辑29，第816页。
⑩ 同治十三年（1874）《湖州府志》卷三十二《物产上》，浙江府县志辑29，第592页。
⑪ 同治十三年（1874）《安吉县志》卷八《物产》，浙江府县志辑29，第159页。
⑫ 同治十三年（1874）《孝丰县志》卷四《土产》。
⑬ 光绪二十四年（1898）《于潜县志》卷十八《物产》，浙江府县志辑10，第315页。

浙北平原的玉米栽培在经历短暂的收缩后，获得更广泛的传播，传播速度和力度超过以往任何一个时期，"山乡滨海多植以代粮"①。但平原种植玉米毕竟没有山地有优势，在浙北平原"此种得自交广，不入九谷"②，部分县直到光绪始有玉米记载，如光绪《嘉善县志》载："珠珠粟，一名鸡头粟，粒大穗如摇槌。新纂。"③光绪《平湖县志》："粟……一种粒大穗如摇槌，名珠珠粟。新纂。"④玉米在山地则"俗呼六谷，谓五谷之外又有一种（鄞志）"，又有说法指出"（六谷）其说无据，盖陆乃陆地之陆，此种多产于山故名陆谷"⑤，但无论哪种说法正确，玉米在山地远比平原传播得广泛。宁波府地跨两大地形区：宁绍平原和浙东山地，府内玉米种植十分普遍。宁绍平原如光绪《定海厅志》："御麦，出西番，旧名番麦，以曾经进御故名（群芳谱）"⑥；光绪《慈溪县志》："新增。谷谱干叶类蜀黍而肥矮，亦似薏苡，苗高三四尺，六七月开花……出西番，旧名番麦，一名玉蜀黍，一名戎菽，实一物也。钱氏鄞志，俗呼六谷，土人谓五谷之外又一种也，实黄亦有斑者"⑦，对玉米性状有了较为全面的认识。此外还有鄞县、镇海，浙东山地如奉化，徐兆昺《四明谈助》载："六谷随处俱有，而奉化徐凫岩一带特广，种胜于他处。"

　　浙东山地棚民较少，对山地开发程度不深，除了宁波府境内种植颇广，部分地区在光绪末年"山中近始种之"⑧。如诸暨县"苞芦，俗名二粟，亦呼陆谷，北方谓之老芋米，茎高如芦苞似竹笋而薄，粟黄色形方，匾刺蔀业生其著蔀处微尖而白蒂尖有紫须出苞外"⑨。

① 光绪二十五年（1899）《上虞县志校续》卷三十一《物产》，浙江府县志辑42，第566页。
② 同治十三年（1874）《安吉县志》卷八《物产》，浙江府县志辑29，第159页。
③ 光绪十九年（1893）《嘉善县志》卷十二《物产》，浙江府县志辑19，第492页。
④ 光绪十二年（1886）《平湖县志》卷八《物产》，浙江府县志辑20，第212页。
⑤ 光绪三十四年（1908）《奉化县志》卷三十六《物产》，浙江府县志辑31，第459页。
⑥ 光绪十一年（1885）《定海厅志》卷二十四《物产》，浙江府县志辑38，第290页。
⑦ 光绪十三年（1887）《慈溪县志》卷五十三《物产上》，浙江府县志辑36，第182页。
⑧ 光绪三十一年（1905）《浦江县志》卷十二《物产》，浙江府县志辑54，第478页。
⑨ 宣统二年（1910）《诸暨县志》卷十九《物产志一》，浙江府县志辑41，第318页。

第三节　玉米在浙江传播的动因及影响

一　动因

（一）自然因素

玉米自身特性问题前文已述，宋人韩元吉就粮食作物因地制宜的特点给予如下总结："高者种粟，低者种豆，有水者艺稻，无水源者播麦。"[1]但粟的产量实在无法和高产玉米相比，而且玉米的环境适应性也更强。加之多山的浙江本身就限制了"五谷"的栽培，但玉米就适合在山地栽培，"生地、瓦砾、山场皆可植，其嵌石罅尤耐旱"[2]，"六谷，土人谓五谷之外又一种也"[3]，因此在浙江的常用别称是"六谷"。

（二）人口因素

浙江人地矛盾十分突出。浙江的人口密度远超全国平均水平（见表2—5），仅次于江苏，而嘉庆十七年（1812）全国人均耕地为2.19亩，而浙江却只有1.77亩[4]，在全国倒数，粮食严重不足。分水县"居万山中，土瘠民贫"，在浙江很有代表性，因此"迩年布种苞芦"[5]。

表2—5　　　　　　　　清代浙江的人口密度　　　　（单位：人/平方公里）

	康熙二十四年	乾隆十八年	嘉庆十七年	咸丰元年
全国	5.48	24.06	67.57	80.69
浙江	28.29	89.12	270.13	309.74

资料来源：梁方仲：《中国历代户口、田地、田赋统计》，上海人民出版社1980年版，第272页。

---

① （南宋）韩元吉：《南涧甲乙稿》卷十八《建宁府劝农文》。
② （清）包世臣撰，李星点校：《包世臣全集》，黄山书社1997年版，第176页。
③ 光绪二十三年（1897）《忠义乡志》卷十八《物产》。
④ 梁方仲：《中国历代户口、田地、田赋统计》，上海人民出版社1980年版，第400页。
⑤ 道光《分水县志》卷一《疆域》。

（三）棚民因素

道光之前，浙江的玉米传播呈现多渠道传播的复杂状况，是清初移民的结果，最初迁入的移民，多在山地搭棚居住，谓之"棚民"。棚民起于明末，入清以来，广泛分布于我国的中部、南部山地地区，闽浙赣皖是棚民最集中的四省，"棚民之称起于江西、浙江、福建三省，各省山内向有人搭棚居住，艺麻种菁，开炉煽铁，造纸制菇为生"①。浙江棚民最早出现在衢州府的常山、开化二县，此处"有靛麻纸铁之利，为江闽流民，蓬户罗睇者在在而满"②，到了明末，浙江的棚民人数已经多到足以发动靛民起义。与四川招民垦荒产生的棚民不同，浙江棚民完全是自发产生的。

而浙江棚民产生的直接原因就是清初的"三藩之乱"的结果，使浙江衢州、温州、处州三府人口大量减少。康熙《衢州府志》载："独衢之江（山）、常（山）、开（化）三县，温之永（嘉）、瑞（安）等五县，处之云（和）、龙（泉）等七县被陷三载，仳离困苦，备极颠连。又如西安……较与受害各邑相等……自闽回处，惟见百里无人，十里无烟。"③ 本地人口的下降为外地移民，特别是棚民的迁入提供了空间。雍正初年，棚民蔓延到浙东山地和浙西山地中部，在浙江省包括"宁、台、温、处、金、衢、严所属共二十七县"④。可以说，棚民是在强大的人口压力及清朝的新垦殖政策下入山垦殖的农民，他们不断涌入浙江山区，租山垦殖，对玉米在浙江的传播起了重要的推动作用。嘉庆年间浙江省已经"各山邑，旧有外省游民，搭棚开垦，种植苞芦、靛青、番薯诸物，以致流民日聚，棚厂满山相望"。⑤ "浙省与安徽，江西，福建等省壤地毗连，其山势深峻处所，向有外来游民租山搭棚，翻种苞芦。"⑥

（四）政策因素

乾隆以来的一系列山地"免升科"的政策，加速了棚民对浙江山地的开发，早在乾隆五年七月的"御旨"就规定"向闻山多田少之区，其山头

① （清）赵尔巽：《清史稿》卷一百二十《食货一》。
② 光绪《衢州府志》卷首《旧志序》。
③ 康熙五十年（1711）《衢州府志》卷五。
④ 雍正《硃批谕旨》第四十册，王国栋、李卫雍正五年四月十一日奏。
⑤ （清）张鉴：《雷塘庵主弟子记》卷二，转引自《清史资料》第7辑，中华书局1986年版，第177页。
⑥ 《嘉庆朝安徽浙江棚民史料》，《历史档案》1993年第1期。

地角闲土尚多……嗣后凡边省内地零星地土可开垦者,悉听本地民夷垦种,免其升科"①。于是浙江根据上谕制定了本省的免升科规定,"浙江所属,临溪傍崖、畸零不成坵段之硗瘠荒地,听民开垦,免其升科"②。

乾隆以来一直奉行的"免升科"政策,在道光十二年(1832)的户部议定得到继续加强,"凡内地及边省零星地土,听民开垦,永免升科。其免升科地数:……浙江并江苏江宁等属以不及三亩为断"③。于是棚民"熙熙攘攘,皆为苞谷而来",光绪《乌程县志》记载了以浙西为中心的棚民分布情况,"西至宁国,北至江宁,南且由徽州绵延至江西、福建,凡山径险恶之处,土人不能上下者,皆棚民占据"④。因此道光以来,玉米在浙江传播范围更广。

(五)经济因素

种植玉米的成本很低。首先,租赁山地花费很少,山地在棚民开发之前多为闲置,所以在棚民租赁山地时,山主自然愿意以极低的价格将多年使用权一次性出售。"山价之高下,各视土之厚薄为衡……山之粮税,约较田税十分之一",客民"初至时以重金唼土人……乡民贪目前之小利"⑤,将山场廉价出租。其次,玉米培育成本同样很低,"虽陡绝高崖皆可布种,只宜去草不必用肥,是以税银数钱可收苞萝数百担"。最后,市场对玉米的逐渐认可,"初价颇廉,后与谷价不相上下,每百斤可磨粉九十五斤,贫民藉多数日粮,故歉岁食之者多,土著亦效种之"⑥,玉米不但成为棚民的粮食保证,玉米的价格也刺激棚民不断扩大生产。

二 影响

(一)正面影响

玉米使浙江的人地矛盾得到了极大缓解,据统计,玉米使清代亩产增

---

① 彭雨新:《清代土地开垦史资料汇编》,武汉大学出版社1992年版,第165页。

② 彭雨新:《清代土地开垦史资料汇编》,武汉大学出版社1992年版,第167页。

③ 彭雨新:《清代土地开垦史资料汇编》,武汉大学出版社1992年版,第169页。

④ 光绪七年(1881)《乌程县志》卷三十五《杂识三》,浙江府县志辑26,第1036页。

⑤ 道光《乌程县志》卷三十五。

⑥ 道光二十年(1840)《宣平县志》卷十《物产》。

加9.07市斤①，在浙江肯定增产得更多，养活了众多的人口。玉米作为山地粮食作物影响很大，"杵粒磨粉可充糇粮……熟较早"②。玉米救荒作用能够解决棚民的温饱问题。浙江方志数次提到玉米"可以代粮"。玉米"性温耐饥，宜于贫家"③，"苞芦收获亦足补五谷之乏贫，民不为无济"④，"山乡之民种之以代粮食"⑤。而且利用形式多样"可作饭可作饼，今山乡多种之"⑥。玉米还作为一种重要的饲料，"足以济荒，而人畜兼资"⑦。孙事论有诗："有谷在山中，非黍复非稷，曾传御麦名，麦亦非其实，拳苞附节生，齿粒排整饬，厥味和且甘，山民充日食，刲粉调为羹，溜匙莹玉色，杜陵未得尝，漫夸菰米黑"⑧；王珉有诗："我如杜陵叟，蜀饭兼苞萝"⑨，均是歌颂玉米的救荒作用。

垦种玉米除了满足浙江日益增长的人口需求、缓解粮食不足问题，还促进了浙江山地的开发，浙江向来有"七山一水两分田"之说，玉米进军山地，改变了山地不适合种植粮食作物而长期闲置的局面。同时玉米"初价颇廉，后与谷价不相上下"⑩，增加了农民收入，利于商品经济的发展。

（二）负面影响

乾隆末年，由玉米传播而引发的环境问题开始显现。开化县"苞芦……然开邑田地山场，因此多被水冲塌似宜禁"⑪，西安县"数年后土松遇大水涨没田亩沟圳山亦荒废，为害甚巨"⑫。道光以来，由于过度垦山种植玉米带来的负面影响更加严重。因为"山多石体，石上浮土甚浅，包谷最耗地力，根入土深使土不固，遇雨则泥沙随雨而下。种包谷三年，则石骨尽露，山头无复有土矣。山地无土，则不能蓄水，泥随而下，沟渠皆满，水去泥留，港底填高。五月间梅雨大至，山头则一泻靡遗，卑下之乡

① 赵冈等：《清代粮食亩产量研究》，中国农业出版社1995年版，第64页。
② 光绪二十八年（1902）《宁海县志》卷二《物产》，浙江府县志辑37，第74页。
③ 光绪二十年（1894）《仙居县志》卷十八《土产》，浙江府县志辑43，第277页。
④ 光绪二十四年（1898）《于潜县志》卷十八《物产》，浙江府县志辑10，第315页。
⑤ 咸丰《上虞备志稿·物产》。
⑥ 同治十二年（1873）《江山县志》卷三《物产》，浙江府县志辑59，第302页。
⑦ 光绪二十年（1894）《金华县志》卷十二《物产》，浙江府县志辑48，第890页。
⑧ 光绪三十四年（1908）《奉化县志》卷三十六《物产》，浙江府县志辑31，第459页。
⑨ 嘉庆十六年（1811）《西安县志》卷二十一《物产》。
⑩ 道光二十年（1840）《宣平县志》卷十《物产》。
⑪ 乾隆六十年（1795）《开化县志》卷五《物产》。
⑫ 嘉庆十六年（1811）《西安县志》卷二十一《物产》。

汛滥成灾，为忠殊不细……三年期满棚民又赁垦别山，而故所垦初皆石田不毛矣。"① 棚民"租山创种，但去草不壅粪，获利厚土，土人效之，山土掘松，雨后砂石随水下注，恒冲没田芦，得不偿失也"②。"浙江各府属山势深峻处所，多有外来游民租场砍柴，翻掘根株，种植苞芦，以致土石松浮，一遇山水陡发，冲入河流，水道淤塞，濒河堤岸。多被冲决，掩浸田禾，大为农人之害。"③ 剡源乡"向乏水患……种苞芦，日辟日广……自兹以还五六年或三四年或连年水必一发焉"④。

于是清政府从嘉庆初年开始"驱棚"，"抚宁阮于嘉庆二年出示禁止"⑤，嘉庆六年德清县"抚宪院禁棚民示"，嘉庆二十年"浙江巡抚颜检为遵旨酌议稽查棚民章程事奏折"⑥ 等。但"阮大中丞出示严禁立限驱逐见安辑，然犹有年限未满而延捱如故者"⑦，不从根本上解决棚民的民生问题，仅靠行政命令的强制措施难以取得成效，引发的水土流失等环境问题、社会问题依然存在。四川、湖北、湖南等省对垦山种植玉米的行为基本上是听之任之，而浙江采取的"驱棚"措施在一定程度上遏制了水土流失。

总之，清代玉米在浙江的传播，反映出了清代浙江的山地大开发，这是包括浙江土著在内的，安徽、江西、福建等地客籍农民综合参与的大开发，如此大规模的移民、大规模的开发对于浙江来说还是第一次。玉米传播的动因是政治、经济、社会多方面的。玉米的传播不仅促进了浙江山地的开发，提高了粮食产量，养活了众多的人口，引起种植结构与民食结构的变迁，还增加了农民的收入，推动了商品经济的发展。棚民在玉米在浙江的传播中起了至关重要的作用，带来了乾隆以来玉米在浙江的广泛传播，也带来了相应的水土流失等问题，道光以来愈演愈烈，浙江采取的"驱棚"措施，在一定程度上减轻了遍山垦殖玉米的负面影响。

---

① 光绪七年（1881）《乌程县志》卷三十五《杂识三》，浙江府县志辑 26，第 1036 页。
② 光绪三十二年（1906）《分水县志》卷三《物产》，浙江府县志辑 27，第 91 页。
③ 《嘉庆朝安徽浙江棚民史料》，《历史档案》1993 年第 1 期。
④ 光绪二十七年（1901）《剡源乡志》卷一《风俗》。
⑤ 嘉庆十六年（1811）《西安县志》卷二十一《物产》。
⑥ 《嘉庆朝安徽浙江棚民史料》，《历史档案》1993 年第 1 期。
⑦ 光绪二十四年（1898）《于潜县志》卷十八《物产》，浙江府县志辑 10，第 315 页。

第三章　玉米在云南的引种和推广

一般认为，美洲作物玉米在明代中期传入我国。玉米传入我国的路径，共有西北陆路、东南海路和西南陆路三条路线，与云南相关的自然是西南陆路，云南是玉米最早登陆中国的省份之一，在西南地区最早。但目前学术界尚无对玉米在云南引种和推广的详细论述，只有李中清、周琼等有简要的梳理，[①] 其他对云南玉米的研究多是在论述玉米的全国传播路线中简单一提。玉米在全国别名甚多，据咸金山统计有不同名称 99 种之多[②]，在云南玉米常被称为玉麦、包（苞）谷、玉蜀黍、包麦。

第一节　玉米在云南的引种

玉米在中国的引种路线，近代已有国外学者研究，哥伦比亚大学 L. Canington Goodrich 教授发表在美国杂志《新中国周刊》上的研究成果，蒋彦士在 1937 年将之译为中文："1906 年，劳法[③]博士发表一杰作，谓'玉蜀黍大约系葡萄牙人带入印度，由印度而北，传布于雾根、不丹、西藏等地，终乃至四川，而渐及于中国之各部，并未取道欧洲各国'。劳氏谓玉蜀黍初次输华时期，约在 1540 年，此或最早输入中国之说，但亦未

---

① 对云南玉米的研究见［美］李中清：《中国西南边疆的社会经济（1250—1850）》，林文勋等译，人民出版社 2012 年版，第 194 页；周琼、李梅：《清代中后期云南山区农业生态探析》，《学术研究》2009 年第 10 期。
② 咸金山：《从方志记载看玉米在我国的引进和传播》，《古今农业》1988 年第 1 期。
③ 今多译为劳费尔（Berthold Laufer）。

足恃为定论。"① 劳费尔博士的研究结论，在今天看来仍有其合理性。何炳棣又作了进一步的补充，认为玉米推广最合理的媒介是云南各族人民，明代云南诸土司向北京进贡的"方物"就包括玉米。② 总之，西南一线中云南最先引种玉米，进而推广到其他省份。

方志的记载更为可靠。嘉靖四十二年（1563）《大理府志》载："来麦牟之属五：大麦、小麦、玉麦、燕麦、秃麦"③，是玉米在云南方志中的最早记载，从时间上看不仅与西北一线最早的嘉靖《平凉府志》的记载时间相差无几，更早于东南地区玉米的最早记载，成书于隆庆六年（1572）的《留青日札》。所以西南陆路确系玉米传入中国的路径之一，考虑到方志记载玉米的时间肯定晚于玉米在当地的栽培时间，至迟在16世纪中叶玉米就应该引种到了云南。

云南甚至有可能是全国最早记载玉米的地区。滇南范洪于1556年整理的《滇南本草图说》已有对玉米的记载，该本是对兰茂（1397—1476）《滇南本草》一书的诠释，是《滇南本草》最早的可信的抄本。④《滇南本草图说》与嘉靖《大理府志》的相互印证也反映了云南较早引种玉米的事实。

明代云南方志等文献中多将玉米称为"玉麦"，归入麦类之属。曹树基曾经撰文指出，明代长江以南见于记载的"玉麦"仅出现于云南，与小麦、大麦并列，难以判断玉麦的种属。⑤ 笔者倒是认为正因为"玉麦"一称局限于云南，更能说明云南玉米是引种于域外，而不是来自内地，所以才与其他省份不同。更何况吴其濬也指出："玉蜀黍……《云南志》曰玉麦。"⑥ 徐光启在《农政全书》中也持这样的观点。因此郭松义认为，玉

①　[美] L. Canington Goodrich：《中国几种农作物之来历》，蒋彦士译，《农报》1937年第4卷第20期。
②　[美] 何炳棣：《美洲作物的引进、传播及其对中国粮食生产的影响（二）》，《世界农业》1979年第5期。
③　嘉靖四十二年（1563）《大理府志》卷二《物产》。
④　李昕升、王思明：《南瓜在中国西南地区的引种推广及其影响》，《自然辩证法研究》2014年第7期。
⑤　曹树基：《玉米和番薯传入中国路线新探》，《中国社会经济史研究》1988年第4期；近年亦有程杰《明朝玉米传入与传播考》，《阅江学刊》2021年第1期，附议曹氏观点。
⑥　（清）吴其濬：《植物名实图考》卷一《谷类》，商务印书馆1957年版，第26页。

米由云南传入川西一带，川西的很多州县也同样称呼玉米为玉麦。[①]

　　玉米在明代云南的方志中记载不多，但仍可寻。万历《云南通志》中包括大理府、蒙化府、鹤庆府、景东府、姚安府、北胜州、顺宁州和永昌府，六府二州均有玉米记载。[②] 此外，天启《滇志》的云南府和蒙化府、万历《赵州志》也记载了玉米，但有明一代，记载已尽。一方面说明明代云南引种取得了不错的效果，以万历《云南通志》为代表；另一方面反映了玉米在云南并没有完全推广开来，栽培区域具有不稳定性，县一级的记载几无。根据万历《云南通志》的记载，云南玉米引种的区域集中在滇西南、滇西一带，那么云南的玉米是从何处引种？

　　哥伦布发现新大陆之后，掀起了欧洲向美洲活动的高潮，玉米从而引种到欧洲。葡萄牙人绕过好望角开辟了新的亚洲航路，1498年就到达印度，玉米很可能由欧洲人引种到了南亚，"葡人海上进展如此地快，他们已引进到果阿（Goa，印度西岸重要港口）的美洲作物在印、缅、滇的传播照理不会太慢"[③]。自古以来滇缅交流十分便利，滇缅大道早在西汉就已被开发，称"蜀身毒道"，今天多称为"南方丝绸之路"，在云南段东起曲靖、昆明、楚雄，中经大理，西越保山、腾冲、古永，到达缅甸，终至印度。何炳棣指出，控制滇缅大道最西端的孟养土司在1528年结束叛乱之后，滇缅商业交通畅通无阻之际，玉米甫自印缅引进，立即由土司向北京进贡。[④] 万历时人谢肇淛描绘了滇缅大道的繁荣景象："永昌、腾越之间，沃野千里，控制缅甸，亦一大都会也。"[⑤] 可谓十分富饶，物产交流当是十分频繁。

　　因此早期玉米种植的区域都分布滇西南、滇西一带，大理府是滇西要地，万历《云南通志》中的顺宁州、永昌府与缅甸接壤，而整个滇东在天启年间之前没有玉米记载，直到天启《滇志》云南府始有玉米记载，明代唯一的县级方志记载也发生在万历《赵州志》，赵州隶属于大理府。遵循了滇缅

① 郭松义：《玉米、番薯在中国传播中的一些问题》，《清史论丛》第7辑，中华书局1986年版。
② 万历二年（1574）《云南通志》卷二《物产》。
③ ［美］何炳棣：《美洲作物的引进、传播及其对中国粮食生产的影响（二）》，《世界农业》1979年第5期。
④ ［美］何炳棣：《美洲作物的引进、传播及其对中国粮食生产的影响（二）》，《世界农业》1979年第5期。
⑤ （明）谢肇淛：《滇略》卷四《俗略》。

大道的自西向东，由滇缅一带向内陆扩散玉米的过程，是十分合理的。

第二节　玉米在云南的推广

有清一代是玉米在云南推广的重要时期，最终奠定了玉米在云南粮食作物大宗的地位。可分为三个阶段：第一阶段是从顺治到雍正年间，是玉米在云南的初步推广阶段；第二阶段是乾隆到同治年间，是玉米推广完成阶段；第三阶段从咸丰到民国年间，是玉米的大规模种植阶段（见表3—1）。

表3—1　　　　　　　不同时期云南方志记载玉米的次数　　　　　单位：次

	顺治	康熙	雍正	乾隆	嘉庆	道光	咸丰	同治	光绪	宣统	民国
云南		24	7	23	5	18	4		33	7	39

注：同一地区同一年号之内若不同方志分别记载玉米，只算作一次。

康熙、雍正年间对玉米的记载开始增多，主要体现在地方州县志中，很多州县都是第一次记载玉米。总体上栽培玉米的府县在清初集中在以大理府和云南府为中心的两大区域，且主要沿滇缅大道走向分布。方志中的记载多只是提及玉米的名称而已，可能是沿袭前代的划分方法，玉米依然被归为麦之类，仍称为"玉麦"。记载玉米府一级的行政区划有大理府（1694）、云南府（1696）、蒙化府（1698）、武定府（1698）、顺宁府（1700）、永昌府（1702）、澄江府（1717）、临安府（1722前）、姚安府（1722前），县一级的有石屏州（1673）、宁州（1695）、元谋县（1696）、嶍峨县（1698）、新平县（1712）、蒙自县（1712）、姚州（1713）、剑川州（1713）、新兴州（1715）、弥勒州（1716）、河阳县（1717）、罗平州（1718）、禄劝州（1719）、寻甸州（1720）、马龙州（1723）、呈贡县（1725）、宾川州（1727）、云龙州（1728）、赵州（1735）。[1] 从这些绝大多数第一次记载玉米的府县的时间先后顺序也可以判断出玉米自西向东、

---

① 临安府和姚安府对玉米的记载出自《古今图书集成》，其他康雍年间府县的记载均出自当地方志。顺宁府和临安府康熙、雍正两朝均有记载，只保留康熙年间的记载时间。

自边疆向内陆的一个推广规律。

玉米作为云南省的通产被记载在康熙《云南通志》中，出现了"西番麦"，云南玉米不会引种自西域，所以来自西部的缅甸，李时珍在四川蓬溪完成了《本草纲目》的修改和定稿工作，所以记载玉米是"玉蜀黍种出西土"①，与"西番麦"含义一致，当然"玉蜀黍"一称最早还是见于《滇南本草图说》，或能说明"玉蜀黍"之名首见于云南。康熙《蒙化府志》载："御麦，穗长而粒大，面微黄。"② 第一次在云南出现了"御麦"一称，或如《留青日札》所说："御麦出于西番，旧名番麦，以其曾经进御，故曰御麦。"③ 前文已述玉米很可能就是土司进贡的方物，且"御"与"玉"谐音。值得一提的是，康熙《顺宁府志》还载"御麦"，雍正《顺宁府志》却载"玉黍"，开始把玉米从麦之类移入黍之类，表明了对玉米这种新作物认识的完善。而且已经有人注意到了玉米的同物异名现象，"玉麦，江浙呼为玉粟"④。

此时玉米在云南尚不是作为粮食作物，而是作为"蔬菜"或"奇物"在园圃田畔"偶种一二"，更多可能是作为消遣作物或蔬果辅助作物。清初对玉米的详细记载很少，但零散资料还是可以窥见一斑，道光《云南通志稿》载："（南宁县志）玉麦植于园中，类芦而矮，节间生包，有絮有衣，实如黄豆大，其色黄黑红不一，一株二三包不等。"⑤ 曲靖府历史上的《南宁县志》分别修过两部：康熙《南宁县志》、咸丰《南宁县志》。这里转引的《南宁县志》应该是康熙《南宁县志》，可见康熙曲靖府的府治一带玉米在园圃中栽培，但是根据记载人们对玉米的性状已经有了一定的认识。部分府的推广成效颇佳，如康熙临安府"玉麦，通邑皆有"⑥。

乾隆到咸丰年间，玉米在云南推广速度很是迅速（见表3—1）。除了滇西北的丽江府和滇南部分地区（腾越厅、永昌府南部、顺宁府南部、普洱府南部）未曾记载玉米，云南的绝大多数地区均有栽培，标志着至迟在

① （明）李时珍：《本草纲目》卷二十三《谷部二》，辽海出版社2001年版，第899页。
② 康熙三十七年（1698）《蒙化府志》卷一《物产》。
③ （明）田艺蘅：《留青日札》卷二十六《御麦》，上海古籍出版社1992年版，第489页。
④ 康熙四十一年（1702）《永昌府志》卷十《物产》。
⑤ 道光十五年（1835）《云南通志稿》卷六十九《物产三》。
⑥ 《古今图书集成·方舆汇编·职方典》卷一四七六《临安府部》，转引自陈树平主编《明清农业史资料（1368—1911）》第一册，社会科学文献出版社2013年版，第275页。

19 世纪中期，云南玉米的推广基本完成。清代历朝的《云南通志》都载有玉米，乾隆《滇黔志略》列举的为数不多的"云南物产"中就有玉米，嘉庆《滇繁》更是把玉米归为云南的"常产"。道光《云南通志稿》载："广西直隶州（弥勒县采访）。玉麦，有饭糯二种，近来徧种以济荒。"[①]滇东一带的新近引种玉米的地区都业已用来救荒，玉米已经不是少数人的主食了。道光《大姚县志》用 700 余字大篇幅阐述了玉米的性状、功用、加工技术、栽培技术等，堪称方志中对玉米介绍的集大成者，因此玉米在晚清伊始就已经占了十分重要的地位，正如其载："苞谷……可炸炒食之，炒拆白花如炒拆糯米之状，近年来各处徧种此物，时珍之说确矣然未尽。"[②] 吴其濬在《植物名实图考》中也说："又如玉蜀黍一种，于古无征，今遍种矣……山氓恃以为命。"[③]

事实上由于各种原因导致方志未修或少修、方志未记载物产、物产未记载玉米三种情况[④]，玉米在云南的推广面积应该比表 3—2 所示更大。比如，乾隆《永昌府志》、道光《永昌府志》、雍正《顺宁府志》、乾隆《顺宁府志》、道光《普洱府志》均载玉米，但是府内其他州县未见玉米，所以笔者除了府治未在图中标识，却不代表府治以外的地区未种植。又如，云龙州、剑川州、禄劝州、武定州、罗平州、马龙州、宾川州、建水县，在乾隆之前均有玉米记载，清中期多由于方志未修等原因未见记载，很难想象在玉米已经引种到当地且其他山区如火如荼的大种特种玉米的情况下，玉米反而在以上诸州县绝迹，所以可以认为玉米在 19 世纪中期已经遍种云南。

当然，到 19 世纪中期云南遍种，不代表玉米成为全部云南人民的主要口粮，玉米真正发挥巨大作用还是在晚清、民国时期。晚清以降，玉米在云南处处种之，已经无须再用 GIS 地图进行展示。即使以前未记载玉米的州县也纷纷载入方志，如光绪《续修白盐井志》："旧志两种小麦大麦，新增四种……玉麦，亦曰包麦。"[⑤] 并且由于移民等因素，玉米的多种别称

① 道光十五年（1835）《云南通志稿》卷六十七《物产一》。
② 道光二十五年（1845）《大姚县志》卷六《物产志》。
③ （清）吴其濬：《植物名实图考》卷一《谷类》，第 26 页。
④ 李昕升、丁晓蕾、王思明：《农史研究中"方志·物产"的利用——以南瓜在中国的传播为例》，《青岛农业大学学报（社会科学版）》2014 年第 1 期。
⑤ 光绪三十三年（1907）《续修白盐井志》卷三《物产》。

在云南通行且为一般人所熟知，"包谷，一名玉秫，一名玉麦，一名玉蜀"①。即使是西南边陲缅宁，玉米的排位仅次于水稻，"谷物类，有稻、玉蜀黍……玉蜀黍，九山较多，人食外，多以酿酒制粉。荞分甜苦二类，各山俱产，亦主要食物之一也"②。总之玉米在云南"各处皆有，深山尤多"③。

玉米此时的主食地位已经无法撼动，光绪《续修顺宁府志》载："府属山多田少，多种荞与玉麦，以此为天……顺属山地多种荞与玉麦，成熟之时人必逻守之，防野猪之伤害也。"④ 人民以玉米为天，为了防止野猪对玉米的伤害造成歉收严加保护。民国《昭通志稿》载："陆地山坡均产之……一苞大者约四百余颗，春种秋收，煞糖煮酒磨粉等用。其类有黄白红乌花金丝等色，以性质言亦分粳糯，以时期言亦有早晚，昭之粮食此其最大宗也"，反映了玉米的经济价值和多种用途，品种也已经出现分化，因此对玉米害虫已经极为重视，"碄猪，三四月间好碄掘地中苞谷籽种，农家患之……群蛾飞集田地间，谷与苞谷皆被害"⑤。

表3—2　　　　　　　　　民国时期云南春季作物种植比例统计

州县	石屏	建水	个旧	蒙自	开远	曲溪	通海	河西	峨山	玉溪	华宁	宣威
稻	90	60	50	20	55	70	70	70	60	80	60	25
玉米	5	5	20	45	5	10	10	10	20	10	20	40
澂江	江川	昆阳	易门	安宁	晋宁	呈贡	宜良	嵩明	昆明	富民	双柏	禄丰
60	60	50	60	50	50	30	70	50	60	80	70	70
20	15	20	10	20	10	15	15	10	10	10	10	20
武定	师宗	陆良	平彝	曲靖	马龙	寻甸	霑益	路南	罗次	广通	盐兴	牟定
40	30	35	30	70	70	30	45	40	60	35	20	70
50	40	20	32	10	5	28	25	26	20	35	30	10
楚雄	镇南	姚安	大姚	盐封	祥云	弥渡	蒙化	凤仪	宾川	邓川	大理	平均
50	35	70	60	50	70	50	50	30	30	70	80	55
30	40	6	25	15	20	30	30	15	25	10	7	19.38

资料来源：中山大学农学院：《云南省五十县稻作调查报告》，经济部中央农业实验所云南省工作站，1939年，第12—15页。

---

① 民国十年（1921）《宜良县志》卷四《物产》。

② 民国二十六年（1937）《西南边城缅宁》第二章《物产》。

③ 民国二十三年（1934）《新平县志》第十一《辨谷》。

④ 光绪三十一年（1905）《续修顺宁府志》卷十三《物产》。

⑤ 民国十三年（1924）《昭通志稿》卷九《物产志》。

由表 3—2 可见民国时期玉米虽然无法与稻（55%）相抗衡，但此时玉米（19.38%）已经跃居第二大粮食作物，比例远高于黄豆（7.66%）、高粱（2.66%）、马铃薯（3.12%）、荞麦（4.58%）等春季作物，某些州县如武定（50%）、蒙自（45%）、师宗（40%）、宣威（40%）、镇南（40%）、广通（35%）、平彝（32%）、盐兴（30%）甚至比当地稻的种植比例还高。玉米在当地种植面积达到 20% 以上的共有 26 个，正好占到了全省的一半，主要分布在以昆明为中心的滇中、滇东一带。

1931—1941 年，云南玉米种植面积在 409 万—489 万亩之间[1]，是同为西南地区省份的贵州和广西的两倍，位列全国第二，仅次于四川。而根据许道夫的统计，云南玉米种植面积较《中农月刊》只多不少，除了 1914 年为 191 万亩，1924—1929 年为 358 万亩，1931 年、1932 年甚至达到了 600 万亩以上，在 1941 年以后也是稳定在 404 万亩以上。[2] 可见玉米在云南中东部种植最为集中，尤以滇东北、滇西南为最，文山种植玉米面积最多达 64.1 万亩，其次是 35.0 万亩的镇雄，再次是昭通 34.9 万亩、广南 28.9 万亩，其余种植面积超过 10 万亩的共五个县，分别为弥勒（18.5）、彝良（14.0）、禄丰（13.1）、昆明（11.6）、盐津（10.0），以上九个县的种植面积占到了全省的 51%。

新中国成立后玉米更是云南的重要大田作物之一，目前玉米常年种植面积约 100 万公顷，与水稻种植面积相近（36%），占粮食总产量的 30%。[3]

第三节　玉米在云南引种和推广中的一些问题

第一，新作物玉米被人们接受经过了漫长的时间。乾隆《东川府志》载"玉麦，城中园圃种之"[4]，其时玉米只是作为一种蔬菜作物种植在园圃中。在东川府乾隆年间首次记载之前，南部曲靖府的寻甸州、马龙州山区

---

① 《各省玉米种植面积及其指数（二十年至三十年）》，《中农月刊》1942 年第 3 卷第 10 期。
② 许道夫：《中国近代农业生产及贸易统计资料》，上海人民出版社 1983 年版，第 59 页。
③ 陈宗龙：《云南玉米种植制度》，《耕作与栽培》1993 年第 4 期。
④ 乾隆二十六年（1761）《东川府志》卷十八《物产》。

已经有玉米记载。玉米在云南的推广方式是先山地后平原，与东南地区一些省份先平原后丘陵山地的推广方式不同，因为东南地区交通便利，玉米往往在沿海平原一带首先引种，在五谷争地的情况下，没有优势才往丘陵山地转移。而云南交通闭塞、地广人稀，玉米首先就是在山区引种，推广速度相对缓慢。

山地作物玉米具有明显的优势，但由于人们口味的适应较慢，玉米的优势被自然地忽视，在城镇中更是如此。因此玉米在云南引种后的两百年才加速推广，作为一种新的底层粮食作物，首先为山区人民食用。诚如李中清所言"一般来说，只有那些没有办法的穷人、山里人、少数民族才吃美洲传入的粮食作物"[1]，而在我国东部平原一带，如乾隆《盛京通志》还载："玉蜀黍……内务府沤粉充贡"[2]，作为御用专品，对比鲜明。

可以说，美洲粮食作物玉米的引种和推广可以视为一种技术革新措施，但是没有立即促进人口增长，反而是因为18—19世纪人口爆炸，玉米才成为主要粮食作物。也就是说，18世纪玉米已经是边缘山区的重要食粮，到了19世纪经济中心区也普遍以玉米为主食，尤其在咸同年间云南回民主义前后"民食多用包谷，糊口维艰"[3]。

第二，乾隆年间出现了日后玉米在云南的重要别名——包（苞）谷。该称呼最早应是起于东南低山丘陵一带，随着垦山棚民的渐多，"包谷"也流传日广，随着西南移民潮进入了云南，"有御麦，蜀人谓之包谷"[4]，玉米不单随移民进入大省四川，在云南同样被称为"包谷"。移民在玉米价值的诠释和玉米的进一步推广中功不可没，乾隆《镇雄州志》载："包谷，汉夷贫民率其妇子开垦荒山，广种济食，一名玉秋"[5]；林则徐于道光二十七至二十九年（1847—1849）任云贵总督时上奏："保山所辖距城二百余里之官乃山……自半山腰中，下至临江间，有平旷地土，堪以垦种。因而外来无业客民，单身赴彼，或种包谷杂粮……先搭棚寮栖止，渐盖土

---

① ［美］李中清：《中国西南边疆的社会经济（1250—1850）》，林文勋等译，人民出版社2012年版，第197页。

② 乾隆元年（1736）《盛京通志》卷二十七《物产志》。

③ （清）朱寿朋：《光绪朝东华录》，中华书局1958年版，第1449—1450页。

④ 咸丰五年（1855）《邓川州志》卷四《物产》。

⑤ 乾隆四十九年（1784）《镇雄州志》卷五《物产》。

屋草房"①，均反映了这一态势。也可见 18 世纪中后期玉米已经是外来移民或者穷人的主要食物。

雍正年间（1726—1731）的改土归流，加上开垦政策倾斜，掀起了云南开发的高潮。改土归流的后先是军屯，云南绿营驻防的塘、汛、关、哨，更是达 3500 余处②，更多自由迁入的移民纷至沓来，根据李中清的估算，1775 年云南至少有 400 万人口，到 1850 年西南人口中心的云南人口达到 1000 万，③ 这种非自然增长的人口爆炸是由于来自江西、湖南、四川等地移民的进入。但是，与洪武大移民相比，改土归流之后的移民已经无法随意占据坝子这样的有主之田，于是很多人被迫山区屯垦。因为在山区播种新作物诸如玉米可以获得高产，移民使云南增加了大量的耕地，特别是在云南的广南府、普洱府、开化府等地区，④ 诚如道光十六年（1836）云贵总督伊里布等奏："云南地方辽阔，深山密箐，未经开垦之区多，有湖南、湖北、四川、贵州穷民往搭寮棚居住，砍树烧山，艺种包谷之类。此等流民于开化、广南、普洱三府为最多。"⑤

第三，雍正四年（1726）粮道张允随针对协饷制度的附议："滇省山多田少，岩岚气冷，土性薄劣，怯于阴潦，是以穗短粒小，比中州之谷，大较不如……穷岩峻阪、断莽荒榛之间，所栽者，荞、包、燕麦、青稞、毛稞、皆苟于救命之物。"⑥ 在当时虽然玉米还不普及，且未作为主要粮食作物，已有穷山恶水将玉米视为杂粮，与荞麦、燕麦等传统的山地作物一并用于救荒，但随着玉米高产、耐饥、耐瘠、耐旱、耐寒、喜砂质土壤等特性被充分认识，玉米逐渐取代了这些传统山地作物。

玉米能够充分利用之前不适合栽培作物的边际土地，"稻以西二区木瓜林所产为良，苞谷则不限产地，功用皆同，昭民饔飧所赖，则黍较稻相

① （清）林则徐：《保山县城内回民移置官乃山相安情形折》，见《林文忠公政书》丙集，《云贵奏稿》卷十，转引自陈树平主编《明清农业史资料（1368—1911）》第一册，社会科学文献出版社 2013 年版，第 275 页。

② 成崇德：《清代西部开发》，山西古籍出版社 2002 年版，第 368 页。

③ ［美］李中清：《中国西南边疆的社会经济（1250—1850）》，林文勋等译，人民出版社 2012 年版，第 150—151 页。

④ ［美］李中清：《1250—1850 年西南移民史》，《社会科学战线》1983 年第 1 期。

⑤ 道光十七年（1837）《威远厅志》卷三《户口》。

⑥ （清）倪蜕：《滇云历年传》卷十二，云南大学出版社 1992 年版，第 587 页。

倍蓰焉"①。而且栽培技术简单,"平田平地固可栽种,即高山峻岭及荦确斥卤皆可种植,其法每锄地一坎下子数粒,即以肥土掩之,但有土可以受锄者,即可种俟其苗苗二三寸,即铲一次,铲其四傍之草,土以壅护其根,铲一次多结一苞,铲至三次可结五苞,若雨泽调匀更浇以肥粪,则苞实尤饱满。"②

玉米还充分融入了云南的农业种植制度中,与本土作物进行了较好的配合,参与到新的一轮轮作复种体系当中,民国《嵩明县志》载:"农时约分春夏秋三季,春季则种稻及马铃薯等,夏季则种黄豆刀豆玉蜀黍等,秋末则种麦类及蚕豆豌豆……于小满种玉蜀黍黄豆等……至山地则只宜于种荞,间有可种包谷、大小麦者,其播种期较原田须早一节期,收获时则又较田中所种者为迟。"③

第四节　玉米在云南引种和推广的影响

关于玉米在中国引种和推广的影响,前人已经较多论述。本章将关注点更加集中在云南一省,并且利用一些新材料加以分析。

一　缓解人地矛盾,减轻人口压力

云南的人口密度在全国处于较低层次,咸丰元年(1851)年人口密度也不过 16.21 人每平方公里,远低于全国平均水平 80.69 人每平方公里,④并且云南可耕地面积少,嘉庆十七年(1812)人均耕地 1.67 亩,远低于 2.19 亩的全国平均水平,⑤ 在全国倒数,甚至还不如人口密度极高的江浙地区。由于移民因素导致的人口增长已经超过环境的承载力,1775—1825年 1.46% 的人口增长速率是全国平均水平的两倍,直到 1845 年才开始缓

① 民国二十七年(1938)《昭通县志稿》卷五《辨谷》。
② 道光二十五年(1845)《大姚县志》卷六《物产志》。
③ 民国三十四年(1945)《嵩明县志》卷十三《农时》。
④ 梁方仲:《中国历代户口、田地、田赋统计》,上海人民出版社 1980 年版,第 272 页。
⑤ 梁方仲:《中国历代户口、田地、田赋统计》,上海人民出版社 1980 年版,第 400 页。

慢下来。①

在这样的人口压力下，玉米的推广养活了众多的新增人口，"县坝广种，四乡亦多，为食粮大宗"②，"玉蜀黍除极寒之高地不宜种植，产量颇少外，凡寒温热各地段俱普遍种植，产量超过于稻……几成为农家之主要食粮，亦间有用作酿酒煮糖者"③。"苞谷，俗名玉麦，可酿酒，可救饥。"④ "龙江蒲窝苞谷，可补米粟之不足。"⑤ "嫩食多浆，熟可磨粉，为陆地主要农作物。性喜旱，适种于高燥之处，故为山区主要食品。"⑥ 类似记载比比皆是。

而且玉米本身除比水稻种植简单之外，在云南的生长期比水稻更短，在水稻未获前的六七月份成为补充口粮、是解决青黄不接的重要食粮，"稻以清明后播种，夏至后分秧，中秋后收获，然亦视雨水之早迟、地气之寒燠，而略有先后。玉蜀黍夏至前后得雨则播种，成熟较稻为快"⑦。"取之可煮熟，而食农家于青黄不接之际，此物先出采而食之，俟新谷登场无虑腹之枵也。"⑧

二　促进山区开发，带来经济效益

玉米斗种可收一石到两石之间⑨，与旱稻产量相当。在坝子虽然无法与水稻争地，但在山区有相当的经济优势，"本为温暖两带之作物，但滇中荒凉高原不适于麦作之地，而玉蜀黍均能产生，用途与稻、麦同，为当地之主食品，并可饲畜、酿酒，即其杆、叶、苞、皮，无一废弃之物，真云南经济作物之重要者也……又泸西、宣威、平彝、沾益等处畑地较少，

---

① ［美］李中清：《中国西南边疆的社会经济（1250—1850）》，林文勋等译，人民出版社 2012 年版，第 154 页。

② 宣统《续蒙自县志》卷二《物产》。

③ 民国三十一年（1942）《巧家县志稿》卷六《辨谷》。

④ 宣统三年（1911）《恩安县志》卷三《物产》。

⑤ 民国《腾越乡土志》卷七《物产》。

⑥ 民国三十八年（1949）《安宁县志》，《方志物产》第 194 册，中国农业遗产研究室，1955 年，第 290 页。

⑦ 民国十三年（1924）《盐丰县志》卷四《农业》。

⑧ 道光二十五年（1845）《大姚县志》卷六《物产志》。

⑨ （清）爱必达：《黔南识略》卷三十一，成文出版社 1968 年版，第 221 页。

半属荒原，几于偏莳包谷，而一切生活无不需之，亦可知其重要为何如矣"①。玉米既充当了主食又被视为重要经济作物，全身是宝，无一废物，还诞生了不少名优品种，在某些地区几乎完全仰仗玉米。

玉米加工技术简单、多样，"欲为面将炒拆白花乘燥磨之，即成细面，或用温水浴软入磨碾去其皮，然后碾为细面，为糕为饼任便造食，欲为饭将水淘洗入磨，碾碎成，米筛去其皮可炊作饭……炊饭尤香，又可熬之为饴酿，以为酒，其适用殆不异于谷麦"，与谷麦相同，可以磨成面儿，制成玉米饼或者玉米糕，或直接炊作饭，或酿为酒，不单香甜可口，而且深加工可以取得差额利润，"市卖之价与谷麦等，而种植之功较谷麦为易，然则天之所以养人者，固自不乏矣"②。以上道出了玉米的先天优势，种植成本较低的玉米却与谷麦价格相当，无疑具有利益诱惑。

玉米的经济用途多样，"熬糖煮酒磨面，功用甚广，宜人仰为口粮大宗……生计所关，不待劝勉而后力作也"③。"可饲豕可酿酒。"④ 玉米是云南酿酒的四大原料之一，"酒，其原料分四种，为稻，为小麦，为膏粱，为玉蜀黍"⑤。

三　造成水土流失，加剧环境负担

民国《嵩明县志》载："山地则宜于种筱或玉蜀或燕，然种一次则须闲地一二年。"⑥ 之所以一年只能种一次，然后空闲田地一年，用养结合，是因为山地种植作物最耗地力，且容易造成水土流失。周琼等从植被减少、水土流失、淤塞河道沟渠及水利工程、对农业生产的负面影响、自然灾害的次数和频率增加五个方面详细叙述了玉米种植造成的云南生态变迁⑦，笔者不再赘述，但是通过文献爬梳发现山地种植玉米引发的水土流失，云南相对其他南方各省的记载较少，或是因为云南掠

① 民国三十八年（1949）《新纂云南通志》卷六十二《物产考五》。
② 道光二十五年（1845）《大姚县志》卷六《物产志》。
③ 民国二十三年（1934）《宣威县志稿》卷三《物产》。
④ 光绪十一年（1885）《姚州志》卷三《物产》。
⑤ 民国六年（1917）《路南县志》卷一《物产》。
⑥ 民国三十四年（1945）《嵩明县志》卷十三《土宜》。
⑦ 周琼、李梅：《清代中后期云南山区农业生态探析》，《学术研究》2009年第10期。

夺性开发较晚、力度相对较轻、基础植被条件更好。不过仍然要看到过度垦山种植玉米造成的生态破坏是得不偿失的，更深层次的影响是造成了云南的结构性贫困，制约了云南山区多样性而带来的商品经济发展。①

---

① 蓝勇：《明清美洲农作物引进对亚热带山地结构性贫困形成的影响》，《中国农史》2001 年第 4 期。

第四章 番薯在江西的引种和推广

以番薯为代表的高产美洲作物传入中国，本身就是一种技术革新，产生了巨大的影响，提升了马尔萨斯的人口容量边界，促进了中国经济的斯密增长。目前针对番薯史的专题研究较多，但尚未涉及江西。民国以来番薯在江西是仅次于水稻的第二大粮食作物，重要性远高于同为美洲作物的玉米和其他传统水旱粮食作物。但根据曹树基的研究，有清一代江西并不属于番薯的集中产区①，事实是这样吗？这是我们要解决的第一个问题；问题之二：韩茂莉认为江西属于番薯引种的第二阶段②，甚至落后于山东，临近闽粤的江西为何引种速度如此之慢？问题之三：乾隆年间掀起了番薯推广的高潮，各方劝种活动广泛，江西的推广成效如何？并产生了怎样的影响？

第一节 番薯的引种：再论"薯"与"番薯"

番薯传入中国的路径，一般认为有东南一线和西南一线两条路线，但是后者尚有争议。万历十年（1582）陈益从安南引种番薯到广东，是目前最早的记载，其后又有多人多次分别从越南、菲律宾引入广东、福建，陆路与海路并行。早在民国时期，对该问题的研究就已经相对客观、成熟，"甘薯之输入中国，首为救荒；1593 年，闽省荒灾，朝廷遂遣派大臣至邻

---

① 曹树基：《清代玉米、番薯分布的地理特征》，《历史地理研究》（二），复旦大学出版社 1990 年版。

② 韩茂莉：《中国历史农业地理》中，北京大学出版社 2012 年版，第 562 页。

岛吕宋搜寻救荒作物，期以拯民于饥馑之中；其时闽人之侨居于吕宋者甚
众，咸以甘薯为荐，乃于1594年输入栽培，成绩极佳……其流布之速，
殊不亚于亚洲大陆之开发也。"① 兹不赘述。

　　江西在地理区域上与福建、广东接壤，尤其与福建约有三分之一的共
用省界，江西从福建、广东引种番薯似乎是很自然的，文献记载更为可
靠，类似反映江西番薯从福建、广东引种的记载很多，如乾隆《建昌府
志》："甘薯，俗名番薯，以种自南番故名，近得自闽粤，形似薯而圆
小"②，嘉庆《丰城县志》："甘薯：种出交广，皮紫肌白，生熟可食，味
香美"③。除与二省临近之外，更为重要的原因是明清时期的流民因素。明
中期开始，闽粤流民向赣南山区推进，明后期闽南流民越过赣南进入赣西
北山区，清初闽粤流民占据了包括赣东北在内的整个江西山区，在清前期
达到高潮，清中期逐渐归于沉寂。④

　　早在清初赣东南的石城县就有记载："番薯，原出交趾得名，形似薯
而圆小，有皮紫肉白，又有皮肉俱白，味甘，蒸煮皆宜，生食更脆，石邑
向不多有，近下乡种山者繁殖，以备二餔不足，虽多食不伤人，亦救荒一
善物也。"⑤ 反映明清之际番薯已经传入，成为重要的救荒作物，也是在江
西救荒的最早记载。康熙《石城县志》又载："赣田少山多，向皆荒榛丛
樾，近年闽人赁土耕锄，石邑下水颇多。"⑥ 可见石城县作为番薯最早传入
地区之一是很合理的，且是由福建流民引入，赣东南也是流民最早进入的
地区。

　　根据笔者对同为美洲作物的南瓜的研究，江西南昌府的靖安县早在嘉
靖四十四年（1565）已见南瓜记载，是由闽南流民传入的，福建嘉靖十七
年（1538）始有南瓜记载。⑦ 也就是说，在二十余年的时间里，南瓜已经
从闽南引种到了赣西北。番薯在1582年已经传入福建，较早地发挥了其
作为粮食作物的优势，"一亩地有数十石之获，比土蔓省力而获多，贫者

---

① ［美］L. Canington Goodrich：《中国几种农作物之来历》，蒋彦士译，《农报》1937年第4卷第
　　20期。
② 乾隆二十年（1755）《建昌府志》卷十三《物产考》。
③ 嘉庆十三年（1808）《丰城县志》卷五《物产》。
④ 曹树基：《明清时期的流民和赣北山区的开发》，《中国农史》1986年第2期。
⑤ 康熙十二年（1673）《石城县志》卷三《物产》。
⑥ 康熙十二年（1673）《石城县志》卷三《物产》。
⑦ 李昕升、王思明：《南瓜在长江中游地区的引种推广及其影响》，《中国农史》2015年第1期。

赖以充腹"①，尤其官方推广的力量，如金学曾、徐光启等人，使得番薯在短时期内形成了跨越南北的推广区域。官方的传播具有跳跃性，无论是万历年间的《海外新传七则》还是《甘薯疏》都具有较强的号召力，天启年间王象晋在山东进一步扩大了番薯的影响力。番薯的推广比玉米顺利得多，入清之前玉米完全没有被充分认识，玉米开始发挥优势已经到了乾隆年间，而番薯则在晚明就受到了舆论的肯定，很难想象番薯只是在东南沿海一带推广，从福建、广东到浙江、江苏、山东，而忽略了江西，从地缘远近的角度，江西较山东可以更快地获悉官方的条文，更何况闽粤入赣流民在番薯传入中国之前已经形成规模。那么何以番薯经历了漫长的一百年，直到 1673 年在江西方见记载？

笔者爬梳史料，终康熙一朝，文献明确记载番薯的还有如下两项：

康熙《新昌县志》："番茱，种自南夷，今处处有之，惟新昌种于山者皮紫而肉黄，味甘更胜。"②

康熙《赣州府志》："薯……又一种番薯以种出交趾得名，形似薯而圆小。皮紫肉白味甘并可酿酒，蒸煮香甘不及鲜食之脆爽。"③

新昌（今宜丰）位于赣西北，赣西北是赣北山区农业较为发达的地区，流民进入和农业开发均早于赣东北，以番薯为代表的旱粮作物发展在赣西北特别引人注目，已经"处处有之"。赣南的赣州府自然与石城县所在宁都府一样都是番薯随着客家人最早进入江西的地区之一，赣州府也是江西最先用番薯酿酒的地区。

笔者特别注意的是，康熙年间除了以上三条记载，对于"薯"的记载特别多，当然薯并不能认为就是番薯，因为我国原产的薯蓣（山药）在番薯传入中国之前也常常被称为薯，江西亦如，正德府志载"薯，即玉延，种于圃，大者四五斤，一名山药"④，明清之前对薯的记载颇多。但是，何炳棣早有论述，只要与山药和芋并列，红、白、紫、黄蓣（芋）、藷（薯）、苕都是指番薯，何的结论是建立在 3000 余册方志的基础上，自然能够反映历史面相；而后曹树基对该说提出质疑，以 7000 余册方志为蓝

---

① 万历四十年（1612）《泉州府志》卷三《物产》。
② 康熙五十七年（1718）《新昌县志》卷一《物产》。
③ 康熙五十一年（1712）《赣州府志》卷十八《物产》。
④ 正德九年（1514）《袁州府志》卷二《物产》。

本，发现不乏薯即山药的记载。① 曹说固然具有合理性，但是亦不能说明全国薯均是山药，曹通过华南方志指出华南一带的薯常指山药，其他地区（包括江西）并无列举，而何的判断亦是建立在江苏、浙江方志记载的基础上。况且，山药一称在当今河北常作为番薯的代称，似乎山药也不是我们传统意义上的薯蓣。所以孰是孰非，不能一概而论，关键还要根据当地具体的风俗习惯，具有鲜明的地方性知识特征。

曹本人也认为山药块茎形状与番薯块根相似，所以明清时人经常混淆。所以笔者认为把番薯称为薯的情况还是存在的，一方面是因为著书立说的多是文人墨客，他们缺乏农业实践，因此把此薯作为彼薯的情况是屡见不鲜的；另一方面，薯蓣虽是本土作物，但其功用实在与番薯相比差得很远，在番薯广泛推广的前提下，用薯来指代番薯是很自然的，甚至在不知番薯来历的情况下，想当然地认为番薯古已有之，薯之记载由来已久，如同今天我们也单用薯来指代番薯。此种情形在江西适用，"薯即番薯，种自南夷故名，今又有六十薯及本地薯之别，六十薯皮紫而肌白，本地薯皮白而肌红，蒸食味更佳"②。

至于山药与薯并列的情况，笔者认为很有可能薯就是指代番薯，因为无论古今中外，山药多是以"块茎长圆柱形，垂直生长，长可达一米多，断面干时白色"③ 为主，曹所说的块茎呈卵球形、圆锥或其他不规则形状的山药，并不常见。在江西除了圆柱形的山药，就是脚板形的山药，学名毛薯，在江西通称脚板薯，从古到今一直是江西名小吃，"脚板薯，剪片作种，但要带皮，其苗蔓生，根下结块，大可五六斤，味同山药，擂粉作团，用油泡之，素菜佳品也。"④ 众多方志将其与番薯进行了区分，一般不会混淆。还需要指出的是，番薯在江西的常用别名还有甘薯、山薯，如"甘薯，有山薯、番薯二名"⑤，"薯，俗呼为山薯，种出交趾，故又名番薯"⑥，类似记载颇多。

---

① 曹树基：《玉米和番薯传入中国路线新探》，《中国社会经济史研究》1988 年第 4 期。

② 民国二十九年（1942）《宜春县志》卷三《物产》。

③ 中国科学院中国植物志编辑委员会主编：《中国植物志》第 16（1）卷，科学出版社 1985 年版，第 103 页。

④ 同治十三年（1874）《永丰县志》卷五《物产》。

⑤ 同治十二年（1873）《南昌府志》卷八《土产》。

⑥ 道光四年（1824）《宁都直隶州志》卷十二《土产志》。

要之，笔者认为以明清之际为分水岭，入清之前江西的薯多指山药，清代以降薯则常为番薯，如果笔者的推论成立，则康熙年间番薯的记载骤然增多，包括奉新县（1662）、南昌府（1663）、武宁县（1666）、石城县（1673）、新城县（1673）、崇仁县（1673）、建昌县（1675）、浮梁县（1682）、萍乡县（1683）、上犹县（1697）、赣州府（1712）、新昌县（1718）。主要分布在赣南、赣东南、赣西北山区，赣西北山区尤盛，同时赣西北亦成了番薯最早引种至江西的地区；分布范围之广并不是传统学界认为的康熙年间方有偶种一二，甚至落后于山东处于番薯引种的第二阶段。如此看来，番薯在江西的推广也属于第一阶段，几乎和大运河一线同时推进，又由于移民的因素，番薯的推广呈现出推广的跳跃性和依距离引种源远近的渐进性相结合的复杂特点。

除对"薯"字的解读之外，还可以用来佐证的是文献的记载，笔者所列上述府县、康熙方志及后世续修、重修方志可以证明薯为番薯，而不是笔者的异想天开。奉新县"薯，有二种，白者佳，青黑者味殊不美。"① 青黑者山药殊为罕见，可能为番薯；乾隆初年《南昌县志》番薯"处处有之"②，康熙南昌府很可能已经栽培，何况康熙南昌府另有"薯蓣，即山药"③，明显薯蓣与薯不是一物；武宁县同时记载了薯和薯蓣，且道光《武宁县志》载："薯，有山薯、番薯二名"④；新城县"薯，有紫白二种，又一种名佛掌。"⑤ 乾隆《新城县志》："薯，有二种，俱大如臂，白者稍短，紫者长可一尺余，味甘脆腻，煮食甚美，又一种似姜而肥大。"⑥ 知其薯中有番薯；崇仁县不明；建昌县（今永修）"薯，四月下种，苗生蔓延，八月采根，一枚可重数斤，性味类山药。"⑦ 通过描写虽然类山药而不是山药，生长周期亦是番薯特征，光绪《建昌县乡土志》对薯的大篇幅叙述均是番薯无疑；浮梁县"薯，似山药而大，可十倍"⑧，当为番薯；乾隆

---

① 康熙元年（1662）《奉新县志》卷一《土产》。
② 乾隆十六年（1751）《南昌县志》卷六《土产》。
③ 康熙二年（1663）《南昌郡乘》卷三《物产》。
④ 道光四年（1824）《武宁县志》卷十二《物产》。
⑤ 康熙十二年（1673）《新城县志》，转引自《方志物产265》，中国农业遗产研究室，1955年，第39页。
⑥ 乾隆十六年（1751）《新城县志》卷三《物产》。
⑦ 康熙十四年（1675）《建昌县志》卷一《物产》。
⑧ 康熙二十一年（1682）《浮梁县志》卷一《物产》。

《萍乡县志》："薯，山薯、土薯皆是，又有雪薯、甘薯"[1]，薯是薯类的全称，包括番薯；上犹县不明。上述两府九县，除崇仁、上犹两县情况不明以外，其他均可确定为番薯，更加肯定了有清一代江西薯多为番薯的事实。崇仁、上犹之薯为番薯，似乎也并无不可。

总之，清初番薯已经分布在江西多地，并逐步扩大种植地域，由于文献记载均晚于实际引种时间，甚至有可能在明末已经引种至江西，是中国最早引种番薯的（内陆）地区之一，也就证明了江西不可能无视邻省福建、广东、浙江番薯的大肆推广而不被影响。清初番薯的引种为乾隆以来番薯在江西的大面积推广和广泛分布奠定了基础。

第二节　番薯的劝种：人口压力还是救荒权宜？

乾隆年间是番薯在全国推广的一个高潮，各省政府纷纷劝种，传统观点是人口压力说。王保宁在厘清当时历史背景的前提下提出了救荒权宜说，认为灾害频仍导致的饥荒是番薯推广的原因，灾荒过后番薯价值降低，所以尽管政府一直劝种，播种面积却不大，出现长期"引而不种"的现象，明末之后的劝种活动与人口压力没有直接关系，只是救荒政策。[2]王说自然很有启发性，也适用诸如山东、河南等省，然而以江西进行剖析，似乎该观点并不具有普适性。

已有通过对江西清代全部地方志进行细致的分析发现：江西顺治、康熙年间旱灾比较突出，但总的灾害较少，康熙中期到乾隆末期是江西灾害发生的低谷时期，自嘉庆以后，江西水旱灾害的发生逐年上升，呈频繁趋势。[3]就全国来说，乾隆年间江西的劝种活动是次数较多、范围较大的，乾隆末年番薯的推广或许是由于灾荒因素，但是乾隆中前期番薯推广效果亦是不错，但此时是灾害发生的低谷时期，用救荒权宜来解释就有些行不

① 乾隆四十九年（1784）《萍乡县志》，转引自《方志物产 260》，中国农业遗产研究室，1955年，第205页。

② 王保宁：《乾隆年间山东的灾荒与番薯引种——对番薯种植史的再讨论》，《中国农史》2013年第3期。

③ 陈银生：《清代江西灾荒与民间救灾探略》，硕士学位论文，江西师范大学，1997年，第6页。

通了。大庾县知县余光璧的劝种活动是清代地方政府最早劝种番薯的事件：

　　光璧，按，番薯，一名地瓜，有红白二种，本蔓而根生，秋种冬收。万历间福建巡抚金学曾传自外国，故名。番薯闽兴，泉漳人种之，每亩地可收三四千斤，用代谷食，余者于冬至前后切片晒干，藏之，作次年粮。剉为粉，比豆蕨为佳，食之甚益人，货通江浙楚粤至今，大被其利。庾邑近亦有种者，但未得其法，故不能多生，予尝出示告以种法，今墟市中见有比前略大者，然犹未得如闽之，获利多栽种者，自不令而从也。闽中志书以共关系民食，列于五谷之后，予因其种类各殊，收入蔬菜类中，未免屈抑，然蔬菜亦百谷之中之二十种也。①

　　王保宁认为余光璧推广番薯的时间在乾隆七年到九年（1742—1744）之间②，正好这几年大庾县水旱灾害交替、米价腾贵，在这样的背景下推广归因于灾荒似乎顺理成章。但是余光璧的劝种文中丝毫未提及灾荒的因素，如果在灾荒的背景下推广，断不应如此；余光璧提到的"货通江浙楚粤至今，大被其利……今墟市中见有比前略大者，然犹未得如闽之，获利多栽种者，自不令而从也"均可见番薯的功用除"用代谷食"之外，利益驱动亦是其种植的主要原因之一，单纯的救荒作物极易获得，一般难以产生经济需求，如果出于救荒目的，于常理不合。此外，"余光璧，字俱瑕，莆田举人。乾隆六年知大庾县，有词藻，勤民事。向平籴多以谷，光璧逐日碾为米，民尤便之。"③ 余光璧身为福建人，自然知晓番薯的优势，引种到大庾县是很正常的，而未必是在灾害的影响下，同时也未提到余光璧推广番薯的功绩；同治《大庾县志》介绍了发生在乾隆七、八、九年的灾害情况和应对措施，应对措施包括储谷救荒、平抑物价、以工代赈等方面，④唯独没有提到救荒作物，如果余光璧以知县身份发布劝种文，方志不应不记载，可见劝种活动发生在平年，余光璧的劝种活动很可能发生在乾隆十年（1745）之后。

　　有清一代江西自然灾害统计，无论是南安府（78 次）还是下辖大庾

① 乾隆十三年（1748）《南安府大庾县志》卷四《物产》。
② 王保宁：《乾隆年间山东的灾荒与番薯引种——对番薯种植史的再讨论》，《中国农史》2013 年第 3 期。
③ 同治七年（1868）《南安府志》卷十五《名宦》。
④ 同治十三年（1874）《大庾县志》卷十五《拾遗》。

县（18 次），① 在江西府县中都属于灾害发生频率较低的地区，如果大庾县这样灾荒较轻（乾隆九年之后大庾县少有灾荒，而且清代大庾县常平仓储谷定额在 24240 石、社仓 3441 石②，在全省州县中处于上等水平）的县域因灾荒因素掀起劝种高潮，其他早在康熙年间已有番薯记载且灾荒更严重的府县不应该视番薯为无物，如康熙十八年（1679），赣州府"大水……田地庐舍人民悉漂没壅淤……田庐尽没，四日夜水方退，田庐俱成河坑③"。康熙年间已经引种番薯的赣州府属却未见番薯劝种事件和广泛种植记载。

如果大庾县的番薯劝种不是为了救荒权宜，那么是出于人口压力吗？江西是人口大省，似乎这种解释十分合理。但就全省来说，乾隆十八年（1753）每平方公里 27.86 人（全国 24.06 人），直到乾隆三十二年（1767）每平方公里 63.60 人仍只是略高于全国平均水平（49.14 人）。④江西人地矛盾凸显是在乾隆末年，人口达到饱和，移民运动也随之转向低沉。而大庾县所在的南安府人口密度向来是江西各府中最低的，如嘉庆二十五年（1820）为每平方公里 82.53 人，嘉庆十七年（1812）江西全省为127.02 人；⑤ 大庾县在人口和土地上与南康县、上犹县、崇义县相比区别不大，可知大庾县人地矛盾在江西从来都不是最突出的。所以，笔者认为大庾县的番薯劝种事件，既不是出于救荒权宜也不是出于人口压力，而是番薯一般性的推广活动。

我们再看乾隆五十年到五十二年（1785—1787）江西一省的劝种活动，此次劝种事件起因是响应中央的谕旨，劝种影响波及全省，也是乾隆一朝为数不多的由省级首脑直接下达的指示。乾隆五十年，弘历三令五申地劝种番薯，清高宗实录就记载有五次之多。本章仅举一例：

有甘薯录一编，颇为明切易晓，现饬多为刊刻，颁行各府州县，分发传钞，使皆知种薯之利，多为栽种，等语，所办甚好……朕阅陆耀所著甘薯录，颇为详晰，着即钞录，寄交刘峩、毕沅令其照明兴所办，多为刊布

---

① 陈银生：《清代江西灾荒与民间救灾探略》，硕士学位论文，江西师范大学，1997 年，第31 页。

② 光绪七年（1881）《江西通志》卷八十八《仓储》。

③ 康熙二十三年（1684）《赣县志》卷一《详异》。

④ 梁方仲：《中国历代户口、田地、田赋统计》，上海人民出版社 1980 年版，第 272 页。

⑤ 梁方仲：《中国历代户口、田地、田赋统计》，上海人民出版社 1980 年版，第 276、272 页。

传钞，使民间共知其利，广为栽种，接济民食，亦属备荒之一法，将此传谕知之。①

乾隆五十一年，弘历再次重申：

据张若渟奏请，申伐蛟之令，以除民患，并请于江浙地方，学种甘薯，以济民食等语，江广一带，每于大雨时行，间有起蛟之事，深为民害，自应搜寻挖除防患未萌，至甘薯一项，广为栽种，以济民食。②

江西是在这样的背景下最早做出多次表态，先于其他省份：

甘薯一项，或藤或果皆可作种，且春种夏收，夏种秋收，实属易种易生，堪为稻粱之佐，江右界连闽粤，土燥泥淤之处，间有种植甘薯者但不甚广徧，现已通饬各属，谆切劝谕视其土之所宜，广为种植，以尽地力，冀于民食有裨……乾隆丁未正月抚江使者山阴何裕城识。③

乾隆五十一年冬，皇上特允阁学侍郎张公若渟之请，敕下直省、广劝栽培甘薯，以为救荒之备。西江与闽粤近不乏种植者，特未广耳，曩陆中丞耀司臬山东时有甘薯录之刻博采群言，至为详备，卷末所载制用卫生数则稍涉细琐，然昔有其法不妨附存，重附开雕，通颁各属，俾吏民转为流播，广厥传焉，时乾隆五十二年丁未仲春初吉巡抚江西使者山阴何裕成书。④

无论是乾隆还是江西巡抚何裕成，其劝种的初衷都是救荒，仅通过劝种文本身就可体现，"因思像省近年屡经被旱，虽现在已普得甘霖，自可赴种晚秋，但恐该处土脉久燥，雨泽一少，即与栽种无益，番薯既可充食，又能耐旱……转饬被旱各属，晓谕民人"⑤。"即直省迤南各府今年亦因雨泽愆期，收成歉薄，番薯既可充食，兼能耐旱。"⑥ 直接导火线就是乾隆五十年的大旱，"本年河南、山东、江苏、安徽、湖北等省春夏之间雨泽缺少，被旱处所较多"⑦，"乾隆五十年，江南旱魃为虐，几至赤地千

① 陈振汉、熊振文、萧国亮：《清实录经济史资料 农业编》，北京大学出版社 2012 年版，第 716 页。
② 《清高宗纯皇帝实录》卷一千二百六十八，"乾隆五十一年十一月癸未"，中华书局 1986 年版，第 1104 页。
③ 同治十二年（1873）《南昌府志》卷三《地理》。
④ 乾隆五十四年（1789）《南昌府志》卷二《土产》。
⑤ 陈振汉、熊振文、萧国亮：《清实录经济史资料 农业编》，北京大学出版社 2012 年版，第 715 页。
⑥ 陈振汉、熊振文、萧国亮：《清实录经济史资料 农业编》，北京大学出版社 2012 年版，第 716 页。
⑦ 道光九年（1829）《安徽通志》卷首《诏谕》。

里……今则两湖、山东、江西、浙江、河南俱旱"①。江西多地旱情严重，九江"夏大旱，自冬及春大荒，石米四两有奇，蕨根树皮食尽，平粜仓谷"②，星子"大旱，斗米四百八十文，湖地有草名半年粮，民掘食殆尽，路多饿莩"③，此外，南昌、瑞昌、德安、湖口、武宁、都昌、波阳等均是大旱，乾隆五十一年持续大旱，波及范围更广，赣南歉收严重。可以说，此时何裕成的劝种活动更为重要的原因是江西自身的救荒需要，前面已经提到在乾隆末年江西的人口压力已经较为突出，番薯的推广显得更有必要，乾隆五十年大旱结束后，江西也并没有同山东一样种植面积减少、出现长时期的"引而不种"局面，而是种植区域稳步增加、在民食中的重要性越发突出。

要之，乾隆初期番薯的劝种既不是出于人口压力也不是出于救荒权宜，乾隆末期的番薯劝种则是在人地矛盾和自然灾害的双重压力下形成的作物选择取向，以往单纯归因于某一方面的劝种导向似乎略显单薄，即使是同一省在不同时间的劝种原因亦不相同，二者的共性在于无论是大庾县还是江西省，从地方社会和省级单位的角度出发，均在全国最早开始劝种番薯，这绝不是偶然，可见番薯在江西的特殊地位，无疑也增加了我们研究清代番薯在江西的引种和推广的意义。

第三节 番薯的推广：嘉庆前后

方志记载所反映的是乾隆年间江西推广番薯的情况，番薯实际种植区域应该多于阴影区域。一是康熙年间已有番薯记载的地区，如康熙《武宁县志》记载了番薯，乾隆《武宁县志》土产只记载了稻、黑豆、玉米、茶等寥寥几种作物，在番薯已经引种到当地的情况下，方志未记载不代表未种植；又如建昌县则是乾隆年间未修方志。二是乾隆方志亦有不少只载"薯"之一字，但无法根据新旧方志判断薯为何物。三是类似乾隆《南康

---

① （清）顾公燮：《消夏闲记选存》，江苏省立苏州图书馆1940年版，第16页。
② 同治十一年（1872）《德化县志》卷五十三《祥异》。
③ 同治十年（1871）《星子县志》卷十四《祥异》。

县志》物产中完全未记载蔬类，即使是中国本土蔬菜也无法判断是否种植。同治《玉山县志》载："番薯，出西洋，闽粤人来此耕山者，携其泛海所得之苗种之，日渐繁衍，色黄，味甘，食之疗饥可备荒，历今百有余年矣。"① 番薯从乾隆年间便在玉山代粮一发而不可收延续至今。

　　赣西北、赣东北山区，赣南山区番薯广泛分布，与江西山地分布大致相同；而未种植番薯的地区，则是集中在以鄱阳湖为中心的向心水系，鄱阳湖平原番薯推广最是缓慢。由此可见，至少在乾隆年间番薯在江西平原一带尚未打开局面，个中原因除移民较少进入平原之外，另一个重要原因就是番薯无法与水稻争地。

　　绝大部分州县都在乾隆五十二年江西巡抚何裕成的劝种活动之前就已经种植番薯，乾隆初年（与大庾县同时）形成推广高潮，如万载"甘薯，一名番薯，乾隆初来自闽广"②，贵溪"先无此，近年得闽种，种者始多"③，广信府"番薯……种之日渐繁多，色黄味甘，食之疗饥，可以备荒，历今三十余年矣"④。总之，并非如何裕成所言的在乾隆末年江西番薯种植"特未广耳"，事实上何止"西江与闽粤近不乏种植者"。真正在何裕成号召下种植番薯的州县恐怕也并没有想象的多，只有义宁（今修水）、新昌是在乾隆五十二年之后始有记载，然仍并不能确系是否何裕成劝种所致，当然在劝种前后推广力度、种植规模、重视程度等肯定还是存在差别的。

　　尽管很难量化番薯在当地的种植面积，但番薯种植已经十分繁盛，"处处有之"尽可形容，"番薯，种自南夷，近处处有之，皮紫肌白，生熟皆可食"⑤。"蕃薯，旧出吕宋国，今闽浙江广处处有之。"⑥ 两地记载可窥见江西一省情况，尤其乾隆《龙南县志》更是将江西同福建、浙江一样视为番薯的集中产区。乾隆年间番薯已经常用来代粮，完成了从单纯救荒作物到一般粮食作物的转变，重要性可见一斑。"甘薯，一名番薯，有红白

①　同治十二年（1873）《玉山县志》卷一《物产》。
②　道光五年（1825）《万载县志》卷十二《土产》。
③　乾隆十六年（1751）《贵溪县志》卷四《物产》。
④　乾隆四十八年（1783）《广信府志》卷二《物产》。
⑤　乾隆十六年（1751）《南昌县志》卷六《土产》。
⑥　乾隆十五年（1750）《龙南县志》卷十四《物产》。

二种，田家以代粮。是名薯粮。"① "薯蓣……且补一种根大如姜而皮紫，极大者重数斤，煮食俱美，南北之产或有不同，故形状各别，人多植之，可佐嘉谷。"② "甘薯，俗呼为番薯，有红白黄三种，生熟皆可食，今乡中种者多，蒸熟，切片，曝干以充糇粮，名薯粮，比薯芋更佳。"③ "近年山农多种番薯可充三月之粮"④ 等记载不下十余次。曹树基认为的番薯虽然在清前期已经遍布整个赣南山区，但除个别州县以外，并未成为主要粮食作物。⑤ 如此看来恐怕也并非个别州县。

　　曹树基描绘的嘉道年间形成的东南番薯种植带并不包括江西，换句话说，番薯在客籍流民中虽然种植较多，但放眼整个江西，仍然排不上号。番薯种植已经遍布全省，是在道光年间完成番薯的推广工作，至迟在19世纪中期，江西已几无未见番薯之州县。似乎赣中和赣北的少部分地区未记载番薯，但笔者认为番薯已经完成全省推广基于以下理由：第一，与乾隆年间的分布图相比，少了德安、莲花、上犹、崇义、大庾，一般在一种作物引种到当地的情况下，除非受到排挤，否则均会持续种植，何况是番薯这样优势明显的作物；莲花厅嘉道年间未修方志，然同治《莲花厅志》有番薯记载，德安、崇义、大庾同莲花厅情况一致，上犹光绪之前再未修方志，光绪《上犹县志》又见番薯。第二，即使嘉道年间仍未记载番薯的地区，在咸同年间所修方志中也纷纷见载，这些地区要么嘉道年间未修方志，况且新作物民间引种——达到一定的规模——被文人墨客注意——写入方志，这一滞后性的过程是必经之路，如同治《崇仁县志》："多甘薯，有紫白二种"⑥，同治《余干县志》："白薯、红薯"⑦ 等均是咸同年间始见记载。

　　总之，嘉道年间番薯在江西推广成效颇佳，既归因于乾隆五十二年何裕成的号召，也是由于粮食供给不足。在传统社会，地方大员的行政命令还是具有一定效力的，尤其这种命令有益于民，后世记载体现了这种影

①　乾隆四十五年（1780）《清江县志》卷八《土产》。
②　乾隆八年（1743）《铅山县志》卷四《物产》。
③　乾隆十五年（1751）《会昌县志》卷十六《土物》。
④　乾隆四十一年（1776）《分宜县志》卷二《物产》。
⑤　曹树基：《明清时期的流民和赣南山区的开发》，《中国农史》1985年第4期。
⑥　同治十二年（1873）《崇仁县志》卷一《物产》。
⑦　同治十一年（1872）《余干县志》卷二《物产》。

响：义宁州"江西巡抚何裕成重刊山东按察使陆耀所著甘薯录，通颁各属，俾广为流传，宁，布种甘薯久矣，赖其利者甚众"①，同治《南昌府志》直接道出了劝种的影响力："旧志甘薯连篇累牍记载甚详，今则南昌各属，平畴山麓处处种之，其载植之功在所熟识"②。黄志繁认为江西1953年的耕地、粮食总产和粮食亩产量等数字与清代中期相似，也就是道光元年（1821）全省耕地41007635亩，③即使今天江西耕地也不过4633.7万亩，笔者认为道光元年这个数字是可信的，当时已达到了传统社会能够开垦的土地极限，道光元年人口是2234.6万④，可知道光元年江西人均耕地约为1.84亩，正是"人不及二亩"⑤，因此以番薯为代表的高产杂粮备受青睐，番薯弥补了由于人口压力大增而导致"浮口"问题，充分利用了边际土地。

嘉道年间，人民生计不可或缺的番薯，是重要的代粮作物，"土人种之以代饭，或切如米粒，曝干谓之薯粮，尤能久贮藏"⑥，"丝片曝之，以备糇粮"⑦，"蒸切晒干，收以充粮，为薯粉"⑧，"甘薯，一名番薯，有红白二种，田家以代粮。是名薯粮"⑨，"甘薯……南人用当米谷，果炙食之……耕者唯种此以充粮糗，名薯粮"⑩，"薯粮"一词出现频繁，嘉道年间番薯的推广奠定了其近代以来作为江西第二大粮食作物的地位。基本上江西山地部分都是番薯的主产区。

进入近代，番薯完成了从一般粮食作物向主要粮食作物的转型，"山薯出最广，贫者半以此代粮"⑪，同治《万安县志》把番薯移入了"谷之

① 道光四年（1824）《义宁州志》卷八《土产》。
② 同治十二年（1873）《南昌府志》卷八《土产》。
③ 黄志繁：《清代赣南的生态与生计——兼析山区商品生产发展之限制》，《中国农史》2003年第3期。
④ 曹树基：《中国人口史 第五卷 上》，复旦大学出版社2005年版，第134页。
⑤ 道光四年（1824）《宁都直隶州志》卷十一《风俗》。
⑥ 道光五年（1825）《万载县志》卷十二《土产》。
⑦ 道光四年（1824）《武宁县志》卷十二《物产》。
⑧ 道光五年（1825）《新干县志》卷一《物产》。
⑨ 道光四年（1824）《清江县志》，转引自《方志物产257》，中国农业遗产研究室，1955年，第181页。
⑩ 道光三年（1823）《德兴县志》，转引自《方志物产250》，中国农业遗产研究室，1955年，第118页。
⑪ 咸丰十年（1860）《萍乡县志》卷一《物产》。

薯"："薯，山谷亦可种，迩来贫者半资以为粮"①，《牧童行》一诗所见更甚，"阿兄锄禾东郊东，阿爷灌薯北山北，去年番薯大如斗，能供一家四五口，今年番薯大如锥，一月饔飧不可支……一州之大数万家，仰食薯蕷十之七"②，可见番薯在民食中的比例占据了一半，几与水稻分庭抗礼，与人民生存息息相关，"以薯当饭，乞邻火而煨之，每人四片，曾祗食半，犹藏其二以伺姑，饥复进焉"③，是日常食物，早已超出了杂粮的功用。抚州府这样的平原大府，也成为番薯的出产大府，"田薯，抚属皆有之，临、崇、宜、东四邑出产尤多"④。

近代之民国，本章不再赘述，与晚清区别不大，地方文献所见的一些量化信息均能证明番薯是当地第二大粮食作物，全省范围统计如民国二十八年（1935）《江西省农业统计》统计水稻为食用作物大宗，当年产量为102276903 市石，番薯仅次于水稻为 14397814 市石，之后才是芋（4629420 市石）、大豆、大麦、小麦、小豆、豌豆、玉米、西瓜子、高粱。⑤ 番薯虽与水稻差距不小，但是稳坐第二远超芋，其他作物重要性远不能及。

---

① 同治十二年（1873）《万安县志》卷四《土产》。
② 同治十二年（1873）《义宁州志》卷三十五《艺文》。
③ 同治九年（1871）《南城县志》卷八《节孝》。
④ （清）何刚德：《抚郡农产考略》卷下，草类二《薯》，光绪二十九年（1903）刻本。
⑤ 江西省政府秘书处统计室：《江西省农业统计》，江西省政府秘书处统计室1939年版，第2页。

第五章 番薯推广的动因和影响
——以清代江西为中心

何炳棣在 20 世纪 50 年代从事近古人口史研究时认为美洲作物的引种堪称继占城稻在江淮以南逐步推广后第二个长期的粮食生产"革命",其主张"人口爆炸—粮食短缺—美洲作物推广"理论三位一体,美洲作物推广和人口爆炸互为因果,构成该理论的经典框架。美洲作物的推广的确能够提高马尔萨斯的人口容量边界,据此有人认为美洲作物造就了康乾盛世,甚至将之称为番薯盛世。后发的研究似乎认为该理论并不具有普适性,王保宁提出"灾荒—番薯引入"的新模式,在清中前期番薯并未融入山东当地农作制度,番薯种植只是临时应付灾荒。[1] 李中清亦发现西南人口的增长主要是得益于由于中心工业区发展和城市扩大吸引而来的移民,番薯等美洲作物直到 18 世纪晚期还没有成为西南主要食物来源。[2]

根据卜凯的研究将番薯作为主要作物进行种植的田场在水稻茶区占据了总田场的 32%[3],江西正是归属于水稻茶区。江西是番薯种植大省,无论是面积还是产量都名列前茅,如民国二十八年(1935)番薯仅次于水稻(102276903 市石)总产 14397814 市石,而同为美洲作物的玉米仅为254038 市石,[4] 更加突出了番薯之于江西的重要性。

乾隆年间江西人口增长速度开始加快,逐渐抛开全国平均水平,乾隆

---

① 王保宁:《乾隆年间山东的灾荒与番薯引种——对番薯种植史的再讨论》,《中国农史》2013年第 3 期。
② [美] 李中清:《中国西南边疆的社会经济(1250—1850)》,林文勋等译,人民出版社 2012年版,第 314—317 页。
③ [美] 卜凯:《中国土地利用》,台湾学生书局 1971 年版,第 268 页。
④ 江西省政府秘书处统计室:《江西省农业统计》,江西省政府秘书处统计室 1939 年版,第2 页。

四十一年（1776）江西人口 1878.3 万[1]，人口密度 103.52 人每平方千米，约是全国平均人口密度的两倍，在太平天国运动之前有愈演愈烈的趋势，是番薯支撑了人口的增长并反过来导致了番薯播种面积的扩大吗？

第一节　番薯推广的主客因素与限制条件

一　番薯推广的自身优势

番薯的推广优势十分突出，放之四海而皆准的优势首先是高产。以江西为例，根据 1924—1949 年的记载平均亩产量为 1000 市斤[2]，清末亦是"上田可收薯一千两百斤，瘠田五六百斤，山地收成亦厚"[3]，因此有"芋之收倍于稻，薯之收倍于芋，近有种蔫，取叶以沾钱者，虽小民取利之计，要不若种薯之，尤可足食也"[4] 的说法。高产的体现还在于薯叶也可以食用，用于饲料最广，"蔓叶可饲牛豕"[5]；薯藤又可以作薯种，生长期相对较短，"或藤或果皆可作种，且春种夏收，夏种秋收，实属易种易生，堪为稻粱之佐"[6]。

番薯的另一大优势就是抗逆。番薯耐旱、耐瘠，"田薯宜腴田、宜高燥田、宜夹沙田"[7] "薯，一名番薯，适合红壤栽培"[8]，番薯的抗逆性强，可以充分适应山区的非地带性因素，"山田皆可种，生熟皆可食"[9]。当然番薯也怕寒冷，不过南方山区因本身纬度较低，番薯仍可根据一定的海拔高度和坡向变化选择适宜的生长地，在南方山区包括江西，番薯一般在海

① 曹树基：《中国人口史·第五卷（上）》，复旦大学出版社 2005 年版，第 134 页。
② 章之凡、王俊强：《20 世纪中国主要作物生产统计资料汇编》，中国农业遗产研究室 2005 年版，第 31 页。
③ （清）何刚德：《抚郡农产考略》卷下，草类二《薯》，光绪二十九年（1903）刻本。
④ 同治十二年（1873）《九江府志》卷九《物产》。
⑤ 道光四年（1824）《武宁县志》卷十二《物产》。
⑥ 同治十二年（1873）《南昌府志》卷三《地理》。
⑦ （清）何刚德：《抚郡农产考略》卷下，草类二《薯》，光绪二十九年（1903）刻本。
⑧ 同治十二年（1873）《新喻县志》卷二《物产》。
⑨ 道光四年（1824）《武宁县志》卷十二《物产》。

拔1000米以下的山地最为活跃，介于玉米和稻麦之间。山区最大的弊端是土地瘠薄和蓄水困难，把众多传统粮食作物挡在了门外，旱地作物番薯的推广，深受山民青睐。

番薯还有其他一些优势，除“甘薯十三胜”之外，还有肥料利用率高等优势。江西等南方省份的独有优势，则是因为江西冬季气温不低，无须像北方各省一样面临留种技术难题，薯种越冬问题曾一度困扰河北、山东等省。

二　流民因素

正德以降，以来自闽南、粤东为主体的流民逐渐向赣南集中，在入清之前就遍布赣南，并向赣西北推进；清代以降，赣南人地矛盾突出，当地人民又逐渐与闽粤流民一道前往赣北（包括赣东北）；赣西北流民活动在清初短暂的沉寂之后，从康熙中期开始以粤东流民为山区开发主要力量的客家人纷至沓来，武宁、义宁州二县以湖北移民为主，“近十余年，自楚来垦山者万余户，蓑巘密嶂尽为所据，焚树掘根山已童秃”①，赣东北以福建流民夹杂赣南流民为主，戮力垦荒。虽然赣南开发时间早于赣北，但山区均是在清前期达到高潮，终于清中期，流民运动逐渐停滞。②

番薯在江西的引种和推广，同流民的推进和分布有极大的关联，在明代尚不明显，入清之后息息相关，“棚民用殖薯、菽、粟、膏梁之类，处处皆有”③“番薯出西洋，闽粤人来此耕山者，携其泛海所得苗种之，日渐繁多”④。因此番薯分布区往往就是移民聚居地。

同治《广信府志》的记载清晰可见流民入山与番薯种植之间的关系：

其山势周围约宽百里，高阜处种植茶树、山薯、杂粮等物，低洼之地尽属稻田。或傍崖为屋，或砌石成蹊，谷口崖腰人烟相接，有自嘉庆年间入山者，有自道光年间入山者。迨咸丰年间，又有因发逆滋扰避乱入山者。⑤

---

① 乾隆四十七年（1782）《武宁县志》卷十《风俗》。

② 曹树基：《明清时期的流民和赣北山区的开发》，《中国农史》1986年第2期。

③ 同治十年（1871）《新建县志》卷八十二《艺文》。

④ 乾隆四十八年（1783）《广信府志》卷二《物产》。

⑤ （清）王恩溥：《禀请铜塘山弛禁稿》。

流民主要在山地活动。在广信府甚至将番薯从杂粮之中"提取"出来，番薯与茶叶是流民种植最多的作物之一，流民潮在乾隆年间达到高峰，后来的微弱流民活动依然加入番薯种植的大军中，前赴后继。当然，我们也看到了番薯很难撼动水稻的地位。

可见番薯在江西推广前期主要分布在赣南、赣西北、赣东北山区，鄱阳湖平原流民活动较弱，几无番薯记载，嘉庆以来随着番薯影响的扩大平原地区亦有番薯记载，然种植规模、强度、力度、重要性肯定依然不及山区。江西本身也作为移民源，将番薯引种至他省，"更有江西、福建流民，猬集四境，租山扎棚，栽种烟、靛、白麻、苞芦、薯蓣等物，创垦节年不息"[1]，皖南即是一例。

三　番薯推广的限制条件

如此看来，似乎番薯比传统粮食作物更有优势，那么番薯是否可以取代水稻？

根据《抚郡农产考略》的记载，抚州一年一熟水稻平均亩产三石稻谷，也就是390斤。番薯水分含量高（70%—80%），民国时期通常将1000斤番薯折合为250斤薯干。吴慧认为，这250斤薯干（成品粮）相当于稻谷（原粮）500斤[2]，当然番薯与稻谷之间本来也无法等量齐观，固然也没有统一的折算比例。所以，单就亩产来说，番薯与水稻相比并无明显优势。此外，番薯与水稻相比有明显的不足：第一，番薯淀粉含量高，蛋白质含量低（番薯干物质才为4.7%），难以满足人体的需求，稻米干物质为7.7%（稻米含水量仅为13±1%），高下立判。第二，番薯含糖量高，导致产生颇多胃酸，使人感到"烧心"，胃的负担过大，人甚至会反酸水，剩余的糖分在肠道里发酵，也使得肠道不适；番薯吃得过多，其氧化酶会在肠道里产生二氧化碳，会使人腹胀、放屁、打嗝。总之，番薯并无取代水稻的理由。第三，番薯并不耐贮藏，一般适合作为秋冬食粮和冬春粮食储备，来年夏季即腐烂，以及"然经风霜易烂，人多掘土窖藏

---

① 嘉庆十三年（1808）《宣城县志》卷二《疆域形势》。
② 吴慧：《中国历代粮食亩产研究》，农业出版社1985年版，第186页。吴慧的折算方法是2石谷合1石米，今天稻谷的出米率约为70%。

之"①，与稻米这种常用粮食储备相比逊色很多。

　　番薯从康熙初年引种到乾隆初年广泛推广也经历了将近一百年，为何发展并不如闽粤般迅速？除了移民活动的渐进性和人口压力并非十分尖锐之外，主要是人民对新作物认识的局限性。由于人们对番薯等新作物口味的适应性较慢，新作物的明显优势最初都被忽视了；同样，番薯等美洲作物一般来说只有贫困人民才会食用，将其作为一种新的底层食物。②口味的问题是生理适应性的问题，所有新作物都会存在；将番薯作为底层食物的原因则较为复杂，既是由于番薯高产、抗逆、成本低，所以得之容易，不符合"物以稀为贵"的原则，也是由于番薯最初由流民引种并推广，果腹充饥，给人一种是"穷人的食物"，低层次的感觉。

第二节　江西与山东番薯推广的比较：山地开发

　　番薯在江西与山东的推广颇有共同点，都是从闽粤一带引种，都有官员的多次劝种活动，都在饥荒时期发挥了作用，近代以来都是当地人民的重要口粮。二省的差异也十分明显，尽管山东很早认识了番薯的优势，但在推广过程中却并不顺利，种植面积一直不大。

　　首先说番薯虽然在明末就被介绍到山东，乾隆之前却未及引种的原因在于薯种育苗移栽的技术难题，山东冬季寒冷干燥，不利于喜温湿的薯种的保存，直到乾隆初年才通过窖藏、温床育苗等方式解决了薯种越冬的难点。既然通过技术革新解决了技术难题，为何有清一代番薯种植一直不温不火，进入近代山东东部才根本扭转局面，但重要性仍然远逊于江西？番薯推广的优势是普适的，山东番薯出现"灾后即弃"的原因在于山东不具备大规模种植番薯的条件。这里所说的"条件"主要包括两方面：人口压力与种植制度。

---

① 同治十二年（1873）《南昌府志》卷八《土产》。
② ［美］李中清：《中国西南边疆的社会经济（1250—1850）》，林文勋等译，人民出版社2012年版，第194、197页。

表 5—1　　　　　历史时期江西、山东人口、耕地与人均耕地

人口：万；耕地：万清亩；人均耕地：清亩

	乾隆四十九年（1784）			嘉庆十七年（1812）		
	人口	耕地	人均耕地	人口	耕地	人均耕地
江西	1950.9	4622.5	2.37	2304.7	4727.4	2.05
山东	2297.1	9249.2	4.03	2895.9	9863.5	3.41
	咸丰元年（1851）					
	人口	耕地	人均耕地			
江西	2451.6	4621.9	1.89			
山东	3326.7	9847.3	2.96			

资料来源：梁方仲：《中国历代户口、田地、田赋统计》，上海人民出版社 1980 年版，第 262、380、398、400 页。

在人口压力凸显的清代中期，江西的人地矛盾比山东严重得多，从移民人口逐渐放缓的乾隆末年到太平天国运动之前，江西的人均耕地就在两亩左右并呈不断恶化的趋势，恐怕更多地区是"人不及二亩"[1]；山东人均耕地同样不断递减，但仍然能保持三亩左右（见表 5—1）。虽然山东人口密度高于江西，但山东人民生计状况要优于江西，如此差距在于两省的资源禀赋差异，山东平原面积广大（55%），可耕地多，江西平原狭小（12%），山多田瘠。事实上，山东也一直是耕地大省，清代山东在册耕地总数基本一直保持在 9200 万亩以上，光绪十三年（1887）更是接近 1.26 亿亩，[2] 一直都是全国第一。单从人口压力上，江西对番薯的需求无疑大于山东。

决定新作物传播的因素有很多，包括它们是否有助于农业生产和适合某种农业体制，是否易于做成菜肴和被饮食体系接纳，以及能否引起文化上的共鸣。[3] 当然，因素还包括土地占有模式，以往认为只要人口压力增加，便会引起番薯等美洲作物大量种植的观点的确有待修正。番薯能否较好地融入当地的农业种植制度，从江西和山东的对比来看，起到了决定性

---

① 道光四年（1824）《宁都直隶州志》卷十一《风俗》。
② 梁方仲：《中国历代户口、田地、田赋统计》，上海人民出版社 1980 年版，第 380 页。
③ ［美］杰弗里·M. 皮尔彻：《世界历史上的食物》，张旭鹏译，商务印书馆 2015 年版，第 28 页。

的作用。

清代山东土地垦殖率很高，除平原广大之外，存在的少部分山地（15.5%）基本也都在千米以下，这就导致了山东大部分地区均可种植小麦等传统优势作物，在番薯进入山区之前山地几乎开发殆尽。山东形成了以冬小麦为核心的两年三熟的种植制度，番薯引种后理想的方式是作为冬小麦的前作或者后作融入这一体系，华北地区（山东）番薯的生长期春薯为 150—190 天，夏薯为 110—130 天，无论春薯还是夏薯都要在 10 月份以后收获，此时是番薯的生长后期，块根膨大加快。① 山东小麦，"秋分种麦正当时"，9 月下旬种植，来年 6 月上旬收获，不但与春薯、夏薯收获时间相冲突，后作也不适合种植春薯，"时宜"不佳。所以山东番薯的推广模式是以竞争的方式排挤了原有作物。② 番薯很难融入两年三熟制，建立以自己为核心的一年一熟种植制度也是艰难的，这需要展现出更大的优势，也就不难解释为何即使到民国年间番薯也只是在胶州湾地区形成集中产区。当然，进入近代，极少地区开始采用番薯作为小麦的前作或后作，如青岛以番薯作为春作物，但这毕竟是极少的地区，而且这种在小麦之后播种的夏番薯品种也是 1919 年前后方引种于日本的新品种。③

再来对比江西。江西山地面积广大（36%），虽然在宋代已开发梯田，但限于水、肥等因素，传统优势作物向山地"无水之田"进军高度有限，只能种植诸如粟、麦等适应性相对较强的作物，"高者种粟，低者种豆，有水源者艺稻，无水源者播麦"④，然而并不高产，番薯引种后，极大地迎合了开发山地的需求，不但利用了之前无法种植作物的山地边际土地，而且也取代了传统低产"山地"作物，于是"赣农皆山农也，力作倍于平原，虽隙地无旷。其以茶、梓为业者则有铲岭、摘子诸工，劳苦尤甚，朝夕果腹多包粟、薯、芋，或终岁不米炊，习以为常"⑤。江西番薯推广模式是典型的"人口扩张—山地开垦—番薯种植"模式。

---

① 于振文主编：《作物栽培学各论 北方本》，中国农业出版社 2003 年版，第 216 页。

② 王保宁、曹树基：《清至民国山东东部玉米、番薯的分布——兼论新进作物与原作物的竞争》，《中国历史地理论丛》2009 年第 4 期。

③ 王建革：《传统社会末期华北的生态与社会》，生活·读书·新知三联书店 2009 年版，第 115—116 页。

④ （宋）韩元吉：《南涧甲乙稿》卷十八《劝农文》。

⑤ 同治十二年（1873）《赣州府志》卷二十《舆地志》。

乾隆《贵溪县志》："甘薯……山乡多种之，以充糇，名薯粮。"① 乾隆《莲花厅志》："红茉山间多种之，其味甚甜。"② 道光《上饶县志》："甘薯，一名番薯，府志所谓昔无而今盛者，饶地山多田少，山农广植以储秋粮，蔬也可进于谷矣。"③ 同治《铅山县志》："番薯，一名土瓜，铅人种于山上极多，可疗饥。磨濡澄粉货卖，俗呼薯粉"④ 等记载均可见番薯在清代江西山地开发中体现的价值——广泛用于人民口粮，这都是归功于番薯对山地开发所作出的贡献，早在乾隆年间便是如此。

番薯在江西的优势在于"独树一帜"，不仅利用了边际土地，除一年一熟之外还可融入当地的种植制度，一年两熟，发挥了 1 + 1 > 2 的优势，可谓集约化经营。道光《玉山县志》有如下记载：

> 生齿繁，故地力尽。山农半于野，农耕于野，而近山且兼收其利，田间作息无间，且晚以余力竭之于山，茶、桐、杉、竹、及靛、薯、玉蜀黍，可岁计收也，上田稻、豆、麦岁三熟，近日高田刈早稻后即种山薯，其利倍收，则与上田埒，故业精于勤，农之智过于圣。⑤

以玉山县为代表的江西山乡，山地广种经济作物与美洲粮食作物番薯、玉米，良田（低田）种植稻、豆、麦，一年三熟，薄田（高田）种植早稻、番薯，一年两熟，将山地利用得淋漓尽致，形成了较为完美的种植制度，让人叹为观止；而且因为番薯"其利倍收"，几乎可以与良田一较高下，所以说"农之智过于圣"。需要说明的是，早稻对肥水条件的要求低于晚稻，所以有"高田种早，低田种晚"之说。番薯作为早稻的后作，在江西是可以实现的，早稻一般3月下旬育种，4月下旬到5月上旬移栽，7月中旬收割，江西全年温暖湿润，番薯生长期短，番薯是为秋薯，7月下旬栽插，10月下旬到11月上旬收获，对农时的利用到了极致，早稻与番薯联合，也克服了单一作物连作的缺点，实现了"地力常新壮"。而且玉山县的番薯种植形成明显的作物类型差异，"大抵山之阳宜于苞粟，山

① 乾隆十六年（1751）《贵溪县志》卷四《物产》。
② 乾隆二十五年（1760）《莲花厅志》卷二《土产》。
③ 道光六年（1826）《上饶县志》卷十二《土产志》。
④ 同治十二年（1873）《铅山县志》卷五《物产》。
⑤ 道光三年（1823）《玉山县志》卷十一《风俗》。

之阴宜于番薯"① 的论断非常有名。

玉山县的例子，在江西还有很多，如抚州府"抚农多于大暑获早秔后栽之，秋分结实，霜降前后收，迟至冬至掘归"②，建昌县"正当刈早稻之日，场圃薯苗藤蔓复延长，即将早稻田犁过刨劚数次种薯"③，早稻与秋薯的搭配深入人心，是经过时间和实践检验的最佳种植制度之一。

第三节　番薯的推广价值和功用

饶伟新认为番薯"作为杂粮，亦只能在饥荒或青黄不接时起暂时的替代作用"④。笔者不以为然，虽然番薯不是传统粮食作物，我们习惯称之为杂粮，但杂粮不代表其不重要，不应有一种视杂粮为副食的错觉，事实上江西主要作物中除了水稻可为"正粮"，其他主要食物均为杂粮。番薯在救荒时的表现也早已超出了一般的救荒作物，"甲午水炙购薯粉连艘散给"⑤，"咸丰辛亥（1851）……是时寇乱民饥，师铭捐薪水买山薯以济，全活甚多"⑥，"先生协同贵州镇遮公克敦布征剿时，值粮匮，勇皆掘野薯疗饥"⑦，没有哪一种救荒作物能与番薯比肩，番薯有如此之功用恐怕不能用"暂时的替代作用"来诠释了。饥荒或青黄不接是关乎人民生计的大问题，任何作物包括稻米在内如果能解决该问题都是值得倍加推崇的，番薯"救荒第一义"的身份并不应该导致其评价的降低。

番薯的推广在缓解民食紧张的同时，进一步促进了人口的增加。江西一省的耕地在清代中期就开发殆尽⑧，但江西人口在太平天国运动之前一直呈人口增长的趋势，原因就在于番薯的推广提升了马尔萨斯的人口容量

① 同治十二年（1873）《玉山县志》卷一《物产》。

② （清）何刚德：《抚郡农产考略》卷下，草类二《薯》，光绪二十九年（1903）刻本。

③ 光绪三十三年（1907）《建昌县乡土志》卷十一《物产》。

④ 饶伟新：《清代山区农业经济的转型与困境：以赣南为例》，《中国社会经济史研究》2004 年第 2 期。

⑤ 同治十二年（1873）《丰城县志》卷十九《善士》。

⑥ 同治十二年（1873）《广信府志》卷九《忠烈》。

⑦ 同治十一年（1872）《赣县志》卷四十九《文徵》。

⑧ 根据梁方仲的统计，江西耕地早在乾隆十八年（1753）就达到历史最高峰47920762 亩。

边界。江西的人口增长并非是因为人口没有达到耕地可供养的人口数量，否则在乾隆年间番薯根本没有推广的必要，也就走上了山东的老路，而且清代中期人均不足两亩的情况也难以满足山多田瘠、灾害频仍的民生需求，"会邑三十年以前田种翻稻者十之二，种麦者十之一。今则早稻之入不足以供口，是有水之田至秋尽种翻稻，无水之田尽种豆麦种粟种番薯"①，乾隆十五年（1751）尚处在江西的发展蜜月期，农业开发适度，人口、土地、土地利用方式呈良性循环的态势，稻谷尚且不能满足，需要番薯补之不足，清代后期更是可想而知。

番薯在清前中期已经普遍作为粮食作物，龙泉县"番薯……山中种植甚广，可充粮食"②，瑞金县"番薯，以种出交趾得名，向时此种尚少，近年比户皆种，用代杂粮，可充腹，鲜食尤脆爽"③，宜春县"番薯，种自番禺故名，生熟皆可食，又可为粉为酒，农家藉此以为助岁计"④，靖安县"甘薯勤耨而号翻薯，有以此代谷者矣"⑤。在清后期更是将其作为主要粮食作物的优势发挥得淋漓尽致，南昌府"切为丝片曝之，以为糇粮"⑥，赣州府"番薯，种出交趾，用以充粮，为五谷之助，亦可生食"⑦，广信府"番薯则种在山凹，秋雨多辄丰收，霜降后取，其实大者如椀小者如儿臂，窖藏避风可食，至次年清明节，淘可佐五谷所不敷"⑧，贵溪县"甘薯，俗名番薯，种来自南夷，山乡多种之，名薯粮"⑨，甚至番薯叶，在紧急时期也可救急，"十六年辛未，夏秋亢旱，禾黍皆枯，县令详奉转奏恩旨缓征本年未完民屯钱漕，民食蕨根苦菜薯叶"⑩。

番薯"农家多蒸食以代粮，故蓺之者最广"⑪是江西普遍存在的历史面相，那么番薯在一年的食粮当中占据多少比例？这个只能是因人而

① 乾隆十五年（1751）《会昌县志》卷十六《土物》。
② 乾隆三十六年（1771）《龙泉县志》卷十三《物产》。
③ 乾隆十八年（1753）《瑞金县志》卷二《物产》。
④ 道光三年（1823）《宜春县志》卷十二《土产》。
⑤ 道光五年（1825）《靖安县志》，转引自《方志物产256》，中国农业遗产研究室，1955年，第20页。
⑥ 同治十二年（1873）《南昌府志》卷八《土产》。
⑦ 道光二十八年（1848）《赣州府志》卷二十一《物产》。
⑧ 同治十二年（1873）《广信府志》卷一《物产》。
⑨ 同治十年（1871）《贵溪县志》卷一《物产》。
⑩ 同治九年（1870）《武宁县志》卷四十三《详异》。
⑪ 同治十二年（1873）《雩都县志》卷五《土产》。

异，"十月中收之窖藏，农人以助冬粮"①，"可食至次年三月，洵山家厚实也"②，番薯在冬春季具有"日食"的地位，但是人民不可能天天只吃番薯，否则身体承受不了，所以"犹赖菽、粟、芋、薯济朝夕"③。番薯加工为番薯干和番薯粉，"刷汁滤去渣滓，可作粉，生切曝干，名番薯片，剁碎收储，名番薯米"④，这样可以保存很长时间，因此番薯"半资以为粮"⑤ 的说法并不是连续吃半年，而是综合累计。关于清人饮食量常见的说法是日食米一升，全年也就是 3.65 石，约合米 491.34 市斤，在江西大概是一年一熟良田的亩产量。前文叙述番薯平均亩产 1000 斤，合米 250 斤，差不多也是良田一年亩产的一半，番薯可抵半年粮理论上是可行的。

同治《星子县志》二则对野猪害稼的记载很有意思："野猪，力能搏虎，日藏山谷，夜入田坂，谷、豆、芋、薯无所不食人受其害"⑥，"咸丰元年庐山上有野猪，轻者五六十斤，重者三四百斤，昼则藏夜则出，山薯玉米靡所不食，山人深受其害，莫能制也，自后渐至山下，偏及四境，谷菽芋薯所至一空，人拒之辄伤人"⑦。一方面反映了星子县生态环境在晚清尚佳，野猪横行，农人深受其害；另一方面，可见当时番薯已经是当地的少数主食之一，其产量与人民生计关系密切，更加重要的是，番薯不单大量种植于山地上，山下平原亦有种植，番薯不单种植于边际土地，大田中亦常见。兴国县即是如此，遍地皆是番薯，"冬春之月和米蒸煮可代饭五谷，农家御饥多恃此故，兴俗遍地种之"⑧。综上所述，是番薯支撑了乾隆年间的人口增长，并进一步促进番薯播种面积的扩大。

番薯的直接经济价值在于商品性贩卖，"谷稻而外，芋之利倍于麦，薯之利倍于芋"⑨ 之说，番薯的价格肯定是无法同稻米媲美的，之所以强调它利倍于芋、麦，是因其经济价值。"薯，即番薯……薯芋熟时充市，

① 道光四年（1824）《宁都直隶州志》卷十二《土产志》。
② 同治十二年（1873）《玉山县志》卷一《物产》。
③ 同治八年（1869）《东乡县志》卷三《户口》。
④ 道光四年（1824）《兴国县志》卷十二《土产》。
⑤ 同治十二年（1873）《万安县志》卷四《土产》。
⑥ 同治十年（1871）《星子县志》卷一《物产》。
⑦ 同治十年（1871）《星子县志》卷十四《杂志》。
⑧ 道光四年（1824）《兴国县志》卷十二《土产》。
⑨ 同治十年（1871）《德安县志》卷三《土产》。

多由贩至"①，"薯则西路所产为多，皆常运赴他处售"②，可以想象番薯充市时热火朝天的历史场景。番薯的深加工产品也会增加其附加值，农家深谙其道用以获利，"番薯，榨其汁去渣晒干为粉，比藕粉尤胜，邑中近以此为馈物"③，"春粉作杂食售"④，"可充粮糗，可酿酒，亦可作粉"⑤，番薯酒、番薯粉、番薯粉皮，都是对番薯利用的常见形态，后两者尤为常见。

光绪《建昌县乡土志》对番薯物用进行了大篇幅的介绍：

> 田薯，长而小，生食、煨食、蒸食、切丝片、晒干煮食俱无不宜，且藤可饲牛叶可饲猪，洵吾受乡土产之大宗也……煎糖法，选薯若干，洗净入釜煮熟烂极，入谷芽少许和水搅化，然后取上用布袋滤去渣滓，以所滤之精液，再入釜煎熬即成糖也。按薯为救饥要品，邑侯谭公言吾黔昔遇大荒贫民因储此物得免死，制法将生薯切片，蒸熟晒极干，装入坛内，放于燥地可历久不坏，随时可当点心，若存放太久则用开水泡食或煮食均可。凡晕船之人飘海遇风食物即吐，惟食此可以免吐，此固余于航海时得诸目睹者谭公训示如此，急录之以备荒年疗饥、士商航海之用。⑥

"救饥要品"番薯是建昌县的土产大宗，食用方式多样，也促进了农村畜牧业的发展，对番薯糖的制法第一次进行了描摹，同样可以用来获取经济利益。关于番薯的功用，这里还提到了可以防止晕船呕吐之妙用。

最后，再就种植带来的环境问题进行简单评述。笔者爬梳江西关于番薯的所有史料，并无目及垦殖番薯带来的水土流失、地力衰竭等生态破坏问题，毫无疑问棚民垦山必然会带来这些问题，然而并不是因为番薯本身，相反有研究认为番薯于环保有益。王社教就根据现代实验数据和文献资料认为，玉米比番薯更容易引起生态问题。⑦ 清代屡见控诉玉米、禁种

---

① 光绪三十三年（1907）《南昌县志》卷五十六《风土志》。
② 同治八年（1869）《东乡县志》卷八《土产》。
③ 道光六年（1826）《龙南县志》卷二《物产》。
④ 同治十一年（1872）《万载县志》卷十二《土产》。
⑤ 同治十三年（1874）《永丰县志》卷五《物产》。
⑥ 光绪三十三年（1907）《建昌县乡土志》卷十一《物产》。
⑦ 王社教研究员：玉米比番薯更容易引起地力衰退等生态问题，http：//ahnews. ahu. edu. cn/n/2013－09－29/262656. shtml，2013－09－29。

玉米的条文，而并无番薯，相反官方还大力推广，就能从中看出端倪。

第四节 番薯的推广与农业经济的转型

明清时期江西山区农业经济出现转型的趋势，有清一代商品性生产尤为明显，主要表现在经济作物的生产和稻谷的大量出口。无论是经济作物的生产还是稻谷的市场化，这种结构性转型都存在结构性缺陷，农业商品化的主要获利者不是江西农民，也无法为江西地方经济提供更多的支持，对江西来说充其量不过是"依赖型"和"生计型"农业商品经济①，当然，这种畸形的农业经济也不失为一种经济转型。但经济作物的种植势必挤占良田，或者由于垦山造成的生态长效问题也不利于稻谷的生产，在人口压力不断增加的前提下，势必加剧粮食供需的矛盾。然而，我们看到的却是清代江西稻谷的市场化趋势，原因何在？笔者认为，是番薯的推广，支撑了农业经济的转型，但是也导致了民食杂粮化的趋势。

清代江西是粮食输出大省，每年外销稻谷在 550—700 万②，刨去省内消费的，所剩余已然无几，遇上凶年，自保不足，然而在市场的驱动下，"丰年每石售银五六钱，若外商贩运者多及凶年有涨至一两五六钱者"③，赣农"卖细留粗""寅卖卯粮"的现象非常普遍，早在乾隆初年便是如此，因此地方政府经常"遏籴"。江西粮食最为紧缺的赣南地区，依然"一遇俭岁，转运出境者，络绎不绝"④，以牺牲自己的粮食供应换取收入。那么经济作物之利可否用来购买粮食？同样难以实现。江西商品性生产完全归因于社会分工和生产专业化，江西在区域市场中处于不利的地位，赣农很难从中间商手中获取高额利润，经济作物作为副业没有形成规模，充其量不过是维持生计。

番薯登上历史舞台，不但直接支持了稻谷的出口，间接也支持了经济

① 饶伟新：《清代山区农业经济的转型与困境：以赣南为例》，《中国社会经济史研究》2004 年第 2 期。
② 姜海燕：《清代江西的粮食运销》，硕士学位论文，南昌大学，2006 年，第 12 页。
③ （清）何刚德：《抚郡农产考略》卷上，谷类一《旱秔》，光绪二十九年（1903）刻本。
④ 同治十一年（1871）《兴国县志》卷十二《物产》。

作物的生产，使农业经济的转型减轻了后顾之忧。"番薯，种传交趾，皮紫肉白者上，肉黄者次，可酿酒，可制粉，近年耕山者出最多，大者重数斤，谷贵以此疗饥。"[①] 指出了乾隆年间由于"谷贵"，番薯逐渐成为稻谷的替代品，然而这种趋势是不可逆的，民食杂粮化的比例越来越高。南昌府义宁州"是年，沈守曾植报，该州地广人稠，山多田少，谷食不足，代以山薯，山麓之间亦开阡陌，未垦之土实不多见"[②]，在光绪三十年（1904）之前山地亦开发彻底，番薯为江西山地的开发画上了一个句号，"谷食不足"，谷价自然高昂，番薯虽然总产量逊于稻谷，但番薯在民食中的比例，一定高于番薯与稻谷的产量比，番薯甚至在某些地区与水稻平分秋色，"邑民藉佐谷食之半"[③]。

前述番薯对山地开发所做的贡献，既是由于浮口增加需要更多的粮食供给，也是山区农业经济转型的必然，如果没有番薯，就无法支撑经济作物的种植，无论是经济作物的种植者还是外来中间商和雇工，都需要在当地消费粮食，这是很大一笔支出，加之经济作物的种植势必挤占良田，排挤掉部分水稻，会造成粮食更加短缺，没有番薯是难以想象的。武宁文人余绍曾有诗《长墅源竹枝词》专门描写山农在插薯季节忙碌时的情形，"歌破落山门暮霭平，忽闻户外雨风声，薯苗好趁来朝插，一夜并刀剪到明"[④]。可见种植番薯之争先恐后，于是"近山中种……番薯尤多"[⑤]，并形成了顺口溜，脍炙人口，"薯与芋，家家有，可当餐，五谷佐。……薯有红白二种，味甘性温，乡人多以此蒸熟当餐，生亦可食"[⑥]。

番薯还与江西大宗山地经济作物烟草形成互利共生的关系，通过间作套种的方式良性循环，"番薯，山土田土皆可种，瑞金多于种烟隙地种之"[⑦]，这种新的土地利用方式兼顾了粮食与利益，使农民不需要忍受"谷贵烟贱"的盘剥。

番薯除作为稻米的替代品之外，本身作为新作物，改变了全省尤其是

---

① 乾隆十六年（1751）《安远县志》卷一《物产》。
② （清）刘锦藻：《清朝续文献通考》卷三百七十九《实业二》。
③ 同治十一年（1872）《南康县志》卷一《物产》。
④ 同治九年（1870）《武宁县志》卷四十《艺文》。
⑤ 同治十一年（1872）《安福县志》卷四《物产》。
⑥ 光绪三十年（1904）《赣县乡土志》不分卷《物产》。
⑦ 道光四年（1824）《宁都直隶州志》卷十二《土产志》。

山地的作物结构，也属于一种农业经济转型，番薯看似平常，其实获利颇多，具有经济作物的属性，经济价值引人注目。清末《抚郡农产考略》对番薯的加工、利用和经济形态进行了细致的考察：

> 薯生熟均可食，可切片储为干粮，可磨粉，可做粉皮……薯百斤值钱六百，薯粉百斤值钱三千，薯粉皮百斤值钱九千，制薯粉法购泥瓦盆磨之，一日可磨薯二三百斤……临、崇交界之田心及崇仁上乡有专做此瓦器者……薯百斤有粉二十余斤，有渣十七斤，渣可饲猪，每斤值六七钱。薯粉以山种者为佳，销售南昌各府。乐邑多切薯片，泡之釜中，不必熟，取出晒干，春日炒为果品。①

首先看到番薯百斤可产番薯粉二十余斤，是前文提到的 1000 斤折合成品粮 250 斤的佐证，四折一的约定俗成并不是毫无根据的。其次再为番薯算一笔账，番薯百斤如果制成粉，可得钱 $750 + 17 \times 6.5 = 860.5$ 文，比单纯的番薯售卖增加了 260.5 文。通过何刚德的记载可知薯粉制作成本并不高，利用类似今天的硬筛子结合一些注水等简单工序即可，所费主要是人工，一日平均可成粉 62.5 斤，磨薯日均收入 1875 文，除去直接卖薯的机会成本，净利润 375 文。薯粉皮的附加值更高，但因时间成本和人工成本更高，无法估算劳动生产率。笔者也相信薯粉是番薯深加工最常见的形式，不但文献记载最多，通过何刚德的描述也可见专为磨粉而制的瓦罐都形成了产业，该加工产业链之兴盛可见一斑。

表5—2　　　　　　　　《抚郡农产考略》中稻谷价格一览　　　　单位：文/石

	早稻			一季晚稻		
	燦谷早	红谷早	胡瓜早	八月白	柳须白	迟红
价贵	1300—1400	1200—1300	2250—2400	3000	1200—1300	2000
价贱	800—900	800—900	750—900	2000	800—900	700—800

注：根据光绪十四年（1888）张之洞、李鸿章的奏报，江西银一两折合钱 1500 文。

---

① （清）何刚德：《抚郡农产考略》卷下，草类二《薯》，光绪二十九年（1903）刻本。

抚郡早稻品种远多于晚稻，总体上早稻更占优势，一季晚稻虽少，但加上连作晚稻，总产量基本与早稻相埒。表5—2是有明确记载的稻谷价格，其他未罗列品种，根据记载价格基本在上下100文之内浮动，所以表中所列价格具有代表性。进行加权平均，抚郡早稻每石价格在贵时为1583—1700文，贱时783—900文；晚稻每石价格在贵时2100文，贱时1167—1233文。江西稻谷无论早稻还是一季晚稻均是平均亩产三石（390斤），早稻亩最高可获5100文，晚稻6300文。番薯亩产可得钱6000文，如果制成粉可得8600文。如此看来，番薯即使是面对一季晚稻利润最大化时也毫不逊色，以薯粉的形式则优势明显。那么早稻加上连作晚稻呢？连作晚稻亩产并不高，在江西平均两石不说，且"谷价与早稻同"[1]，那么双季稻收入不过略高于番薯粉，当然，番薯亦可与早稻一年两作，利润也就绝对高于连作稻。此外，水稻是高劳动密集型，投入人工、成本甚多，且易受环境影响，比较之下番薯省心省力。

所以正是因为番薯的比较优势，才会出现这样的情况，"薯，诸书收入菜部。云山下三源诸区，不种稻种薯，以当米谷，实蔬中常年粮也……红皮白皮，以皮色名，较他种倍收。云山下家家种之，今日湖乡亦种红皮薯"[2]。山下农民不种水稻转而种番薯，番薯甚至排挤掉了水稻，成为了"常年粮"，已经不是作为稻谷出口后粮食不足的替代品那么简单了。

那么番薯优势这么明显，靠番薯获利取代水稻岂不更好？答案当然是否定的。除前文提到的番薯推广的限制性因素之外，还有两点关键原因：其一，社会对稻米的普遍认可，稻作文化深入人心，稻米优质，被视为上等的食品，吃上大米饭才是摆脱贫困的象征；其二，国内市场对稻米的需求大，而番薯通常只用来内部消耗，番薯的省际运销几无，江西稻米的需求大省：江、浙、闽、粤，要么根本没想过付出成本运进番薯，要么本身番薯生产较江西有过之而无不及。

---

① （清）何刚德：《抚郡农产考略》卷上，谷类三《二遍秥》，光绪二十九年（1903）刻本。
② 光绪三十三年（1907）《建昌县乡土志》卷十一《物产》。

第六章　清代玉米、番薯在广西传播问题再探

广西从来不是粮食大省，归根结底在于地少山多，山地、丘陵占总面积的 69.7%，平原、台地仅占 27%，因此虽然总人口不多，但由于田亩数在全国倒数，人均耕地远低于全国水平，以嘉庆十七年（1812）为例，人均仅有 1.23 亩，远低于全国 2.19 亩的平均水平，[①] 无法与绝大多数省份相颉颃。要之，虽处水稻两获区，结余粮食有限，纵使晚清以前尚能维持"西米东流"的局面，颓势却越发明显。

进入近代，广西人地矛盾十分尖锐，已经不是取消"备东谷"能解决问题的了，得益于"哥伦布大交换"的成果，美洲作物尤其是其中的玉米、番薯挽救了广西的粮荒。玉米、番薯传播等问题的相关研究，已有前人做了较多的研究[②]，具体到广西，研究更是充分，先是郑维宽教授做出了全面的梳理工作（以下简称郑文）[③]，罗树杰教授进而就某些问题提出了商榷（以下简称罗文）[④]。然而尚有问题未解释清楚，仍有一些观点值得商榷。本章主要就清代玉米、番薯在广西传播相关问题（包括引种时间、引种路径、名物考证、传播差异等）与郑维宽、罗树杰教授探讨，并做进一步细化、延伸研究，不当之处，尚祈方家指正。

---

① 梁方仲：《中国历代户口、田地、田赋统计》，上海人民出版社 1980 年版，第 380 页。
② 曹玲：《明清美洲粮食作物传入中国研究综述》，《古今农业》2004 年第 2 期。
③ 郑维宽：《清代玉米和番薯在广西传播问题新探》，《广西民族大学学报（哲学社会科学版）》2009 年第 6 期。
④ 罗树杰：《清代玉米、番薯在广西的传播差异原因新解——兼与郑维宽教授商榷》，《广西民族大学学报（哲学社会科学版）》2014 年第 5 期。

第一节 玉米在广西的传播问题再考

纵观广西的美洲作物引种史，广西向来相对滞后，救荒作物南瓜在康熙初年分别从云南、广西西东两条路线引种，阳朔县和西隆州同时在康熙十二年（1673）始有记载，① 玉米、番薯亦是传入较晚。雍正十一年（1733）《广西通志》（桂林府、浔州府）、雍正四年（1726）《太平府志》、雍正四年（1726）《平乐府志》是玉米在广西最早的一批记载，但是笔者却认为这些记载均为真正的玉米，与郑文意见相左。有清一代各《桂平县志》的确可见"玉米"是旱稻"岭禾"的别称，但是雍正《广西通志·浔州府》载："玉米各县出"②，并未提及岭禾，桂平县仅是其中一县，并不能代表其他州县的情况，"然物有同进一时者，各囿于其方，此方兴而彼方竟不知种"③，即使是同一府的情况也可能不尽相同。事实上作物同名异物的现象从来都是非常普遍的，如南瓜在广西别名之多为全国之最，"南瓜，一名番瓜，大者如斗，俗以其味甜，又名甜瓜"④，居然与甜瓜相混淆。

"玉米"在浔州府首次出现便是在雍正《广西通志》中，如果只是旱稻品种"岭禾"，未尝不会在前志中出现，数次修纂却从未出现；同治《浔州府志》载："玉米，一名岭禾，各县出"⑤，"玉米"姑且认为是"岭禾"，但是早在道光《桂平县志》已将"岭禾"和玉米区分开来，另列"包粟，又名玉米"⑥，那么同治《浔州府志》就是自相矛盾了，也可见同名异物之弊，笔者认为"岭禾"泛指种植在山岭上的粮食作物，也或无不可。另外，嘉庆《武宣县志》中也记载了玉米："罂粟，俗名御米"，与

---

① 李昕升、王思明：《南瓜在中国西南地区的引种推广及其影响》，《自然辩证法研究》2014 年第 7 期。
② 雍正《广西通志》卷三一《物产》。
③ （清）檀萃辑，宋文熙、李东平校注：《滇海虞衡志》卷十一《志草木》，云南人民出版社 1990 年版，第 289 页。
④ 乾隆《南宁府志》卷十八《物产》。
⑤ 同治《浔阳府志》卷四《物产》。
⑥ 道光《桂平县志》卷四《物产》。

"玉米，一名岭禾"并列，① 无论是"罂粟"还是"御米"，在他省都是玉米的常用代称，既然嘉庆年间浔州府确实种植了玉米，乾隆年间浔州府引种玉米，"玉米各县出"② 也就很正常了。退一步讲，即使道光之前"玉米"真的只是"岭禾"，也难保不与"御米"混淆，毕竟同音状物。道光《桂平县志》之所以将"玉米"与"岭禾"并列开来，必然也是发现"玉米""包粟"等作为玉米代称更符合地域认同，不能说此前浔州府不存在玉米。

　　至于《平乐府志》《太平志》的情况，无非是后世方志未曾记载玉米。确如郑文所言"如果一地有新的粮食品种的引入，而且具有一定的种植范围，那么在地方文献中应当有所反映"，但是并不是绝对的，因为物产通常有两种记载方式：一是记载该地的主要作物，而不是凡无巨细一一罗列，即使是记述最详尽的物产篇也不可能做到面面俱到；二是物产只记载当地有代表性的特产，而不是通产。无论是哪种记载方式后世方志均有可能不记载玉米，玉米在引种之初，作为一种在园圃田畔"偶种一二，以娱孩稚"的蔬果作物，充满新奇或消遣色彩；加之由于人们对玉米等新作物口味的适应性较慢，新作物的明显优势最初都被忽视了，③ 玉米在清中期的广西尚未达到作为粮食作物的重要程度，诚如乾隆《镇安府志》载"原果属，以食小儿"④，方志对其着墨不多或者不加记载；既然玉米在当时不是重要作物，甚至有可能出现传播中断的情况，新作物在某一地最终扎根，往往需要经过多次的引种，其间由于多种原因会造成传播中断或在未中断的情况下反复引入新品种，⑤ 花生便是如此，花生大省山东在小粒花生型传入后又被美国大花生所取代，美国大花生本身也是引种不止一次。⑥ 因此，嘉庆《平乐府志》未载玉米并不意味着玉米未曾引种，再观嘉庆《平乐府志》本身所记物产并不多，有只记特产的趋势，况且同一时

①　嘉庆《武宣县志》卷五《物产》。
②　乾隆《浔州府志》，转引自《方志物产 429》，（南京）中国农业遗产研究室藏，第 2 页。
③　[美] 李中清：《中国西南边疆的社会经济（1250—1850）》，林文勋等译，人民出版社 2012 年版，第 194 页。
④　乾隆《镇安府志》卷四《物产》。
⑤　李昕升、丁晓蕾：《再谈〈金瓶梅〉、〈红楼梦〉之瓜子》，《云南农业大学学报（社会科学版）》2014 年第 4 期。
⑥　王传堂：《美国大花生传入山东的考证》，《中国农史》2015 年第 2 期。

期府内永安州已有玉米记载"玉米，又名包粟"①，更肯定了笔者的说法。《太平府志》同理推之。

其实，广西作为引种美洲作物的后发省份，不单是作物品种，作物名称亦是从外乡传入，这与广西作为外来移民迁入区的态势相符。玉米在传入中国之初，多以"玉"字开头命名，云南抑或广东均是如此，无论广西从何处引种，最初称之为玉米都合情合理。名称从"玉米"一家独大到"包（苞）谷、包（苞）粟、包（苞）米"多家并存局面的转变，则是由于外来文化的侵入，以"包（苞）"为首的名称特色最早起源于活跃在江南丘陵、闽粤丘陵一带的棚民集团，以闽浙赣皖为代表，随着垦山棚民的渐多，"包谷"等名也流传日广，随着西南移民潮进入了广西，这正是文化介入对当地原有文化的替代或叠加。广西改土归流完成后，乾嘉道三朝进入移民高峰期，但人口狂飙式发展一直持续到民国之前；从康熙末年到嘉庆末年，一百年时间人口增长了近七倍，越是开发时间较短的边远山区越是成为人口激增的开发热土（见表6—1）。从雍正初年到光绪三十年（1904），广西桂西北的河池、宜山、思恩、天河，人口增幅分别为40倍、105倍、115倍，最高的天河甚至达到了350倍。② 移民不光带来了玉米的名称，也带来了玉米的新品种，正如笔者前述，玉米在已经引种到当地的情况下，二次乃至多次由不同人引种的可能性是较高的，玉米的俗名有所变化也就不足为奇了。也正是因为移民看重玉米，玉米才开始被土著所重视。

既然我们知道了玉米传入广西的最早可信记载，那么需要厘清的问题就是玉米传入广西的路径。虽然缺乏史料的支撑，但笔者试做推测。桂林府、浔州府、平乐府三府在东临近广东，太平府、镇安府③在西临近云南，很难想象玉米在引种之初采取跳跃式前进的方式，更为重要的是广西正好夹在玉米传入中国的西南陆路一线和东南沿海一线的中间，尤其太平府、镇安府僻在边徼，"山川绵亘、绣壤相错"④，交通不便，从云南引种更加可行。

---

① 嘉庆十八年（1813）《永安州志》卷一二《物产》。
② 胡焕庸、张善余：《中国人口地理（下册）》，华东师大出版社1986年版，第278页。
③ 乾隆《镇安府志》载："向惟天保县山野徧种"，很可能在雍正一朝玉米已经栽种。
④ 乾隆《镇安府志》卷前《序二》。

广西	康熙五十二年（1713）	嘉庆二十五年（1820）	增长倍数
桂林府	27.99	104.06	3.7
柳州府	5.71	93.94	16.5
平乐府	5.97	85.82	14.4
梧州府	13.13	68.73	5.2
浔州府	8.48	64.08	7.6
玉林州	16.96	56.14	3.3
思恩府	7.29	49.69	6.8
庆远府	3.63	48.09	13.2
泗城府	—	32.66	—
太平府	2.24	30.15	13.5
镇安府	—	28.74	—
南宁府	11.66	12.4	1.1

表6—1　　　　　　　广西人口增长（1713—1820年）　　　　　单位：万人

资料来源：韦丹辉：《清至民国时期滇黔桂岩溶地区种植业发展研究》，南京农业大学，2013年，第150页。

　　根据方志记载，清代广西玉米时空分布，在空间上西北记载多，东南记载少，与广西西北向东南倾斜的地势相互呼应，也就是说，山区种植的更多，平原相对较少；在时间上乾隆年间完成以点到面的扩展，稳步推进，但以进入晚清为节点，经过晚清的大发展后，在进入民国之前就基本奠定了玉米在广西分布的基础，"多产于西南、西部、北部。其中如同正、果德、东兰以西各县……生产最多者为西南部之贵县、邕宁、隆安、崇善、绥渌、镇结、龙茗、向都；西部之凌云、西林、西隆、奉议、天保、靖西、镇边；中部之忻城、都安、隆山、那马、果德、恩隆、思林；北部之罗城等"①。有清一代，平原地区玉米种植都如同广东一般不温不火，如《植物名实图考长编》转引道光《南宁县志》："大麦，小麦，燕麦，又名雀麦，三种植于陆地；玉麦植于园中，类芦而矮，节间生包，有絮有衣，实如黄豆大，其色黄、黑、红不一，一株二、三包不等"②。南宁府虽不如

① 万光汉：《广西分省地志》，中华书局1939年版，第78页。
② （清）吴其浚：《植物名实图考长编》卷二《玉蜀黍》，商务印书馆1933年版，第152页。

郑文所述清代记载有所缺失，但也可见玉米在大田作物中仍未排上号。在山区玉米种植则异常繁盛，如道光年间，镇安府玉米种植已经由乾隆时期"汉土各属亦渐多种者"① 发展到"山头坡脚，无不遍种"②，光绪年间，更是"可充半年之食"③，已成为广西最重要的旱地粮食作物。

第二节　番薯在广西的传播问题再考

郑文认为中国的甘薯包括本地薯和外来的番薯两个品种，易引起混淆，本地薯又包括山薯和其他栽培薯两大类，所以首先进行了区分。想法是好的，但是该说法本身就有问题，需要以农学为基础进行甄别："本地薯"并不是甘薯（番薯）的品种，"本地薯"是薯蓣科的一种植物薯蓣（山药）（Dioscorea opposita Thunb.），"本地薯"和旋花科的番薯［Ipomoea batatas（L.）Lam.］并无亲缘关系；至于山薯也好，人薯、脚薯也罢，都只是薯蓣的别名，不过后期"山薯"和"薯"一样常指代番薯，已经不能作为薯蓣的专属名称，自然也就不存在什么薯蓣两大类。④ 郑文单拿"山薯"出来，可能因为其出现频率较高，实际上仅是一个称呼而已。

广西番薯引种于何时何地？周宏伟认为大约在明代分南（廉州府、高州府、雷州府、越南）、东（广州府、肇庆府）两路传入。⑤ 考虑到番薯的最早传入地广东在康熙中期就已经"粤中处处种之"且成为粮食作物甚至用来平抑米价，⑥ 此外，贵州南部开泰县在乾隆初年就从广西引种了番薯，"红薯出海上，粤西船通古州，带有此种"⑦，加之《粤西丛载》、康熙《南宁府志》对番薯的记载，广西明末引种番薯说确有一定道理，至迟不会晚过康熙初年。

---

① 乾隆《镇安府志》卷四《物产》。
② 道光《续增归顺州志》卷二《物产》。
③ 光绪《镇安府志》卷一二《物产》。
④ 对"薯"字的专门研究，第四章已述。
⑤ 周宏伟：《清代两广农业地理》，湖南教育出版社1998年版，第172页。
⑥ （清）吴震方：《岭南杂记》卷下，中华书局1985年版，第41页。
⑦ 乾隆《开泰县志》卷四《杂记》。

在这里再谈一下名词"红薯"的问题，何炳棣早有论述，只要与山药和芋并列，红、白、紫、黄蕷（芋）、藷（薯）、苕均是指番薯，①笔者颇为认同，所以就明清文献中"红薯"单独视之，既可能是薯蓣，也可能就是番薯，无法认定成书于康熙五十七年（1718）的《西林县志》中的"红薯"就不是番薯。如前引乾隆《开泰县志》"红薯"正是番薯，莫不可一概而论地认为广西方志中的"红薯""白薯"并非番薯，原因也并非因为薯蓣栽培的发达，经过几千年的栽培和救荒需求，全国大部分地区薯蓣都比较兴盛，各省方志记载可见一斑，又何止是广西。倒是万历《宾州志》中的"谷之余有薯，红、白、甜种于田；有山薯，采于山"②，让人难以判断，从时间上、区位上番薯是可能在当地栽培的，毕竟陈益在万历十年（1582）就将番薯从越南引入广东东莞，又有数次"万历中"有林怀兰等有名或无名人士分别从东南亚引入福建、广东，如果万历《宾州志》中的"薯"确系番薯，无疑会刷新广西的记录。

　　东粤、西粤向来联系密切、一脉相承，东粤多薯，广西从广东引种从区位上没有任何问题，也有足够的史料支撑。乾隆《桂平县资治图志》也反映了从福建引种的情况。那么番薯有没有可能从南路，也就是周宏伟所说的越南传入？无论番薯是从"番邦""外国""洋中"传入中国，俱是东南亚，既然番薯能引自菲律宾，那越南自然也可能，何况越南确实记载植有番薯，万历年间陈益、林怀兰分别从越南引种番薯的研究已经很多。民国《桂平县志》只是记载高州人林怀兰传入高州的事实，并未提及番薯再从高州间接传入广西，不过该记载放在《桂平县志》中，自是有此含义。修纂方志时资料有限，修纂人断不会放弃对前修方志的利用，甚至有可能直接增修，那么民国《桂平县志》为何会与乾隆《桂平县资治图志》的"闽人携种至浔"发生矛盾，很可能方志编修经过考察发现浔州府的番薯在不同时期由不同路径传入，入桂移民也不只是福建一方。民国《柳城县志》载："番薯，俗称红薯，初产于交趾"③，也暗示了番薯直接或间接从越南传入。总之，番薯入桂路线，笔者认同周宏伟所述南、东两条路线，外加从福建直接传入广西的长距离引种路线。

① ［美］何炳棣：《美洲作物的引进、传播及其对中国粮食生产的影响（二）》，《世界农业》
　　1979 年第 5 期。
② 万历《宾州志》卷四《土产》。
③ 民国《柳城县志》卷二《物产》。

广西嘉庆年间之前所纂《梧州府志》《廉州府志》等方志，多为桂东、桂东南一带的记录，全州早在乾隆年间就已经"近遍地是矣"[1]，也就是以平原、丘陵地区为主，山地番薯的记载一般见于道光之后的方志，如道光《庆远府志》方才首次记载番薯，且将其置于蔬类下。与玉米一样，番薯经过乾嘉年间的缓慢推广，大发展发生在晚清，进入民国之前就确立了基本的空间分布，"东北部之兴安、全县，东南部之桂平、郁林尤多"[2]。

郑文认为从方志资料的记载看，乾隆以前番薯的记录很少，原因在于广西在嘉庆以前尚不存在较为严重的粮食短缺，在驱动力上存在明显的不足，引发了罗文的质疑，认为该说难以成立。笔者同意罗文中对于清代广西粮食并不十分充裕的大篇幅论述。但是笔者认为该论战的大前提存在问题：乾隆以前番薯的记录很少，难道玉米的记录就多了？半斤八两而已，即使真多了一两部方志，方志对玉米记载不过是名称这类的只言片语，恐怕无法联系上番薯推广驱动力不足这样深层次的原因；何况早在乾隆年间就记载番薯"今杨粤山地广种"[3]。假如粮食需求宽松确实会抑制番薯在广西的传播，那么同样也会抑制玉米在广西的传播，因为它们都是山地高产作物，种植热情不高这样的原因，无疑会影响整个美洲粮食作物群体，反之亦然。因此，玉米、番薯在广西的传播速度也只能说均是缓慢推进，不存在明显的谁快过谁。

对比玉米和番薯的空间分布，有趣的是发现二者虽然你中有我、我中有你，遍布广西，但整体而言，自广西西南到东北画一条单季稻、双季稻分界线，越是向北向西玉米种植越多，越是向东向南番薯种植越盛，二者主产区刚好相反。玉米、番薯在广西似乎呈"分庭抗礼"之势，至少从清代的记载来看，无法看出玉米、番薯的种植面积孰多孰少，郑文也没有这么说，但是罗文却指出"玉米传播迅速，种植面积较大，成为山区主要粮食作物，而番薯则传播缓慢，种植面积不大"，进而作为论点与郑文进行商榷，认为最主要的原因是番薯的品质不如玉米。

有清一代向来缺少作物量化资料，尤其是对玉米、番薯这样的杂粮作物，美洲粮食作物不同于传统的粮食作物，土地人口供养能力的相关性低

---

[1] 乾隆《全州志》卷一《物产》。
[2] 广西统计局编：《广西年鉴 第二回》，广西省政府总务处1936年版，第190页。
[3] 乾隆《梧州府志》卷三《物产》。

于传统粮食作物，加之作为新作物的定位，对美洲粮食作物的记载不如传统粮食作物更加详细，那么我们就来看民国时期的数据。《广西一览·农林》载："玉蜀黍……除稻及薯、芋外，省内农产尚以此为最丰……全省玉米产量，廿二年约五百八十余万担；本省所产甘薯有红皮白皮二种……二十二年薯之产量共约一千三百余万担"[1]，与1936年的《广西年鉴 第二回》基本相同。数据直指番薯才是第一大旱地作物、第三大粮食作物，产量是玉米的一倍以上，如此产量恐怕不能用种植面积不大来形容番薯；番薯由于单产较高，所以即使总产量高于玉米，种植面积依然逊于玉米，如1933年玉米栽培面积5166千亩，番薯是2533千亩，分别位列广西第二、第三；但到了1947年玉米占全省耕地面积的7.72%，番薯则是6.09%，可见番薯栽培面积有所上升。[2]

第三节　玉米、番薯在广西的传播差异再探

既然番薯在广西的推广不存在缓慢和面积不大现象，我们似乎也就没有必要讨论番薯的品质是否低于玉米了，因为无论番薯品质如何，结果都是广西的主要粮食作物。不过广西番薯的栽培面积不如玉米，这也是事实，我们姑且讨论一下番薯的品质问题。

罗文非常精确地发现了食用番薯过多的弊端，但是番薯本身的品质并没有问题，过量食用才会造成种种不利影响。从医学的角度，番薯含糖量高，导致产生颇多胃酸，使人感到胃灼热，甚至会反酸水，胃的负担过大，剩余的糖分在肠道里发酵，也使得肠道不适；番薯吃得过多，其氧化酶会在肠道里产生二氧化碳，会使人腹胀、打嗝、放屁。以上也是罗文所强调的。笔者再补充一些食用番薯的弊端：第一，番薯中的淀粉颗粒不经高温破坏，难以消化，所以番薯一定要蒸熟煮透再吃；第二，番薯淀粉含量高，蛋白质、脂肪含量低（番薯干含量才为4.7%），难以满足人体的需求，长期服用会导

---

① 赖彦于主编：《广西一览·农林》，广西印刷厂1935年版，第38—39页。

② 《1947年各省主要作物收获面积占耕地面积百分百》，中国第二历史档案馆藏，资料号：二三－1－2821。

致营养失衡。

食用番薯过量的弊端已为现代人所注意，品质决定需求没错，所以今天我们确实不会把番薯当饭连续吃，番薯也早已让出了主食的地位。玉米是"黄金食品"，但是也不能说番薯没有营养价值，番薯含有膳食纤维、胡萝卜素、钾、铜、硒、铁、钙及维生素A、B、C、E等，是世界卫生组织评选出来的"十大最佳蔬菜"的冠军，营养价值很高。历史时期我国人民番薯吃的最多的时候恰恰不是在清代、民国，而是新中国成立后到改革开放之前，尤其是20世纪50年代和60年代，处在困难时期，这是没有办法的事情，不只是连续多天吃番薯，还连续吃玉米、南瓜、芋头等，都没有了食用的欲望。笔者的博士学位论文专门研究南瓜史，对其有较深入的研究，南瓜这种作物百利而无一害，相当有营养，但是"红米饭、南瓜汤"的苦日子吃多了，吃南瓜就吃怕了，几十年后回头来看南瓜也是不想吃，与吃番薯异曲同工。所以问题的关键不在于番薯的品质问题，罗文如此论述属于以今推古，拿今天的常识揣测传统社会的选择。

罗文已经充分论证广西并不是余粮大省，广西民众多处在半饥馑状态，在这种情况下，广西人民根本无法顾及番薯的品质问题，满足果腹的需求、维持人民生计，才是第一要义，这也是官方一再推广番薯的原因，品质所起到的作用实在有限。如果广西本身的例子不够明显，我们可以把视野放到全国，番薯在1931—1937年全国年均总产约为370百万市担，稳居全国第三大粮食作物的地位，玉米约为130百万市担仅排名第六。[①] 又如广东、福建、江西、海南等省，番薯无论在栽培面积还是在总产上都完全碾压玉米，即使按四折一把番薯折算成原粮，依然对玉米有绝对优势。以江西为例，1935年番薯总产14397814市石，玉米仅为254038市担，[②] 1947年番薯占江西耕地面积的4.43%，玉米仅为0.34%；广东更是显著，玉米在广东多数地区从未举足轻重过，民国末年广东番薯所占耕地面积将近一成，玉米连百分之一都不到。[③]

郭松义曾鲜明地指出，相对玉米，番薯较早地发挥了推广优势，传播

① 《农林部十八种主要作物产量比较图》，中国第二历史档案馆藏，资料号：二三 - 3165。
② 江西省政府秘书处统计室：《江西省农业统计》，江西省政府秘书处统计室1939年版，第2页。
③ 《1947年各省主要作物收获面积占耕地面积百分百》，中国第二历史档案馆藏，资料号：二三 - 1 - 2821。

得比玉米更加顺利。[①] 笔者不厌其烦地举了这么多例子，就是为了论证品质决定需求这是现代人的看法，放到清代根本不是考虑的因素。我们经常看到番薯可抵"半年粮"的记载，并不是说连续吃番薯吃个半年，而是番薯和其他作物搭配食用，同时也尽量削弱了连续食用番薯的负面作用，具有半年粮价值。如果品质决定需求在清代具有普适性，那么他省的番薯产量、面积不可能如此之高，他省人身体比广西适应性更强？显然不可能。通过罗文的描述，上辈那个时代的人不管爱吃不爱吃，都是经常地、大量的、难以察觉地食用大量番薯，即使后来较少食用，也会发展为一种情结或"饮食习惯"。

我们再回到玉米、番薯在广西的传播差异这个问题，到底是什么原因导致二者主产区相悖？郑文给出的解释是由于自然环境、人地关系、种植传统的原因。先说自然环境，郑文认为番薯结实于土中对土层要求高。这是一种对番薯的误解，从农学的角度，番薯对土壤的要求比玉米只低不高，如果在土层浅、保墒差的石山上，番薯可能比玉米更适合耕种，因为玉米对水分、养分的要求更高，而且二者对养分的需求结构是有差异的，必须具体分析土壤的性状，玉米最需要的是氮元素，番薯则是钾元素，不能一概而论。广西土壤以红壤为最（564.24 万公顷），其余依次是赤红壤（485.11 万公顷）、水稻土（164.72 万公顷）、黄壤（125.51 万公顷）等，水稻土自然是种植水稻，黄壤不适合耕作，红壤、赤红壤氮磷钾元素均不丰富，而且是 PH 4.0—6.0 的酸性土壤。[②] 番薯耐酸碱性好，PH 值在 4.2—8.3 的土壤均可正常生长，玉米适合的却是 PH 值在 6.0—8.0 的土地，耐酸性不佳，从这个意义上说，广西就有至少一半的土地不适合种植玉米，当然不适合种植不等于不可以种，无非是产量不高。桂西北一带山地广大且为岩溶地貌，坡大、土浅、保墒差，是玉米的主产区。石山地区的主要农业用地是棕色石灰土（72.93 万公顷），主要是旱地，宜种性广，土壤的生产力较高，主要种植玉米、大豆、薯类及瓜类。[③] 可见玉米的主产区反而也是可以种植番薯的。

再说人地关系，郑文认为人多地少的地区，番薯的种植较先兴盛起

---

① 郭松义：《民命所系：清代的农业和农民》，中国农业出版社 2010 年版，第 278—282 页。

② 喻国忠：《漫谈广西主要土壤》，《南方国土资源》2007 年第 3 期。

③ 喻国忠：《漫谈广西主要土壤》，《南方国土资源》2007 年第 3 期。

来，也就是说，桂西北一带的人口压力没有桂东南产米区那么大。该观点似乎十分有道理，但是如果比对人口密集区和番薯主产区，发现并不重合。如人口大县平乐县，民国《平乐县志》仍然只记载"红薯"一名而已，且置于蔬之属下。仍以《广西年鉴》的数据进行分析，番薯种植面积第一大县——贵县（180471亩），无论在人口数量还是密度上根本排不上号；种植面积在10万亩以上的还有博白、都安、怀集，除了博白人口密度排在广西前十五，都安、怀集还在后面。虽然整体而言，番薯主产区和人口压力有一定的正相关，但却不是主要因素。最后则是种植传统，薯蓣不存在排挤作用，因为无法与番薯的高产相媲美，在任何省都对番薯没有竞争力，笔者前文指出了薯蓣并不是广西的特产，罗文也有较深刻的分析，笔者不再赘述。

如果以上都不是玉米、番薯分布差异的主要原因，那么什么原因才是关键？笔者一再强调番薯在广西推广的优势，为什么番薯没有占领桂西北山区？这两个问题其实是一个问题。答案就是种植制度，种植制度是一个比较复杂的问题，一个作物能否在当地推广，往往要和其是否能与其他作物配合，融入当地的种植制度，则能产生一加一大于二的优势。单个作物的种植优势再大，也不可能大过作物轮作复种组合的优势，其中涉及的问题不单是产量的问题，还涉及"地力常新壮""不违农时""接青黄"等有关民生的大问题，这也是几千年来中华农业文明精耕细作的精华之所在。

如果条件允许，连作水稻自然是最佳的选择，由于土壤肥力和灌溉条件的差异，造成了土地利用的不同——水田、旱地，水田自然分布在水稻土、平原面积广大的桂东南，旱地则是岩溶地貌的主要土地利用方式。以水田、旱地的区域差异为主，结合其他原因，最终形成了清代广西单、双季稻的分界线：平越府贺县—浔州府武宣—南宁府隆安—南宁府新宁一线。[①] 本章讨论的番薯主产区桂东南、玉米主产区桂西北也是以此为分界线。人口会自发地向生活条件更好的平原地区流动，加剧了人地矛盾，造成了人口压力指引番薯兴盛的虚象，但即使人地矛盾不突出，桂东南也依然会种植番薯。

水稻向来都是广西最重要的作物，以水稻为基，搞清了广西的基本熟

① 周宏伟：《清代两广农业地理》，湖南教育出版社1998年版，第142页。

制，再来研究玉米、番薯如何配合水稻耕作或与其他作物形成新的种植制度。岩溶地区的坝子是水稻的主要分布区，由于地势复杂、雨季变化，播种期并不统一，但一般四月下旬至五月下旬可播种，九月下旬至十月下旬可收获。①桂西北单季稻施肥较少、管理粗放，一季水稻产量并不高，为了提高产量，自然会想到种植冬季作物，然而很遗憾玉米、番薯都不是越冬作物，剩下的只有春花作物，通过大小麦、荞麦等冬作，理论上可以将熟制演变为一年两熟或两年三熟，但是实际上却仍是以一年一熟为主，同正县"诸稻均于季春播种，培苗仲夏前，后移插田间，至季秋成熟……均一年一熟"②，镇安府"荞麦亦不种，惟秧稻一造，别无所收"③。根据民国时期的统计，上林大小麦栽培最多，不过五万亩，加上其他春花作物，尚余有87%的冬闲田；其次是忻城三万亩，余64%，忻城已经是桂西北冬作最多的地区。桂西北多数地区冬作没有超过10%，甚至从无冬作。④稻作都无法进行，那就行一季旱作。原因无外乎缺水苦旱、水冷苦寒以及山民惰性，限于篇幅，不再展开叙述。

桂西北旱地广大，"水田低则称田，旱田高则称地，田则皆种稻，地种杂粮，间有种旱禾者"⑤，在单季稻产量不高且一年仅一熟的前提下，自然更加倚仗玉米，"旱地即畬地，县人习惯专以畬地种玉米"⑥，"岭多田少多稙此种谋生，终年碾粉熬粥糊口少食稻者"⑦。玉米虽然在平原产量没有优势，但是在山地却是名副其实的高产作物，与番薯一样都具有耐旱、耐寒、耐瘠的特性，产量和抗逆性都强于旱稻等旱地作物。隆安县"终年食玉米粥而已"⑧，镇安府"乡间民众则食米者甚少，中等人家即多杂食苞谷，贫苦农民则多纯食苞谷、荞麦或甘薯马铃薯等"⑨ 等，并不是桂西北如桂东南一样专门卖细留粗，而是水稻产量并不高，所以才会造成玉米比水稻食用更多，中等人家也是如此。"西部丘陵起伏，栽培特盛，其中如

① 徐天锡、张国材：《广西水稻区域》，《广西农业》1940年第4期。
② 民国《同正县志》卷六《物产》。
③ 光绪《镇安府志》卷八《风俗》。
④ 广西统计局编：《广西年鉴 第二回》，广西省政府总务处1936年版，第200—223页。
⑤ 雍正《广西通志》卷九二《诸蛮》。
⑥ 民国《隆安县志》卷四《物产》。
⑦ 光绪《贵县志》卷一《土产》。
⑧ 民国《隆安县志》卷三《社会》。
⑨ 民国《镇宁县志》卷三《生活状况》。

都安、平治等十三县，种植玉米且比水稻为多"①，"都安、果德、隆安、同正、左县及其以西各县，竟多有终年食玉蜀黍者"②。

桂西北人民最终做出了玉米的历史选择，为什么不是番薯？大前提是桂西北海拔相对较高，番薯喜温暖环境，一般在海拔千米以上就不适合生长，当然我们看到桂西北海拔千米以下的山区亦是玉米主导，这是因为玉米相比水稻、番薯而言更易实现一年两熟，与越冬杂粮的连作自是不必说，"包粟、山薯及芋，四月莳，九月获，入冬间种荞麦"③。难能可贵的是玉米为前作因为生长期短能在立冬前就完成两作，可以避开立冬后的霜害，这是生长期较长的番薯不能企及的。桂西北大多实行玉米的一年二熟制，后作也有番薯，其间还有搭配不同豆类作物的间种、套种等制度，"早造玉米至迟在七月可收获完毕，若连栽其他作物，在时间上，尚觉宽裕……普通系与甘薯或晚造玉米连作"④。于是归顺州"包粟、杂粮前只种一造，今则连种两造。及山头坡脚，无不遍种，皆有收成，土人以之充饔飧、御匮乏"⑤；河池、宜山、柳州"一年可种玉米二次，早造玉米约于三月播种，七月收割，晚造玉米约于七月播种，十至十一月收割"⑥。

玉米收获比水稻、番薯都早，无出其右者。"收获比水稻早一个月……因其耐寒力较强，因而播种期不若水稻之受严格限制而尽可提早。如桂南于二月上旬，桂中于三月上旬，即见玉米播种矣。故贵县在谷雨、柳州在小满即有新玉米上市。比稻足早一个月，比薯、芋早两三月。按四五月之交，正值青黄不接，玉米能应时而出，适可济急"，如此也避开了夏季水患，"迨八月末、九月初，潦退而良田复现，惟转瞬秋凉，故又非连播耐肥早熟之玉米，则无以尽其利也"⑦；光绪二十九年（1904）雷平三四月"粮食缺乏，米价昂贵……饥民盈野，饿莩载道，人心惶惶，幸而五月包粟丰收，粮值大跌，饥民藉以复苏"⑧，仰仗了玉米早熟救命之功。

---

① 莫柄权：《玉米挽救了广西粮荒》，《农业通讯》1947年第1卷第1期。
② 行政院农村复兴委员会：《广西省农村调查》，商务印书馆1935年版，第24页。
③ 光绪《百色厅志》卷三《物产》。
④ 莫柄权：《玉米挽救了广西粮荒》，《农业通讯》1947年第1卷第1期。
⑤ 道光《续增归顺州志》卷二《物产》。
⑥ 莫柄权：《广西省玉米之栽植及其螟害发生情形之调查》，《中农所简讯》1938年第8期。
⑦ 莫柄权：《玉米挽救了广西粮荒》，《农业通讯》1947年第1卷第1期。
⑧ 民国《雷平县志》七编《前事》。

玉米比番薯也更耐储存，可以缓解冬春粮荒，"可充一二月粮"①；玉米与番薯、水稻相比还有一些其他优势，如"播种量少，种子费极廉""未熟即可采收煮食"等。②

桂东南平原的番薯推广也是由于种植制度。桂东南的平原地带番薯生长期与桂西北的120—150天略同，但四时可种，虽"随时可种，多种秋冬两季"③，这是因为夏季温差小，不利于番薯的生长，主要种植秋薯（7—8月栽，12月或次年1月收）和冬薯（11月上旬—12月上旬栽，次年3—4月收），④便通过充当冬季作物的角色与水稻形成了新的轮作体系。加之番薯比玉米高产得多，番薯也就成了桂东南稻作区的后茬首选粮食作物，玉米也就很难进军番薯主产区。番薯比玉米高产多少？"每田一亩可收一千七八百斤，至少亦数百斤……功与粟麦等"⑤，1933年全省玉米平均亩产不过114斤、番薯高为520斤，⑥差距明显，桂东南一向卖细留粗，食粮捉襟见肘，即使是桂东南旱地无法种植水稻，也会选择秋番薯与春花生或春粟轮作，无论从产量还是从效益层面改种玉米的概率很小。

于是早在乾隆年间梧州府"季秋之月……红薯登"⑦，嘉庆年间就已经"十月间遍畦开花如小锦葵，粤中处处种之"⑧，其他地区番薯亦是"秋种冬收"⑨，"孟秋之月……甘薯莳；仲冬之月……甘薯可食"⑩。另外，笔者所见一种番薯名"六十日"或"六十薯"，顾名思义，"以种六十日可食故名"⑪，一般这种番薯未成熟，个头小、口感差，只能作为救荒权宜，即使这样，也可见番薯种植优势，成为稻作区主要辅助食粮。番薯可与水稻形成一年两熟，甚至一年三熟的完美轮作复种体系。

玉米在嘉靖年间就传入了西南边陲的云南⑫，然而至迟到雍正年间广

---

① 乾隆《镇安府志》卷四《物产》。

② 莫柄权：《玉米挽救了广西粮荒》，《农业通讯》1947年第1卷第1期。

③ 民国《陆川县志》卷二十《物产》。

④ 杨文钰、屠乃美主编：《作物栽培学各论 南方本》，中国农业出版社2003年版，第144页。

⑤ 民国《陆川县志》卷二十《物产》。

⑥ 广西统计局编：《广西年鉴 第二回》，广西省政府总务处1936年版，第196页。

⑦ 乾隆《梧州府志》卷三《物产》。

⑧ 嘉庆《临桂县志》卷一二《物产》。

⑨ 光绪《北流县志》卷八《物产》。

⑩ 民国《信都县志》卷一《月令》。

⑪ 民国《桂平县志》卷一九《物产》。

⑫ 详见第三章。

西始有记载，可见新作物传播之慢，在没有充分被"人"发现其优势时，新作物是很难被接受的，这里的原因自然有技术习惯、饮食习惯、种植习惯、效益（产量）高低等因素，然而最重要的还是"人"的因素，即博赛拉普的反马尔萨斯理论：人口压力决定食物生产，在人口压力没有达到一定的临界时，农民会尽量选择较为安逸的生存条件①，从而制约了土地产出，这也是环境决定技术选择的表征之一，也折射了"过密化"理论并不具有普适性。该理论笔者认为是适合以广西为典型的传统中国山区的，证明之一就是广西虽然引种美洲作物较慢，但和包括云南在内的南方大多数省份均是在道光以降的近代社会完成推广并奠定其主粮作物的地位。

桂西北和桂东南，分别选择玉米和番薯作为本区域的主要旱作，使玉米、番薯融入当地的种植制度中，提高了复种指数，适时增加了土地的产出，在靠天吃饭的传统社会最大限度地挽救了广西的粮荒，民国二十五年（1936），号称广西历史上亘古未有之粮荒，即由玉米为先锋，辅之以番薯等其他杂粮作物得以挽救。曹树基早就描绘过玉米、番薯在中国的地域差异——对峙的东南丘陵带和西部玉米带②，两大种植带的交汇地带除了湖南，广西也应当纳入，作为交汇带的南缘。笔者并不认为这种种植制度的差异是独立存在的，亦是多种因素多管齐下、角力博弈的结果，其中最重要的就是自然环境与人地关系。虽然郑文敏锐地发现了这一点，但是视角局限了，自然环境与人地关系在种植制度的形塑上起了关键作用。

桂西北先决条件是不适合广种水稻、番薯，玉米是适应当地环境的技术选择，如果没有玉米，桂西北也将走向集约化、精细化的道路，但是玉米满足了新增人口对粮食的需求，从而降低了技术变革的成本，这是一种新形势下的"高水平均衡陷阱"，很难评判这种"技术闭锁"的优劣，但玉米确实是亚热带山区结构性贫困的肇因之一。桂东南虽然也适合玉米生长，但由于人地关系紧张，水稻加番薯的模式才是获取大量口粮的生计方式，可以说如果没有超常态的人口压力，番薯不一定能占领桂东南，反之，地广人稀的桂西北消耗不了过多的剩余粮食，即使可以种植番薯，也显得不是那么必要。

---

① 笔者认为传统社会交通不便、市场机制不完善是农民安逸生存的重要原因，博赛拉普所谓的农民追求安逸，实际上是他们不得已而为之，综合权衡选择的低成本的生活方式。

② 曹树基：《清代玉米、番薯分布的地理特征》，载《历史地理研究（二）》，复旦大学出版社1990年版，第287—303页。

第七章 清至民国美洲作物生产指标估计

"哥伦布大交换"改变了旧大陆尤其是中国的面相，美洲作物很快遍及中国，中国人从口腹到舌尖，成了早期全球化的最大受益者。我们在探讨美洲作物史时一般首先想到的就是美洲粮食作物——玉米、番薯、马铃薯，又首推玉米，一直以来都为学界所重视[1]。近年来，经济史界研究玉米的热潮有增无减，此乃关乎人口增长、环境变迁的大问题，他们已经不能满足仅通过描述性分析来阐述玉米的巨大影响，成为量化历史研究的热点之一。本章通过传统约简式统计方法，对美洲作物的生产指标进行测算，这是大数据时代历史研究无法回避的命题之一。前人唯有吴慧进行过清代美洲作物的指标匡估[2]，现行研究均是援引吴慧的结论，而未做进一步的疑古。笔者拟进行更系统、深入的研究，只有厘清美洲作物的生产指标，才能更好地谈其种种影响，摆脱空中楼阁的问题指向。本章在充分利用研究数据的基础上，以梳理和辨析清至民国时期关于玉米、番薯生产关键指标（面积、产量、单产、对亩产增加的影响、供养人口数等）及学术界在认知方面产生分歧的原因为旨趣，并在此基础上分析玉米、番薯对农业生产和适应民食需求方面的重要性，提出自己的浅见，不当之处，尚祈方家指正。

---

[1] 曹玲：《明清美洲粮食作物传入中国研究综述》，《古今农业》2004 年第 2 期。

[2] 吴慧：《中国历代粮食亩产研究》，农业出版社 1985 年版，第 182—193 页。赵冈等：《清代粮食亩产量研究》（中国农业出版社 1995 年版），关于玉米、番薯对亩产增长的论述，因吴慧亦是作者之一，基本与前书同。本章虽然与吴慧先生略有分歧，但丝毫不影响笔者对先生的敬意。

第一节　一些说明

　　无论是农业生产指标还是美洲作物的生产指标，最关键的风向标都只有三个即作物面积（或播种面积）、亩产量（包括总产量）、总产值，产值本章暂不叙述，另作专论。本章所述美洲作物，主要关注玉米和番薯：一是因为此两种作物影响最大，已有研究包括量化历史研究多为围绕二者展开；二是因为历史时期对它们记载相对其他美洲作物更多，能够支持进行一定的指标估算研究。马铃薯确实有作为粮食作物的特质，但是很遗憾，在中国更多时候作为菜粮兼用作物，由于其"退化现象"等因素，并未产生巨大影响，无法与玉米、番薯和传统粮食作物相颉颃。

　　此外，本章关注的时段是清至民国时期，较吴慧研究美洲作物的时间维度更长，除民国数据更为丰富之外（笔者在台湾"中央研究院"近代史研究所档案馆获得了珍贵一手资料），通过长时段大范围时空视角的整合，能够更宏观、客观地反映玉米和番薯的生产指标。作为"数据史学"的研究成果，有别于传统的叙述方式，更加强调理论视野和实证的结合，倚重历史学、农学等的分析框架、分析视角和社会科学的多样化方法，笔者利用能搜集到的全部美洲作物数据进行解读，从不同角度切入分析，以实现突破。

　　仅就美洲作物来说，清至民国是一脉相承，由于各种原因，美洲作物并不是近代农学的关注重点，民国时期仍以沿革清代的生产技术为主，即便有技术革新，也没有大范围地推广，美洲作物保持了在传统社会的生存态势。相比之下，明代处于美洲作物的局部引种时期，除了个别省份的个别作物有所推广，其余基本处在萌芽阶段，除了闽、粤之番薯推广还有可圈可点之处，但意义不甚明显，直到清中期美洲作物才可以称之为方兴未艾。总之，清中后期是美洲作物的狂飙式推广时期，民国时期已经奠定了分布基础，从这个意义上，讨论美洲作物时清代与民国并非可以分割。

　　本章度量衡，"亩"如未加专门说明均是"市亩"，"石"如未加专门说明均是"清石"，"斤"如未加专门说明均是"清斤"。

第二节　产量与面积

一　民国时期玉米、番薯的产量与面积

民国时期全国耕地面积的峰值，很可能是 1929—1933 年国民政府统计局统计的 1416956300 亩（14.17 亿亩）[1]，此数字包括了全国所有行政区，经过三次校订后得出的结论，相当审慎，其他年份（1914—1946 年）数据要么低估、要么夸大，但均接近 14 亿亩。

吴宝华指出 1936 年中国耕地面积为 13.5 亿亩，复种指数 1.23[2]，作物面积则为 16.6 亿亩，其中玉米占 6%，为 0.996 亿亩，全国产量不及 1.8 亿市担；1931—1934 年番薯栽培面积为 0.32 亿亩，占作物面积的 2%，番薯总产量 3.2 亿市担。[3]

吴传钧推算 20 世纪 30 年代玉米平均种植面积为 0.8524 亿亩，番薯为 0.33275 亿亩。[4] 吴传钧转引 Trewartha（1938）的研究玉米占作物面积的 6%，[5] 但未提及番薯，估计比例较低，但根据番薯面积亦可知比例为 2%。虽然玉米总面积与吴宝华结论略有差距，然番薯面积较为接近，最为重要的是二者均认为玉米占作物面积的 6%，番薯占 2%。吴传钧推算 20 世纪 30 年代玉米年度平均总产量为 1.78252 亿市担，番薯为 3.75435 亿市担，[6] 也就是说，玉米在当时的粮食总产量（26.29638 亿市担）中占比为 6.78%，番薯占 14.28%，但番薯水分含量高，折合原粮四折一，在民食

---

[1] 章有义：《中国近代农业史资料 第三辑（1927—1937）》，生活·读书·新知三联书店 1957 年版，第 921 页。

[2] 笔者认为该复种指数是较为合理的，张心一也认同此指数。1952 年全国平均水平才达到 130.9%，直到 1987 年进一步提高到 151.2%，而卜凯估计的 149%，似乎偏高。此外，单论玉米、番薯融入种植制度相对较晚，且就全国来说以旱地一季为主（尤其番薯生产期长），应该略低于 123% 的全国平均水平。

[3] 方显廷：《中国经济研究（上册）》，商务印书馆 1938 年版，第 150—154 页。

[4] 吴传钧：《中国粮食地理》，商务印书馆 1947 年版，第 32 页。

[5] 方显廷：《中国经济研究（上册）》，商务印书馆 1938 年版，第 35 页。

[6] 吴传钧：《中国粮食地理》，商务印书馆 1947 年版，第 28—29 页。

中所占比例要除以四。因为以上二人一为点的研究、一为面的研究，有所差异在所难免，只是二人都对耕地面积的估算过于保守。

冯和法认为玉米常年种植面积与产量分别为 0.92 亿亩、1.4778 亿市担，番薯常年种植面积与产量分别为 0.27 亿亩、2.6809 亿市担，① 分别占粮食作物总产量的 6.03% 与 10.94%，似以 20 世纪 30 年代为样本依据。然而，"常年"作物面积与总产量只能反映新常态，无法一直向前延伸代表过去的实际，还要结合一连串的具体数字分析（见表7—1）：

表7—1　　　　　　1914—1946 年玉米、番薯历年产量统计　　　单位：千市担

	1914	1915	1916	1917	1918	1919	1920	
玉米	63274	69432	56394	46987	82852	78697	94474	
番薯				3322	4058	5432	575	
	1931	1932	1933	1934	1935	1936	1937	1946
玉米[1]	127744	139495	114988	111184	136889	122602	131222	230301
番薯[1]	79134	90175	92010	80158	92903	85449	109362	121378
玉米[2]	168215	176354	158240	149259	178781	170455	175587	
番薯[2]	82468	93509	95344	83492	96223	88769	109524	

资料来源：1914—1920 年数据源自农商部总务厅统计科：《第九次农商统计表》，农商部总务厅统计科，1924 年，第 67、69 页。[1] 1931—1937 年数据源自主计处统计局：《中华民国统计年鉴》，中国文化事业公司 1948 年版，第 75—76 页；[2] 1931—1937 年数据源自章有义：《中国近代农业史资料 第三辑（1927—1937）》，生活·读书·新知三联书店 1957 年版，第 922 页。数据均已换算为千市担，1 清石 = 1.0355 市石，1 旧斤 = 1.19 市斤，番薯已折算成原粮（薯干）。

众所周知，北洋政府农商部所编《农商统计表》错讹甚多，虽然弥足珍贵，但不堪大用，此处仅缘以参考。玉米产量统计可能偏低，然番薯肯定偏低，历史时期番薯产量（原粮）从来不可能与玉米相差数十倍，到了1920 年，更是产量突然下降为原来的十分之一，总产量只为马铃薯的四分之一，低于所有粮食作物，降到与大麻一个水平，这是不可能的，在民国

① 冯和法：《中国农村经济资料》，黎明书局 1933 年版，第 171—176 页。

时期番薯主要分布区区域稳定的前提下（表7—2也可见1920年较1919年种植面积还有增加），稳步发展的增长模式才符合客观规律。即使1919—1920年番薯平均播种面积仅为20000千市亩①的情况下，除非亩产在1919年（1910年统计最高值）仅为110斤鲜薯，在1920年更是亩产12斤鲜薯，才可能得到如此数据。《农商统计表》显然是由于统计不全所致（以1920年为例，番薯就缺失奉天、黑龙江、江西、福建、浙江、湖北、湖南、甘肃、新疆、四川、广东、广西、云南、贵州、热河、绥远，即使已统计省份，也存在部分州县的缺失），因此可信度极低。1931—1937年数据出自中农所农情调查结果以及章有义根据多方数据整理，参考价值较高。

　　再说表7—1中1931—1937年的数据，笔者认为章有义的统计更准确，因为《中华民国统计年鉴》（以下简称《年鉴》）并不包括东三省，导致产量偏低，但唯独1946年仅存于《年鉴》，东三省种植番薯较少，是以《年鉴》和章有义番薯产量几无差别，1946年番薯产量可信。我们根据章有义1931—1937年的数据测度其产量几何增长率，而摈弃算数增长率的研究方法，得出1931—1946年番薯产量年增长率为2.6%。20世纪30年代番薯产量时高时低，并非几何增长，因此2.6%只反映增长的大趋势，以此作为基准向前回溯，1914年②接近52000千市担薯干（或208000千市担鲜薯），因为各种作物产量均被低估，粮食总产量仍然按照《第九次农商统计表》的原额修正数据（以农商统计表记载的1914年粮食总产量为标准），1914年番薯产量在粮食作物中比例不过2%。毕竟缺乏1931年之前的数据，作物产量的增长很难按照一个固定的比例，笔者作合理猜测，也无更科学的方法。毕竟，新作物产量、面积的增长一般来说会遵循稳步增长的趋势，就美洲作物来说，通过清代、民国、新中国成立后的描述性介绍，均可见这一态势；通过民国以降的数据展示，民国较清代，新中国较民国，更具说服力地论证了这一情况。

　　八年抗战对后方十五省之外的农业生产破坏颇大，北方对玉米这样的

───────────

① 1930年番薯播种面积的保守水平为30000千市亩，1920年最低水平也不会低于20000千市亩。
② 之所以选择1914年作为统计节点而非1912年，是因为民国三年（1914）是《农商统计表》中有美洲作物统计之始。

救荒作物需求量尤大，民国时期本身也是北方玉米、番薯增长最快的时期，玉米尤其适应了开发东北的需求，产量一再飙升，所以 1937 年之后的增长方式已非平稳增长，加之缺乏 20 世纪 40 年代的全国范围统计数据，1946 年的孤立玉米数据虽具有价值，然不作为产量增长数据的测算终端，否则玉米年增长率过快，我们退而求其次，以 1937 年的玉米产量为标准，可知 1931—1937 年玉米年增长率为 0.7%。1914—1920 年统计混乱，1920 年玉米统计缺半数省份，然而依然总产量高于仅缺个别省份的 1914 年，可知 1914—1920 年增长率为 6.9%，报送缺漏加之基数过低，该增长率不足为信，然而在一定程度上也反映了全国总产量增加不可逆的趋势，因此 0.7% 的增长率未免过低。设定 1914—1920 年的增长率只占权重的 10%，1931—1937 年影响大局的 90%，进行加权平均，得出增长率为 1.3%。则 1914 年产量约为 130000 千市担，玉米产量在粮食作物中比例不过 5%。

表 7—2 　　　　　　　1914—1946 年玉米、番薯历年面积统计　　　单位：千市亩

	1914	1915	1916	1917	1918	1919	1920	
玉米	47689	48378	42253	38907	53634	46502	50172	
番薯				2968	3224	3377	3942	
	1931	1932	1933	1934	1935	1936	1937	1946
玉米	69354	71913	64510	63028	70665	69845	73028	86163
玉米[1]	85644	88593	79210	79873	89475	89540	94313	
番薯	30748	30931	34764	32351	33220	35540	39098	50161

资料来源：1914—1920 年数据源自农商部总务厅统计科：《第九次农商统计表》，农商部总务厅统计科，1924 年，第 67、69 页。主计处统计局：《中华民国统计年鉴》，中国文化事业公司 1948 年版，第 74 页；[1] 为《年鉴》加上东北地区玉米面积得出的修正值，1931—1937 年东北地区数据来自许道夫：《中国近代农业生产及贸易统计资料》，上海人民出版社 1983 年版，第 87 页。数据均已换算为千市亩，按 1 清亩 =0.9216 市亩换算。

已知全国耕地面积 14.17 亿亩，全国作物面积则为 14.17×1.23（复种指数）=17.43 亿亩，可知 20 世纪 30 年代玉米占作物面积从 5% 增加

到 5.5%，番薯从 1.8% 到 2.3% 再到 1946 年的 2.9%，虽然平均水平较前述研究略低，但增长率可作为重要参考。则 1931—1937 年番薯面积年几何增长率为 3.3%，玉米为 1.6%（依然选择 1937 年的玉米数据，1946 年的番薯数据作为运算终端，推算几何增长率，理由同上）。1914—1920 年玉米增长率为 0.8%，进行加权平均，得出玉米增长率为 1.5%。回推到 1914 年，番薯约为 18000 千市亩，玉米约为 67000 千市亩，分别占作物面积的 1% 和 3.9%（见表 7—2）。

就全国来说，民国时期美洲粮食作物并没有在想象中扮演那么重要的地位，诚如珀金斯（Dwight H. Perkins）指出在 1914—1918 年，玉米播种面积是很小的，只占各种谷物全部播种面积的 5.5%，番薯则是 1.7%；1931—1937 年，玉米、番薯分别为 6.6%、3.5%。[1] 珀金斯的数据反映 1914—1918 年玉米的平均总产量是 1.468 亿市担，占全国粮食总产量的 5.18%，1931—1937 年玉米的平均总产量是 2.044 亿市担，占 6.39%；番薯折原粮后，1914—1918 年总产量 0.706 亿市担，占全国粮食总产量的 2.49%，1931—1937 年 1.528 亿市担占 4.78%。[2] 珀金斯和笔者的估算共通点颇多，一是我们均认为民国初年玉米、番薯产量占粮食总产量比例低于民国中后期，也就自然低于吴宝华、吴传钧匡估的 20 世纪 30 年代的指标，尤其是民国初年玉米产量极其接近，番薯却是笔者的估计更低；二是我们同样肯定玉米、番薯在民国初年种植面积均不大，有一个缓慢增加的过程，结果就是随着种植规模的扩大，总产量上升，在粮食总产量（民食）中所占比例上升。

要之，笔者对民国初年玉米、番薯产量和面积的匡估值：民国初年产量分别为 130000 千市担（5%）和 52000 千市担（2%），占作物面积的 4%（67000 千市亩）和 1%（18000 千市亩）。

该值并不是最低值，玉米 130000 千市担，仅略低于冯和法的估值，玉米面积也高于《年鉴》20 世纪 30 年代的统计，占作物面积比例低于前述研究普遍的 6% 的标准，是因为笔者认定的总作物面积标准（17.43 亿亩）略高，事实上民国时期由于天灾人祸，大量耕地被抛荒，抗日战争结

---

[1]　［美］德·希·珀金斯：《中国农业的发展 1368—1968》，宋海文等译，上海译文出版社 1984 年版，第 59 页。

[2]　［美］德·希·珀金斯：《中国农业的发展 1368—1968》，宋海文等译，上海译文出版社 1984 年版，第 372—373 页。

束后的垦殖事业也多为耕地复垦，总的趋势是民国时期耕地面积还略有下降；此外，笔者将民国初年复种指数定为123%，已是较高估计，即使是传统观点上较为发达的多熟种植农区——江南，已有研究发现清至民国一年两熟并不占有支配地位①，张心一就调查发现 20 世纪 20 年代末苏州和上海复种指数仅为 159%②。

二 清代玉米、番薯的产量与面积

我们知道了民国初年玉米、番薯的指标，再来剖析清代的情况。本研究借鉴史志宏的划分方法③，选定清代四个时间节点：乾隆三十一年（1766）、嘉庆十七年（1812）、道光三十年（1850）、光绪十三年（1887）。除了史志宏本身叙述的原因（统计意义和历史意义），还在于这些节点均能代表美洲作物推广的几何增长点。玉米、番薯虽然引种较早，然而除了番薯在闽粤一带效果颇佳，总体上直到乾隆年间均并非强势。玉米的大规模推广是从 18 世纪中叶开始到 19 世纪初，也就是兴于乾隆中期，至迟于道光年间在南方推广完成，形成稳定分布区——西部玉米种植带，一跃从零星种植的消遣（或蔬菜）作物转型为救荒作物。再到粮食作物，晚清是玉米的地位巩固期和进一步扩展期，在南方从一般粮食作物上升到主要粮食作物，在北方玉米进一步扩展，在华北平原、西北地区、东北平原也开始大放异彩，并赶超南方。番薯虽然起步较早，然推广模式与玉米殊途同归，明后期的福建、广东，清前期的浙江，番薯尚值得一书，然在其他地区并无优势，即使有所引种，也是长期"引而不种"，直到乾隆年间无数次的地方政府劝种活动，尤其是乾隆五十年、五十一年在弘历亲自做出姿态三令五申号召下，方才从乾隆中期开始，在南方迅速推广，在嘉道年间形成东南丘陵种植带，晚清时期在南方地区进一步普及，同时在北方也有所发展。因此 1766 年是二者大范围推广初期、1812 年是如火如荼进行期、1850 年是南方推广完成期、1887 年是北方进一步推广期。

1914—1915 年南方玉米尚占全国玉米面积的 40%④，到 1931 年下降

① 王加华：《一年两作制江南地区普及问题再探讨》，《中国社会经济史研究》2009 年第 4 期。
② 张心一：《江苏省农业概况统计》，《统计月报》1930 年第 2 卷第 7 期。
③ 史志宏：《清代农业生产指标的估计》，《中国经济史研究》2015 年第 5 期。
④ 农商部总务厅统计科：《第四次农商统计表》，中华书局 1917 年版，第 78—90 页。

到 36%①，再到 1947 年已经降到了 28%②，今天南方玉米种植面积大约占全国的 25%。南方山区玉米在原地踏步的基础上，由于北方平川地带玉米进军太快，导致南方比例下降。换句话说就是清代是南方玉米优势时期，民国是北方玉米的强势时期。因此，设定每一个时间段南方玉米比重下降 10%，晚清之前南方玉米尚能保持绝对优势，故比例不变，见表 7—3。

表7—3　　　　　　　　清代玉米、番薯南北方种植面积比例估计

年份	玉米南方（%）	玉米北方（%）	番薯南方（%）	番薯北方（%）
1766	60	40	78	22
1812	60	40	78	22
1850	60	40	78	22
1887	50	50	73	27
1914	40	60	68	32

又，1850 年南方玉米已经基本推广完成，种植面积与 1914 年相比应该相差不大，事实上，1931—1947 年南方玉米面积基本没有增加③。1914 年南方玉米面积为 67000×0.4＝26800 千市亩，则 1850 年、1887 年均为 26800 千市亩。可推知 1887 年北方玉米面积（50%）为 26800 千市亩，1850 年同理。相比 19 世纪中叶玉米在北方开始发展，18 世纪中叶开始的一百年，是玉米发展最快的时期，可以说每半个世纪上一个台阶（翻一番），姑且认为 1766 年和 1812 年代表这一个时期的分割，单纯作为节点的话，时间略晚（1750 年、1800 年更为合适）。总之，1812 年玉米占 1850 年南方玉米面积的三分之二、1766 年占三分之一，则 1812 年南方玉米 17867 千市亩，1766 年 8933 千市亩，进而可得全国玉米面积。

---

① 农林部：《20 至 37 年各省历年农作物面积、产量统计表》，"中央研究院"近代史研究所档案馆藏，资料号：20-07-065-01。《年鉴》很可能便是以本档为资料来源，本档优势在于每年每个省的数据均可查便。缺乏东北地区数据，笔者根据许道夫《中国近代农业生产及贸易统计资料》自行修正。

② 农林部：《20 至 37 年各省历年农作物面积、产量统计表》，"中央研究院"近代史研究所档案馆藏，资料号：20-07-065-01。缺乏东北地区数据，笔者根据《黑龙江省志 农业志》《吉林省志 农业志》《辽宁省志 农业志》自行修正。

③ 农林部：《20 至 37 年各省历年农作物面积、产量统计表》，"中央研究院"近代史研究所档案馆藏，资料号：20-07-065-01。

表7—4　　　　　　　　　　清代玉米产量、面积估计

年份	作物总面积（亿亩）	面积比（％）	面积（千市亩）	粮食总产量（亿担）	产量（千市担）	产量比（％）
1766	13.17	1.13	14889	29.88	28888	0.97
1812	14.48	2.06	29778	33.45	57779	1.73
1850	16.24	2.75	44667	37.46	86667	2.31
1887	17.09	3.12	53600	36.60	104000	2.84
1914	17.43	3.84	67000	36.60	130000	3.55

资料来源：耕地、粮食总产数据来自史志宏：《清代农业生产指标的估计》，《中国经济史研究》2015年第5期。作物面积＝耕地面积×1.23（复种指数），18世纪中期多熟种植已经较为发达，所以指数不变。传统社会美洲作物单产基本稳定，下文再述，所以根据面积变化来推知产量，也就是不同年代产量与面积的比值相等。

　　1931年南方番薯占全国番薯总面积的68％，到1947年南方番薯依然占全国的68％。[1] 可见南方相较北方一直占绝对优势，这与番薯的生态适应性相关，北方能够保持住32％，还是由于晚清以降发展的结果。假设1914年南方番薯面积依然占68％，每一个时间段南方番薯比重下降5％，晚清之前南方番薯尚能保持绝对优势，故比例不变，见表7—3。

　　同样，1850年南方番薯分布区业已基本定型，但是，1931—1947年南方番薯面积增加了0.42倍[2]，保守估计1914年是1887年的0.42倍，然而清代不可能保持如民国时期增长速度，尤其1850年之后面对太平天国运动的洗礼，因此设定1850年和1887年番薯种植面积相同。1914年南方番薯种植面积18000×0.68＝12240千市亩，是故1850（1887）年南方番薯种植面积12240/1.42＝8620千市亩。可推知1887（1850）年北方番薯面积（27％）为3188千市亩。与玉米相同，18世纪中叶后的一百年同样是番薯发展的黄金一百年，1812年是1850年南方番薯面积的三分之二、

[1]　农林部：《20至37年各省历年农作物面积、产量统计表》，"中央研究院"近代史研究所档案馆藏，资料号：20 – 07 – 065 – 01。

[2]　农林部：《20至37年各省历年农作物面积、产量统计表》，"中央研究院"近代史研究所档案馆藏，资料号：20 – 07 – 065 – 01。

1766 年是三分之一，则 1812 年南方番薯面积 5747 千市亩，1766 年 2873 千市亩。

表7—5　　　　　　　　　清代番薯产量、面积估计

年份	作物总面积（亿亩）	面积比（%）	面积（千市亩）	粮食总产量（亿担）	产量（千市担）	产量比（%）
1766	13.17	0.28	3684	29.88	10641	0.36
1812	14.48	0.51	7369	33.45	21285	0.64
1850	16.24	0.67	10830	37.46	31287	0.84
1887	17.09	0.69	11808	36.60	34112	0.93
1914	17.43	1.03	18000	36.60	52000	1.42

注：资料来源等同表7—4。番薯占粮食总产量比可除以 70%，因为番薯产量已折算为成品粮，作为原粮的话产量折算会有一定的上升。

　　表7—4、表7—5 直观地反映了玉米、番薯有清一代开始规模推广后的数据常态，确实玉米、番薯的推广力度在不断加大，种植面积和产量都有稳定增加，在杂粮中逐渐占据主动。就全国而言，然而在笔者较高估计的前提下，清代大部分时间玉米、番薯无论在作物总面积还是粮食总产量的比重都不高，玉米在 3% 下游荡、番薯在 1% 下徘徊，不要说稻、麦、豆等主要粮食作物，就是和高粱、谷子等一般粮食作物也还有一定的差距，当然在局部地区，玉米、番薯可能发挥了仅此与稻、麦的价值，在宏观时空维度下，还是不能做过高的评估。

第三节　单产

　　之所以单独讨论玉米、番薯的单产问题，而没有放在产量和面积的框架下讨论，主要有三个目的：一是根据单产的文本作些印证总产与面积的假设是否成立；二是研究玉米、番薯对南北方耕地亩产增加的影响；三是探讨玉米、番薯究竟能供养多少人口。

一　清至民国时期玉米、番薯单产

明清时期对于玉米、番薯的单产记载并不多，然蛛丝马迹仍可寻，史料细碎，笔者只能列举尚所目及，挂一漏万，在所难免（见表7—6、表7—7）。

表7—6　　　　　　　　　　　清代玉米单产记载个例

时间	内容	出处
1814	每亩可得子六七石	陈经《双豀物产疏》
1897	一亩……收苞谷二百二十斤……可得银一两七八钱	《黔蜀种鸦片法》，《农学报》第15期
1898	（淮安）常二石，丰三石	《各省农事述》，《农学报》第57期
1904	熟年每亩约收四斗，每斗三十一斤	《南阳府南阳县户口地土物产畜牧表图说》
1904	（章丘）一般佃农120—250斤，地主110—320斤	景甦、罗仑《清代山东经营地主底社会性质》，山东人民出版社，1959年
1909	（产额）八斗	宣统《昌图府志》不分卷
1909	（镇安）每亩产量二点五斗	《奉天全省农业调查书》第一期，第二册
1911	亩收七斗至八斗	宣统《西安县志略》卷十一

由于各地区度量衡存在差异，无法根据"石""斗"等量齐观，如南阳县每斗31斤，奉天则是450斤为一石（45斤为一斗）[1]。事实上，一市石玉米平均折合140市斤，基本同等于一市石小麦。[2] 在传统社会，玉米基本不可能达到陈经所述亩产六七石，有夸大成分，即使地主家玉米也有低产的时候；东北地区条件较好，一向高于全国平均水平。就全国而言，玉米亩产还是在200市斤以下徘徊较多，不同地区差异不甚明显，清代个案也是更多论证了这一点。

---

[1]　民国《双山县乡土志》载："苞米四百五十斤为一石"，转引自辽宁省档案馆选编：《编修地方志档案选编》，辽宁省档案馆1983年版，第570页。

[2]　见华中农学院《农业技术手册》编写组：《农业技术手册》，湖北人民出版社1975年版，第202页；湖南省农业厅：《农业技术手册》，湖南科学技术出版社1981年版，第489页；农垦部生产局：《国营农场农业技术手册》，上海科学技术出版社1982年版，第860页。

表7—7 清代番薯单产记载个例

时间	内容	出处
1644—1911	亩收数十石/一亩可收数十石	《授时通考》卷六十、《救荒简易书》卷一、《广群芳谱》卷十六、《中外农学合编》卷六、同治《沅州府志》卷二十、光绪《黎平府志》卷三,等等;乾隆《沅州府志》卷二十
1644—1911	亩可数石	乾隆《岳州府志》卷十二、乾隆《湘潭县志》卷十二、嘉庆《郴州总志》卷四十,等等
18世纪中	一亩地可获千斤	黄可润《畿辅见闻录》
1768	薯上地一亩,约收万余斤,中地约收七八千斤,下地约收五六千斤	陈世元《金薯传习录》
1821—1861	一亩之地收可十余石	杨澜《临汀汇考》卷四
1897	收多至三四十石	光绪《平越直隶州志》卷二十二
1899	每亩收两千斤,每斤售钱三文	韩国钧《永城土产表》,第3页
1900	每亩约收两千余斤,每斤值钱五六文	杜韶音《武陟土产表》,第2页
1900	以担量,有收至数百担者	光绪《井研志》
1902	上田可收薯一千两百斤,瘠田五六百斤……薯百斤值钱六百,薯粉百斤值钱三千,薯粉皮百斤值钱九千	何刚德《抚郡农产考略》卷下,草类二《薯》
1904	熟年每亩约收四百斤	《南阳府南阳县户口地土物产畜牧表图说》
1904	六月种者为正薯……每田六十方丈,统计得薯多者四千余斤,少者千五六百斤;十月种者曰雪薯,每田六十方丈,得薯多者,自七百斤至千四五百斤	赵天锡《调查广州府新宁县实业情形报告》
1910	上农亩获二十石,次之十五石,又次十石,最下者五石有奇,一亩之入逾于豆麻数倍	李遵义《种薯经证》

番薯亩产的上限与下限，较玉米则波动更大，从数石到数十石不等。番薯一直是官方和民间的重点劝种作物，在推广过程中难免有所扩大，同为福建人陈世元和黄可润的说法就相差十倍，事实上亩产数十石或万余斤，在清代是很难实现的，如果真的具有如此优势，也不至于在北方多数地区长期"引而不种"，但是大体上番薯还是比玉米高产的，平均下来亩产数石或千余斤，还是比较常见的。相比北方，南方番薯单产更高，与南方暖湿气候有关。

民国时期的数据更能反映清代的单产，民国时期玉米、番薯新品种并未大面积推广，品种改良也是以稻麦为主，玉米、番薯仍沿用以往的农家种，在外部生产环境没有显著改变的前提下，民国统计数字完全可见清代的一般水平。如吴宝华的统计简单运算后可知玉米亩产在 180 市斤、番薯亩产 1000 市斤，吴传钧则为玉米 209 市斤、番薯 1128 市斤，冯和法为玉米 161 市斤、番薯 993 市斤，均能代表清代玉米、番薯一般亩产水平。更加客观的统计见表 7—8，可见清与民国保持了同一水平。

表 7—8　　　　　**历年重要农作物单位面积产量单位（全国）**　单位：每市亩市斤

	1931	1932	1933	1934	1935	1936	1937
玉米	188	192	184	176	189	181	180
番薯	990	1117	1022	957	1076	932	1093

资料来源：章有义：《中国近代农业史资料 第三辑（1927—1937）》，生活·读书·新知三联书店 1957 年版，第 926 页。

就玉米而言，另有专门统计后方十五省，每亩产量 1931—1937 年平均 205 市斤，1940 年减为 197 市斤，1941 年再减为 189 市斤。[1] 总之，清至民国时期玉米亩产在 190 市斤左右，番薯在 1000 市斤左右。根据笔者推算的清至民国美洲作物产量和面积，可知玉米亩产 194 市斤，番薯亩产 1156 市斤，从数据意义上，笔者匡估的美洲作物产量、面积完全符合逻辑，因为二者是分别独立进行的演绎，如此，笔者也就为清至民国美洲作物指标提供了一种新的历史叙述和解释。

---

[1]　《各省玉米产量及其种植面积》，《中农经济统计》1942 年第 2 卷第 10 期。

二　19 世纪中期玉米、番薯对亩产增加的影响

本研究以 19 世纪中期为基点，该基点可以说是传统农业的最高峰，不单养活了帝制时代的峰值人口，学界历来也认为此时是清代单产、总产、产值的最高峰，之后便是轰轰烈烈的太平天国运动和外国势力的全面入侵，堪称近代起点。

表 7—9　　　　　　　19 世纪中期不同农作方式亩产及占耕地比

农作方式	北方		南方		
	旱作	水田	旱作	水旱轮作	水田
亩产（石/亩）	1	2.25	2.75（1.5）	3.65	3.4
占耕地（%）	52.7	0.5	23.4	9.4	14

資料来源：史志宏：《清代农业生产指标的估计》，《中国经济史研究》2015 年第 5 期。笔者取中值。南方旱作括号内数据源自郭松义《明清时期的粮食生产与农民生活水平》，《中国社会科学院历史研究所集刊》2001 年第 1 集。笔者认为史志宏估值可能略高，同是旱作南方是北方的 1.75 倍，南北方旱作差距过大，取郭、史二人平均值即为 2.125 石。

吴慧研究指出北方有玉米纳入种植制度的亩产 2.475 石，比未种玉米的亩产 2 石，增产 23.75%，南方总产 3.85 石，比未种玉米的亩产 3 石，增产 28.33%；北方番薯地（3 石）比未种番薯（2 石）增产 50%，南方番薯地（5.59 石）比未种番薯（3 石）增产 86.33%。[①] 笔者认为吴慧的研究方法没有问题，但数值上可能略有夸大。首先吴慧折合玉米平均亩产 180 市斤为相粟（原粮）2 石。笔者认为可能在折算过程中对玉米有所高估，导致后面一系列运算的夸大化。史志宏根据 1000 余个亩产数据制成表 7-9，这样看来，北方旱作亩产平均 1 石，玉米亩产是旱作平均亩产的两倍，事实上玉米并没有如此之大的优势，仅略高于大麦、高粱，出现这样的误差原因有二：第一，吴慧认为 180 市斤玉米相当于 279 市斤粟，实际上民国时期各种数据在统计原粮时，并未进行如此折算，郭松义在计算清代粮食亩产时，也是将高

---

① 吴慧：《中国历代粮食亩产研究》，农业出版社 1985 年版，第 184—187 页。

梁、粟、黄豆、玉米等统一以每市石 140 市斤折算，[1] 虽然每石重量各有高低，但差距不大，未曾考虑原粮折成品粮的比率，否则每一种作物折成品粮率均不同，非要一一比对方可；第二，吴慧对北方旱作的估算本来也偏高，达到亩产 2 石，在这种情况下玉米亩产 2 石，也就不奇怪了。

在折算方式之外，笔者对清代的美洲作物面积的合理估计低于传统观点，吴慧认为清中叶玉米占耕地面积的 6%，根据表 7 - 2 即使到了 1937 年玉米也不过占作物面积的 5.5%，吴慧如此高估玉米种植面积，笔者难以认同。总之，笔者对玉米和玉米之外的粮食产量进行适当修正，玉米平均亩产 190 市斤折合清制 1.21 石。一年一熟玉米亩产 1.32 石[2]，一年两熟夏玉米亩产 1.12 石加上 1 石小麦，共计 2.12 石。二年三熟玉米亩产 1.12 石加上小麦、春谷（或高粱）2 石，平均每年 1.56 石。根据 19 世纪中期各种玉米农作方式占北方玉米总面积的比例（分别为 40%、10%、50%），加权平均，得出玉米纳入北方种植制度亩产 1.52 石，比不种玉米的旱作亩产 1石，增产了 52%。南方玉米平均亩产 1.12 石，一年两作则 2.24 石（如果按照史志宏的旱作亩产 2.75 石，玉米在旱地则毫无优势），春玉米和中晚稻/早稻和秋玉米，亩产为稻旱轮作的 130.78%[3]，也就是 4.77 石，加权平均，得出玉米纳入南方种植制度亩产 2.97 石，比不种玉米的亩产 2.56石，增产了 16.0%。与吴慧结论相比，北方增长幅度更大，主要在于北方亩产偏低，这也能解释清末以降北方玉米长期后来居上的历史面相。

番薯平均亩产 1000 市斤，北方亩产相对略低，兹以 800 市斤为平均值，折成品粮 200 市斤，相当于原粮 285 市斤（折算率 70%），折旧制亩产 1.81 石，此是一年一熟；二年三熟是麦 1 石、番薯 1.81 石、春谷（或高粱）1 石，相当于每年亩产 1.91 石。不过清代番薯参加复种的两年三熟在北方很难实现，因此番薯纳入北方种植制度比不种番薯的旱作亩产 1 石，增产了 81%。南方番薯亩产仍为 1000 市斤，相当于原粮 357 市斤，折旧制亩产 2.27 石。南方番薯以一年两熟为主（稻—薯和旱—薯），旱作可达

---

① 郭松义：《清代北方旱作区的粮食生产》，《中国经济史研究》1995 年第 1 期。

② 山东省农业科学院：《中国玉米栽培》，上海科学技术出版社 1962 年版，第 7 页。按照各地区玉米亩产高（低）于 1.21 石的幅度，以不同地区玉米面积的比重，进行加权平均。以下计算同。

③ 山东省农业科学院：《中国玉米栽培》，上海科学技术出版社 1962 年版，第 107 页。

2.27 石 + 1.0625 石（2.125/2）= 3.333 石，水旱可达 2.27 石 + 2.4 石①= 4.67 石，加权平均 3.72 石，比不种番薯的亩产 2.56 石增产了 45.3%。与吴慧结论相比，番薯因亩产较高在北方增产更多，然番薯在北方生态适应性并不好，因此主要还是集中在南方。

已知道光三十年（1850）北方耕地面积占全国耕地面积的 53.2%，南方为 46.8%，且当时全国粮食作物面积占耕地面积的 87%。然而，毕竟全国种植玉米、番薯的土地只占一小部分，因此只能从这一小部分运算到底增产了多少。已知玉米占作物面积的 2.75%，番薯占作物面积的 0.67%。

北方玉米占全国玉米面积的 2.75% × 40% = 1.1%，北方玉米占北方作物面积的 1.1%/53.2% = 2.07%。玉米占北方粮食面积的 2.07%/87% = 2.38%。南方玉米占全国玉米面积的 2.75% × 60% = 1.65%，占南方作物面积的 1.65%/46.8% = 3.53%。玉米占南方粮食面积的 3.53%/87% = 4.06%。番薯同理，北方番薯占全国番薯面积的 0.67% × 22% = 0.15%，占北方作物面积的 0.15%/53.2% = 0.28%，番薯占北方粮食面积的 0.28%/87% = 0.32%。南方番薯占全国番薯面积的 0.67% × 78% = 0.52%，占南方作物面积的 0.64%/46.8% = 1.37%，番薯占南方粮食面积的 1.17%/87% = 1.34%。于是：

北方：玉米纳入种植制度 1.52 石 × 2.38% + 番薯纳入种植制度 1.81 石 × 0.32% + 不种玉米番薯 1.01 石 ×（1 − 2.38% − 0.32%）= 1.024698 石。

南方：玉米纳入种植制度 2.97 石 × 4.05% + 番薯纳入种植制度 3.72 石 × 1.28% + 不种玉米番薯 2.81 石 ×（1 − 4.05% − 1.28%）= 2.828128 石。

就全国而言：1.024698 石 × 53.2% + 2.828128 石 × 46.8% = 1.8687 石，折合今制 293.95 市斤/市亩。也就是说，笔者和郭松义的 289 市斤/市亩最为接近。

如果玉米、番薯未纳入种植制度：1.01 石 × 53.2% + 2.81 石 × 46.8% = 1.8524 石，折合今制 291.39 市斤/市亩。玉米、番薯引入后，亩产提高了 1%，即 2.562 斤，低于吴慧的亩产增加了 17 斤。

---

① 史志宏：《清代农业生产指标的估计》，《中国经济史研究》2015 年第 5 期。

第四节　清代玉米、番薯影响再认识

一　美洲作物不是刺激人口增长的主要因素

美洲作物的推广不是刺激人口增长的主要因素，相反，它是积极应对人口压力的措施。吴慧对清代生产指标估计一向较高（如同吴慧认为张心一的估计数字一向较低），对清代粮食亩产峰值的估算是 367 市斤/市亩，在学界中估值最高。[1] 原因除了本身对个别农作方式估算过高（如北方旱作亩产 2 石），还在于以今推古，即在缺少数据的前提下，援引新中国成立后的比例（如认为清中叶玉米、番薯占耕地面积的 6% 和 2%）。吴慧推算双季稻对全国平均亩产的增长不过也就是 1.7 斤，[2] 很难想象玉米、番薯是十倍双季稻的增产效果，2.562 斤是比较合理的。清代农业达到传统农业的最高峰和养活众多的人口，归根结底还是双季稻等精耕细作提高了复种指数。根据吴慧的测算，嘉庆十七年（1812）玉米、番薯在粮食消费中所占比例是 14.39%，[3] 实际上，1931—1934 年玉米、番薯在民食消费中所占比例分别为 8% 和 1%—2%，[4] 合计不到 10%；1938 年人均年消费玉米 47.5 市斤，占消费食粮总量的 9.6%，[5] 番薯做较高估计 3%，合计也不过 12.6%。笔者难以认同清中叶玉米、番薯在粮食消费中的地位已经甚于民国后期，更别提玉米、番薯所占比例也是有一个上升的过程。

笔者与吴慧差异的根本或者说估计过程中取决定因素的变量并不是亩产的多少，而是玉米、番薯的种植面积，正是因为吴慧的假定清中叶玉米、番薯占耕地面积的 6% 和 2%（民国中后期的指数），恐怕无法以"假定情况相去不远"一笔带过，才造成二者面积偏大，而笔者仅为 3.38% 和 0.82%，考量了清后期二者的大发展，更加符合历史现实。在清代峰值人

---

① 石涛、马国英：《清朝前中期粮食亩产研究述评》，《历史研究》2010 年第 2 期。

② 吴慧：《中国历代粮食亩产研究》，农业出版社 1985 年版，第 181 页。

③ 吴慧：《中国历代粮食亩产研究》，农业出版社 1985 年版，第 192 页。

④ 方显廷：《中国经济研究（上册）》，商务印书馆 1938 年版，第 150—154 页。

⑤ 《各省玉米产量及其种植面积》，《中农经济统计》1942 年第 2 卷第 10 期。

口时期，如果玉米、番薯只使得亩产增加1%，那么我们就要对清代的人口大爆炸的根源画一个问号了，也就无法支撑传统观点美洲作物造就了清代人口的异常增长的论点，"康乾盛世"与美洲作物之间的关系更是两说，毕竟在人口最大化时期影响不足的话，之后虽然美洲作物影响有所增加，但由于人口下降，其影响无法估量，至少太平天国之前的人口压力并非主要源自美洲作物。从理论出发，把清代人口压力算到美洲作物头上，也是有悖史实的，清代人口仍然主要集中在平原地区，而平原地区依然靠传统粮食作物养活，"湖广熟，天下足"说的就是湖广水稻种植承载了同为长江中下游地区人口密集区的生存态势，美洲作物主要促进的是人口基数较低的山区人口的增长。

　　笔者并不是一味弱化玉米、番薯的影响，本章与美洲粮食作物对人口增长影响的传统论调并不相悖，与何炳棣提出的"人口爆炸—粮食短缺—美洲作物推广"三位一体的理论并无背离，相对地，是生齿日繁在先，作物应对在后，并进一步成为马尔萨斯人口容量的缓冲剂。笔者认为对美洲作物的研究需要再出发，做出更精准的判断，尽管玉米、番薯亩产没有吴慧和一些经济学家想象的那么高，其贡献率没有那么大，但是其影响依然不容小觑，需要我们再认识。

二　美洲作物价值研究再出发

　　亩产的提高仅是玉米、番薯巨大影响的一个面相，虽然无法与民国时期对粮食生产的作用相提并论，但其对民食的弥补作用可不单体现在单产上，因之扩大了耕地面积，也就增加了人均粮食占有数量（下文再算），美洲作物充分利用了不适合栽种作物或利用率很低的边际土地，增加了耕地面积，在这个意义上，它们功不可没，如果没有玉米、番薯，这些土地无法得到有效的利用，在非平原地区其土地边际替代作用更加明显；也由于它们的比较优势，种植传统作物的土地也会改种玉米、番薯，这更是一个潜移默化的过程。但是由于这些新垦辟和新改种的土地是无法丈量的，所以也就很难对玉米、番薯的这一影响做出正确的评估。此外，美洲作物在院前屋后、田边地角种植也不少，"凡有隙地，悉可种薯"[1]，这些零星

---

① （明）徐光启：《农政全书》卷二十七《树艺 蔬部》，中华书局1956年版，第545页。

土地根本无法计算，所以正确评估二者的作用的难度是很大的。要之，无法单纯从亩产增加 2.562 市斤出发，就认为二者影响力不足。

有人说中国历史就是中国灾荒史，于是便要求作物品种多样化，因时因地制宜以求稳产，一方面力求增产；另一方面防止减产，这是中国传统农业的二重性。玉米、番薯高产自不必赘言，它们能有效地保证稳产，这是水稻等传统优势作物无法比拟的，在荒年凶岁，虽然不会"大有"，但亦能保证一定的产量，这是救荒作物的共性，放到主要粮食作物中就比较稀有，荞麦等救荒作物的产量又不能与美洲粮食作物相埒。归根结底在于美洲作物抗逆性强，以番薯、玉米为代表，番薯耐旱、耐瘠，有"甘薯十三胜"（高产益人、防灾救饥、繁殖快速、干制久藏、生熟可食、不妨农功、可避蝗虫等优点）之说，因此弘历三令五申劝种番薯，"番薯既可充食，兼能耐旱……使民间共知其利，广为栽种，接济民食，亦属备荒之一法，将此传谕知之"①。地方劝种同时强调番薯救荒优势的更是如恒河沙数，诸如山东之类的省份晚清之前番薯种植面积很小，却是在灾荒年份被引种，灾荒过后，因未融入当地种植制度，种植面积减少造成的"虚象"，② 从这个意义上番薯与灾荒是"伴生"的。玉米虽无番薯高产优势，但耐寒，可以向高纬度和高山区进军，在不宜稻麦的山区和黄河以北很有市场。邓林《苞谷谣》、吴世贤《包谷行》、萧琴《包谷吟》等均可见玉米的种种优势：玉米生长期短，最短只需 90 天，未熟亦可食，在夏秋之交青黄不接之时最受青睐，早熟的玉米也避开了夏季水患。玉米给人更耐饥的感觉，"山民言包谷米耐饥胜于甜饭也"③；玉米穗也可随处保存，无须专门粮仓贮藏。要之，玉米、番薯最大限度地降低了灾荒的消极影响，保持了"平年"的产量，诚如夏明方曾对笔者说："救荒作物的价值要看灾年，而不是丰年的锦上添花，雪中送炭往往能挽救被最后一根稻草压死的骆驼"，正是"岁视此为丰歉，此丰稻不大熟亦无损"④。

玉米、番薯不争肥、不费人工，无形间降低了生产成本，加上美洲作

① 陈振汉、熊振文、萧国亮：《清实录经济史资料 农业编》，北京大学出版社 2012 年版，第 716 页。
② 王保宁：《乾隆年间山东的灾荒与番薯引种——对番薯种植史的再讨论》，《中国农史》2013 年第 3 期。
③ （清）严如煜：《三省边防备览》卷八《民食》。
④ 道光《遵义府志》卷十七《物产》。

物前期主要在山地种植，"山之粮税，约较田税十分之一，山价之高下，各视土之厚薄为衡"①，可廉价租得山场。玉米、番薯"初价颇廉，后与谷价不相上下"②，表7—6、表7—7包含的单价记载也可见玉米、番薯价值并没有想象中那么低，虽然一季玉米不及水稻，但玉米折成品粮时损失率较低（籽粒不易脱落、脱粒加工方便等）；番薯却是有过之而无不及，进行深加工更是大大提高了附加值。乾隆以降的粮价统计虽然数据非常齐全，但有清一代绝大多数时间玉米、番薯始终未能纳入全国的粮价统计体系，根据现有资料，只有湖南在清末有所统计玉米、番薯，新疆清末可见玉米价格（或可反映就全国二者清末伊始才开始确立主粮地位，而其他省份并无二者粮价记载，更加佐证了本章观点），已经弥足珍贵。通过粮价亦可反映种植玉米、番薯有利可图，新疆半数以上的地区自有粮价统计之始，便见玉米记载，而且高于大米、小麦之外的一切作物，湖南全省均可见玉米、番薯粮价记载，但仅限于清朝最后几年，玉米价格已可与小麦一较高下，番薯更是比大米也不遑多让。③

笔者认为是人口增长在先，各方力量在资源争夺中催生了美洲作物推广（或是上层劝种，或是下层自主选择），美洲作物反作用于人口的进一步增长，这个联系主要发生在19世纪之后。那么回到前面的问题，能增加多少人均粮食占有量？我们进一步追问，美洲作物到底能养活多少人口？这是本章需要解决的最后一个问题。

19世纪中期，全国耕地面积132042.2万亩，粮田面积114876.7万亩，当时全国43608.7万人④，人均粮田2.63亩。算上美洲作物的全国平均单产为293.95市斤/市亩，则每人占有粮食数量2.63市亩×293.95市斤/市亩＝773.09市斤。

人均占有玉米、番薯的面积是（4466.7万亩＋1083万亩）/43608.7万人＝0.1273亩，即当时人均粮田2.63亩中有将近5%是栽种玉米和番薯的。美洲作物以外的人均粮食产量为（2.63－0.1273）×291.39 ＝

① （清）汪元方：《请禁棚民开山阻水以杜后患疏》，盛康：《皇朝经世文续编》卷三十九《户政》十一《屯垦》，文海出版社1966年版，第4153—4154页。

② 道光《宜平县志》卷十《物产》。

③ 中国社会科学院经济研究所编：《清代道光至宣统间粮价表》，广西师范大学出版社2009年版，第9、16、17册。

④ 曹树基：《中国人口史 第5卷 下》，复旦大学出版社2005年版，第704页。

729.26市斤。所以773.09－729.26＝43.83市斤，这就是玉米、番薯所提供的人均粮食占有量，并不低，如果不种植玉米、番薯，那么这人均的0.1273亩很可能由于土地贫瘠、高寒等因素而无法栽种其他作物或者收获很少。

每人43.83市斤，43608.7万人就是191.14亿市斤，按人均773.09市斤的占有量，就能供养2472万人，这就是玉米、番薯在19世纪中期承载的人口数，并不是一个小数目，因此不能小觑美洲粮食作物亩产2.562市斤的增加值。我们采用第二种计算方式，即用美洲粮食作物产量／人均生存的最低需求来验证这个结论。19世纪中期美洲粮食作物成品粮产量31287＋86667×0.93（玉米折成品粮率）千市担＝111887.31千市担。清人日耗粮常见概念是日食米1升，一年3.65石就是491.34市斤成品粮，但是实际上农民千方百计地俭省粮米，经常以菜当饭，历来有"园菜果瓜助米粮""糠（瓜）菜半年粮"的说法，所以最低生活指标的粮食需求量历来不一，石涛、马国英认为是400市斤，郭松义认为是350市斤，然而还需要20%的必要种子消费、饲料和加工损耗等，笔者认为400市斤已是最低标准，于是玉米、番薯可养活的最高人口是2798万人，这是最高值，与第一种计算方法的最低值相差并不悬殊，也印证了笔者的观点，那么2473万—2798万就是19世纪中期美洲粮食作物所容纳的人口区间，二者相差不远也证明了笔者推论的合理性。

综上所述，至迟在19世纪中期，玉米、番薯就提供人均粮食占有量43.83市斤、供养2473万—2798万人，此后重要性日渐深广。仅凭这些数据就足以证明它们的重要作用。作物的推广和本土化往往是一个非常缓慢的过程，小麦在中国主食中确立名列前茅的地位差不多花了几千年，而美洲作物不过几百年，中国历史上还没有哪种作物可以在短期内有如此迅速的发展和如此巨大的影响。美洲作物在中国土地利用和民食中的替代性及总体发展趋势是不断演进的一个过程，就玉米来说，从清初在粮食中比重应微乎其微，到清末已经占据了重要一席，再到今天已取代稻麦成为中国第一大作物，其背后的发展逻辑也从民食需求，扩展到畜牧产业发展的推动，这又是另一个话题了。

第八章 美洲作物与人口增长

笔者专注于美洲作物史数年，深知美洲作物的重要性。近年来也有一些言论充分肯定美洲作物，如玉米支撑了清代人口的增长、康乾盛世归功于番薯盛世，等等，我们姑且称之为"美洲作物决定论"。自己的研究方向再次成为热点，笔者在欣慰的同时，也扪心自问，美洲作物真的可以拔地如此之高吗？

已有前人侯杨方敏锐地驳斥了这一点[①]，但并未产生广泛影响，个人以为并非由于是学术随笔的原因，而是文章缺乏实证，让人难以信服，是故"美洲作物决定论"依然愈演愈烈。侯杨方在不同场合贬斥过美洲作物，笔者以为我们虽不能过分肯定，也不能矫枉过正，要用事实说话，避免陷入历史虚无主义的怪圈，是上一章的初衷之一。王保宁等通过浙江微观研究指出：玉米不是棚民进入山区的主要目的，也不会对人口增长产生重大影响。[②]

第一节 基于理论的省思：人口增长

上一章实证分析，不再赘述。撰写完成后，我们仍有意犹未尽之感觉，前文仅是就美洲作物而言美洲作物，偏向内史，外史中还有很多工作可做，亦能佐证我们的观点。下文多做理论分析，均为制度史、经济史意

---

① 侯杨方：《美洲作物造成了康乾盛世？——兼评陈志武〈量化历史研究告诉我们什么？〉》，《南方周末》2013 年 11 月 2 日。

② 王保宁、朱光涌：《从抵制到接受：清代浙江的玉米种植》，《中国历史地理论丛》2019 年第 1 期。

义上的研究理路。

一　中国人口数字与中国人口增加的根源

何炳棣经典著作 *Studies on the Population of China* 之所以毫不含糊地回避定量分析（费正清语），而选择制度分析，就是因为他认为构建中国人口数据库是很有风险的，在 1953 年人口普查之前除洪武数字之外的任何数字多少都是有问题的，乾隆四十一年到道光三十年（1741—1850）只是比较有用而已。

原因何在？帝制社会的"口""丁"向来是赋税依据，它们"充其量只能说明数量大小的次序或满足记载中的数字资料形式上的需要……统计数字所能反映的当代实况，与他们所反映的史官们所恪守的陈陈相因的书面记载不相上下"（费正清语）[1]，所以我们在方志中经常可以见人、丁沿袭不变，或在传抄的过程中稳步以微小的增加值建构一个新的数字。

自康熙五十一年（1712）"滋生人丁，永不加赋"再到雍正元年（1723）"摊丁入亩"，地方没有了隐匿人丁的必要，是否统计就更加确凿？也不尽然。费正清一针见血指出的情况依然存在，更重要的，取消了人头税之后，田产较少或无的人减轻了义务，但权利依然保留，如参加科举的权利、享受赈济的权利等，所以必然会一下子跳出很多隐匿人口，造成人口爆炸的虚象。要之，人口数不过是王朝国家和民间社会博弈的数字游戏，中央与地方、地方与地方之间抢夺资源的工具。

根据曹树基的"中国人口数据库（1393—1593）"（未公开），以府为中心，以县级数据为基础，虽然依然具有危险性，然而目前已无较之更为优秀的数据库，可见表 8—1：

表 8—1　　　　　　　　　　1393—1953 年的中国人口　　　　　　　　单位：千人

1393	1630	1680	1776	1820	1851	1880	1910	1953
74652	222047	184993	311645	383287	437323	364339	436360	591722

资料来源：曹树基："中国人口数据库（1393—1953）"。

---

[1]　［美］何炳棣：《明初以降人口及相关问题》，葛剑雄译，生活·读书·新知三联书店 2000 年版，第 1—2 页。

1393—1630 年人口年平均增长率为 4.6‰，1680—1776 年人口年平均增长率为 5.5‰，1776—1910 年人口年平均增长率为 2.5‰（其中 1776—1851 年为 4.5‰）。公元二年开始，漫长历史时期的人口增长率不过 1‰，帝制社会末期能达到 4‰—5‰本身就是一个奇迹，当然尚在可接受的范围，但是清初在经历了明清易代之后，民生凋敝，竟然能达到传统社会的峰值 5.5‰，不单高于有明一代，也高于康乾盛世，这就很有问题了。乾隆中期之前，美洲作物尚未发挥作用，如此高的人口增长率只能是丁税取消之后，伴随着人口统计方式的变更，大量隐匿人口浮出水面的结果。1776 年之后正是美洲作物开始发挥作用的长时段，但是我们看见年均增长率并没有想象的那么高，所以"美洲作物决定论"我们就要打一个问号了。

那么中国人口增加的根源为何？简单两个字——和平。社会的稳定性大大提高，于是政府放松了对户籍的控制，增加了大量可以自由流动的劳动力，区域贸易壁垒限制降低，这些都加强了全国性的人口流动和商业活动，垦殖、贩卖盛极一时，财富迅速积累，生育愿望增加，人口自然迅速增加。要之，正是清政府多次改革达到轻徭薄赋、加强仓储等社会保障制度建设，以彰显"德政"，"借着藏富于民，清政府可以说助长了人口增长速度"[1]。

二　中国人口增长的内在逻辑

如果我们用"和平"一言以蔽之，虽然直指本源，但是未免难以让人信服。中国人口增长的面相自然是多种因素交织的结果，但是这些动因均可以认为是和平的折射。当然，有的内在逻辑因素与人口增长互为因果。我们已经知道清代人口并非狂飙式增长，但是毕竟一直在增长，一再刷新了传统社会的记录，堪称人口奇迹，因此其内在逻辑固然值得探讨。

首先，人口的增长必然与死亡率下降相关，这是生活水平提高的标志，天灾人祸在和平年代的危害都将大大降低，政府的危机处理能力和地方社会应对就卓有成效，医疗水平也有所提升（温病学派、人痘接种等）。但罗威廉认为也许中国人口增长的最重要因素是溺婴率的降低，国内局势

---

① ［美］罗威廉：《最后的中华帝国：大清》，李仁渊等译，中信出版社 2016 年版，第 37 页。

平和、新土地的开发与谋生机会的增加，人们有意减少杀害或抛弃新生儿，[①] 更遑论中国本来就有多子多福的文化传统，传统社会也缺乏普及式的避孕措施，联想到新中国在计划生育之前的人口爆炸，似乎不无道理。

其次，中国移民史也是一部中国垦殖史，开垦新农地的渴望促使国人东突西进，与山争地、与水争田，有清一代达到了中国历史上的开发高峰。加之盛世政府推行的一系列"更名田"、"招民开垦"及"免升科"政策，包括非传统农区的耕地宜于逃避清丈等，这些都促使开发深度不足的山区、边疆迅速纳入农耕区范围，即使是山头地角、河荡湖边这样的畸零地也不曾放过。中国的耕地数量自西汉中期至明万历时期，在长达近1600年的时间里只增加了3亿多市亩，而在清代仅200多年时间里，耕地总量增加了6亿多市亩，超过以往1倍以上，[②] 接纳了传统农区的"浮口"。

再次，李伯重近期从全球史视野解释明朝灭亡原因，指出一方面是17世纪前半期全球气候变化所导致的灾难，另一方面也是早期经济全球化导致的东亚政治军事变化的结果。[③] 那么是否也可以解释清代的盛世面貌？康乾时期的气候温和稳定，人口应该稳步增长，我们与欧洲对比也是如此；明末美洲白银流入中国减少导致通货紧缩的话，"1641—1670年获得的白银下降到2400吨，不如1601—1640年的6000吨"，那么入清之后"仅美洲白银，18世纪中国就获得了26000吨，是17世纪的一倍"[④]，这些白银刺激了生产和消费的增长，从而支持了人口的增长。

复次，清朝和明朝强敌环绕的环境亦不一样，清朝接收了明朝军事改革的成果。然后迅速在对内战争（三藩之乱、收取台湾、少数民族、教门帮会等）和对外战争（"十全武功"之三四）中取得胜利，最终建立了多民族的普世帝国，整合成了一种超越性、新形态的政治体，这一点自然与耕地的扩张息息相关，于是国人在丁税取消后人身依附关系松弛的前提下"闯关东""走西口"。

最后，明清易代对地主的打击和造成的"人口真空"，造成了地权分

① ［美］罗威廉：《最后的中华帝国：大清》，李仁渊等译，中信出版社2016年版，第82页。
② 史志宏：《清代农业生产指标的估计》，《中国经济史研究》2015年第5期。
③ 李伯重：《不可能发生的事件？——全球史视野中的明朝灭亡》，《历史教学》2017年第3期。
④ ［德］安德烈·贡德·弗兰克：《白银资本》，刘北成译，中央编译出版社2013年版，第137—138页。

散，也提高了佃农的地位，清代租佃制度的发展，主要表现为分成租制转向定额租制、押租制和永佃制的发展，土地所有权和经营权充分分离，农民拥有了田面权，靠土地流转成为"二地主"，实现了资源的优化配置。无论是自耕农还是田面权商品化的佃农，在"恒产"安全感心理下，就会乐意改良土地、努力生产。所以减轻了地权分配不均的负面影响，有人认为"在土地面积没有大幅增加的情况下，清代土地产出多养活了二三亿人口"①。

上面有些因素，也是老生常谈。笔者整合到一起，无非是想强调，中国人口增长的多元性，并非单纯将美洲作物与人口增长放到一起基准回归就可诠释的，以陈文为例也未见上述重要因素的稳健性检验。历史的面相是复杂的，历史事件的因果传导机制并非那么明晰，即使存在，也并非简单的线性关系，而是多条发散、双向互动的关系。我们承认美洲作物或许对人口增长有一定的影响，但是绝对不可高估。最后，我们要强调的就是技术革新与人口增长的关系。

第二节　技术革新与人口增长

技术革新似乎亦是中国人口增长的内在逻辑之一，笔者之所以单独拎出来强调，一方面因为美洲作物本身就是技术革新之一，另一方面为技术革新是十分复杂的，需要单独评述，与人口增长的关系也需要再探讨。

一般情况下，我们讨论食物与人口增长时，最重要的生产指标就是两个：耕地面积与粮食单产。耕地面积的扩大和粮食亩产增加都会导致粮食总产量上升，传统时代人口数与粮食总产高度相关。而且这些是可以测算的，前如医学进步、溺婴率下降、气候变化、白银资本等，都是极难匡估的，不是单纯套用模型就可以反映与人口的关系，而且前述因素综合角力的最终指示器都是反映在耕地和亩产上。耕地面积扩大前文已述，但相对较为粗放，耕地能够扩大的地区一般不是传统农区，自然条件相对略有不

---

① 龙登高：《借鉴明清"田面权"制度　创新土地制度改革模式》，2013年全国哲学社会科学规划办公室《成果要报》第41期。

及，此其一；耕地能够扩大的地区，一般与集约经营无涉，人民多会选择节约成本的方式——粗放经营，此其二。在传统农区，也就是人口最密集的地区，通常农民会采用的增加粮食的方式就是集约经营，以劳力替代耕地或通过经营方式的转型，而新垦区是以耕地来替代劳力，技术选择的差异在于环境不同。只是耕地不会无限制地扩大，在太平天国前除了东北，在当时的技术条件下全国基本已经开发殆尽，耕地增加日趋缓慢，所以集约经营才是增产的最终归宿。

是故技术革新对于传统农区意义重大，主要体现就是亩产增加。虽然不同学者对清代亩产估计不一（见表8—2），但毫无疑问，清代亩产是帝制社会的最高峰，如笔者测算19世纪中期人均粮食（原粮）占有数量773.09市斤，平均亩产291.39市斤/市亩，[①] 结果必然就是养活更多的人口。亩产增加主要就是依靠的技术革新，有人会问，中国传统农具宋代已经定型，除了美洲作物清代似乎并没有显而易见的技术革新，又是什么技术支撑着人口一再刷新纪录呢？

表8—2　　　　　　　　　　清代粮食亩产匡估

学者	珀金斯 （1969）	余也非 （1980）	吴慧 （1985）	卢锋 （1989）	黄冕堂 （1990）
亩产	203市斤	256市斤	367市斤	226市斤	302市斤
学者	史志宏 （1994、2015）	吴存浩 （1996）	方行等 （2000）	郭松义 （2001）	
亩产	310市斤	230市斤	239市斤	319市斤	

资料来源：石涛、马国英：《清朝前中期粮食亩产研究述评》，《历史研究》2010年第2期。但汇集并不全面，且部分未折算为市制，更有引用错误，笔者自行增补、调整。北方和南方的耕地面积比按照史志宏（2015）给出的19世纪中期53.2%与46.8%进行加权平均。

探讨这个问题我们首先要搞清，是否技术革新仅是指生产工具和新品种的传入，何炳棣早就指出"并不是每一项生产技术的重要变革都必须与新器具和新机器的引进相联系"[②]，他认为粮食生产的第一次长期革命就是

---

① 详见第七章。
② ［美］何炳棣：《明初以降人口及其相关问题》，葛剑雄译，生活·读书·新知三联书店2000年版，第199页。

由 11 世纪以来广泛传播的早熟稻（占城稻）引起的，但何炳棣似乎只看到了新品种，而未见其他，如种植制度、肥料使用、整地技术等。这里笔者就要引入李伯重的概念，即"技术进步有两个特点，一是它首次出现之后还会继续改进，二是新技术要经过一定时间才能够得到广泛应用；只有当新技术完善和普及以后，它才能对经济的变化产生重要影响，技术传播比发明往往更为重要"[①]。因此，对比明、清我们发现技术还是那个技术，但是在清代却有纵深的发现，有的技术甚至在先秦时期就已经诞生。

一　一岁数收

多熟种植或者说复种指数增加，是清代亩产增加的最重要原因。一岁数收技术其实早已有之，代表性的就是北方以小麦为中心的两年三熟和三年四熟，南方以水稻为中心的水旱轮作制和双季稻及在双季稻基础上一年三熟。

以北方两年三熟为例，韩茂莉认为早在战国时期就已经出现了两年三熟[②]，但是李令福认为明末清初二年三熟制才在北方逐渐形成[③]，中间还有西汉说、北魏说、唐中期说，莫衷一是。笔者以为，他们都有一定的道理，两年三熟萌芽的时间可能很早，但是全面推广开来，确是在明末清初，是故清代才实现了产量的大增。主要原因是此前人口压力没有达到全面采用该技术的必要性，也就是"人口压力决定食物生产"，该理论下文再述。

宋代虽然就有双季稻存在，然只是零星存在。长江流域、闽广地区的双季稻据闵宗殿考察，大多数是在清代发展起来的，闽广地区更发展出三熟制。亩产量在两年三熟制地区提高约为 12%—30%，在稻麦二熟制地区提高约为 20%—91%，在双季稻地区提高约为 25%—50%。[④] 尤其可见南方亩产增加一瞥。北方一岁数收还可通过间作套种来实现，陕西农学家杨屾就提出了"二年收十三料之法"。

① 李伯重：《江南农业的发展 1620—1850》，上海古籍出版社 2007 年版，第 45—46 页。
② 韩茂莉：《中国历史农业地理 上》，北京大学出版社 2012 年版，第 339 页。
③ 李令福：《再论华北平原二年三熟轮作复种制形成的时间》，《中国社会经济史研究》2005 年第 3 期。
④ 闵宗殿：《试论清代农业的成就》，《中国农史》2005 年第 1 期。

二　土地改造

　　清人在与水争田、与山争地上很有一套，各式的土地利用形态琳琅满目，而这些土地之前往往是没有被利用的。为了防止海潮、洪水的侵袭，则有涂田、湖田、圩田（柜田）；为了利用水面，则有沙田、架田、葑田。耕地向高处发展，是最主要的改造耕地的方式，旱涝保收的梯田，实现对山地水土资源的高度利用。上述土地利用方式在清代之前已有存在，但在清代达到高潮。

　　还有一些边际土地，产量过低，无法充分利用。清人采取低产田改造措施，加紧改良和利用南方冷浸田（石灰增温、深耕晒垡）、北方盐碱田（绿肥治碱、种树治碱等），甚至发明出"砂田"这种利用模式，堪称农田利用史的奇迹。

　　一些瘠薄地，通过农民常年的精心养护，用地与养地相结合，"用粪如用药"，从而提高了地力，土地越种越肥，也难怪珀金斯把肥饼称为清代"技术普遍停滞景象的一个例外"[1]。有了肥，自然还需要水，有清一代直省水利工程974宗（乾隆朝半数）[2]，远超以往，还没有计算民间自办小型水利。

　　清代大盛的堤塘综合利用（生态农业）通过废物利用和资源改造，促进多种经营。不仅有我们熟知太湖流域（粮、畜、桑、鱼）和珠江三角洲（粮、桑、鱼或果、桑、鱼）的基塘农业，还有关中地区的粮、草、畜生计模式。

　　要之，一岁数收和土地改造是清代技术革新的两大面相，共同打造了农业生产力的提高，农业生产力的提高以集约化生产最为重要，集约化生产主要靠的就是投入更多的劳动力，清代人口大增，人口多被捆绑在农村，集约化生产成为可能，也是必要。也正因此，才有了边际报酬递减的"过密化生产"一说。那么技术革新（新作物、轮作复种、水利、生态农业、肥料、整地技术、耕作法等），是否亦和其他因素一样是人口增长的

---

① ［美］德·希·珀金斯：《中国农业的发展1368—1968》，宋海文等译，上海译文出版社1984年版，第90页。
② 郭松义：《政策与效应：清中叶的农业生产形势和国家政策投入》，《中国史研究》2009年第4期。

内在因素呢？我们认为是否定的，这也是本节单独阐述之原因之一。我们认为是"人口压力决定食物生产"，而不是"食物决定人口容量"。"食物决定人口容量"之观点其实就是马尔萨斯的人口论，陈文等"美洲作物决定论"之观点，是变相继承了马尔萨斯的观点，认为传统社会永远无法打破马尔萨斯的积极抑制，在"死亡推动"下周而复始地循环。

　　而笔者认同马尔萨斯之外的一个相反的观点，即博赛拉普的著名论断：人口增长才是决定农业发展/食物供给的主要因素，人口压力导致人们缩短休耕时间乃至多熟种植的集约化生产，强化生产更多的产品，人口压力凸显之前，即使农民了解劳动集约型技术，也不情愿去采用。该理论在半个多世纪前提出，被证明是极有创见的。确实，人民不会盲目采用新技术从而投入过多的成本，因为这样不合算，他们只会选择最适合的技术，哪怕是看似落后的技术。事实上，刀耕火种在少数民族地区即使是新中国成立后也长期存在，尹绍亭等研究云南西南热带亚热带山地发现，人均所有林地在 24 亩以上，刀耕火种就会存在；① 前述的技术革新很多早已出现，但均在清代达到高潮亦是明证。至于人口压力产生，博赛拉普认为必须为其他因素留有余地：医疗的、生物学的、政治的等。② 对比第二次世界大战之后几十年欠发达国家的人口激增，恐怕没有人会认为是食物条件变化的结果。

　　值得一提的是，博赛拉普用"集约化"来表述人口压力刺激下的农业发展：森林休耕—灌木休耕—短期休耕——一年一作—多熟种植。虽然亩产、总产均有提高，但是每工时劳动产出下降，是不得已而为之。黄宗智认为"博赛拉普没有找到比集约化更合适的单词来表达这个核心逻辑……内卷化才是对她著作所包含的逻辑更恰当不过的表述"③。我们认为还可商榷。博赛拉普所理解的"集约化"会导致劳动生产率的下降，但是并没有充分的证据表明劳动生产率（也分单日劳动生产率和年际劳动生产率）一定是下降趋势，如果把概念偷换成"内卷化"也意味着边际报酬一定是递

① 尹绍亭、耿言虎：《生态人类学的本土开拓：刀耕火种研究三十年回眸——尹绍亭教授访谈录》，《鄱阳湖学刊》2016 年第 1 期。
② ［丹麦］埃斯特·博塞拉普：《农业增长的条件：人口压力下农业演变的经济学》，法律出版社 2015 年版，第 4 页。
③ 黄宗智：《走出"马尔萨斯陷阱"——博塞拉普〈农业增长的条件：人口压力下农业演变的经济学〉导读》，《文化纵横》2015 年第 3 期。

减的。在传统社会条件下，市场机制不完善，农民追求闲暇是可以理解的，但在市场机制完善之后，农民会尽可能提高投入促进利润最大化，这是我们对博赛拉普理论的一点修正。

再多说一句，集约化的尽头是否就是"人海战术"，将边际报酬递减到无以复加的地步，只要净收入大于零就值得去干，这也是黄宗智建议转换概念的原因之一。我们认为这是不大可行的，一是在传统社会，"有收无收在于水，收多收少在于肥"，耕地产出是有极限的，不是光投入人力就可以的，农民也会计算人力成本；二是在当时的人口压力下，农民知道该投入多少劳力，获得多少产出就已经足够。清初江南时人陆世仪以区田法（小范围内深耕细作，集中施肥灌水）示乡人，得利甚多，然未推广，乡人认为"工力甚费，人不耐烦"[1]，当时江南已经地少人多，有清一代人口规模也没有大的变动，尚且如此，可知只有集中水、肥才可增产，但过于耗费人力，自觉选择者不多。

第三节　被高估的美洲作物

美洲作物作为技术革新的表征之一，既然技术革新不是人口增长的肇因，那么美洲作物也不应该引发人口增长，而应该是人口增长后对美洲作物的自发选择。

事先需要说明的是之一，我们并不是否认美洲作物的作用，民国有数据记载以来的玉米已经是一些省份的第二或第三大粮食作物，虽然远难以与水稻相颉颃，但在几百年内能够达到这样的成绩已经非常不俗，我们是认为美洲作物在近代之前的作用没有想象的那么高，近代之后其有一个稳步增长的过程，但依然不宜过分夸大，即使今天玉米已经是第一大作物，但并不是第一大口粮，其发展逻辑与畜牧业息息相关。之二，美洲作物与人口增长的关系是非常复杂的，所以理论都有其适用范围，在中国如果我们在不同区域、浩如烟海的文献中探求只言片语，恐怕会找到美洲作物对人口增长的积极作用的论据，如果把视界延伸到海外，恐怕也会看到不一

---

① 王毓瑚：《区种十种》，财政经济出版社 1955 年版，第 27 页。

样的风景，我们认为博塞拉普的观点在整体上更符合中国国情。

一　"时间"上的不一致

笔者和很多先贤时彦都探讨过玉米、番薯在各省的分省传播研究，个人认为先做区域研究再汇集成全国研究，是研究历史农业地理的基本思路，即"为了整体而局部""为了综合而区分"。匆忙上马全国研究的弊病，一是看不到区域的复杂性，违背了认识论从特殊到一般再到特殊的规律，殊不知美洲作物在一省内部的传播也是千差万别的，遑论不同省份以及南北方的差异，如浙江一省玉米就分别从海外、福建、安徽引种，且并不是在同一个时间序列上；此外浙南、浙西山地在道光以后种植强度较大，但浙北、浙东、浙南平原始终不温不火。[①] 二是全国研究工作量较大，不同省份难以关照到，论述只能抓住个别史料，"只见树木，不见森林"，会产生误导性的假说，此种经验早见于曹树基驳陈树平[②]。因此现存全国性研究我们均不甚满意。

笔者结合已有众多微观研究〔玉米：陕西、山西、广西、甘肃、四川、山东、安徽、黑龙江、贵州、河南、湖北、湖南、云南、浙江、秦巴山区、土家族地区、黄河三角洲；番薯：福建、广东（潮州）、浙江、江西、广西、四川、山东、河南、河北、湖北、湖南、中央苏区、黄河三角洲，玉米研究完全碾压其他美洲作物，番薯仅次于，马铃薯则凤毛麟角这与其在传统社会未产生重要影响的态势相符[③]〕发现：一是玉米、番薯虽然传入时间较早，但发挥功用时间较迟，除了番薯在明末的福建、广东尚有可圈可点之处，其余基本都不入流，直至乾隆中期之后南方山区开始推

---

① 详见第二章。

② 曹树基：《清代玉米、番薯分布的地理特征》，载《历史地理研究（二）》，复旦大学出版社1990年版，第287—303页。

③ 事实上，仅从马铃薯的重要别名"洋芋"之"洋"字，就可判断其产生影响时间较晚，大概是近代的事了。否则当如玉米、番薯一样，诞生"番麦""番薯"等带有"番"字的组合词。"胡""海"也均反映了传入农作物在时序上的差异。陈文曾认为"口味偏好问题可能可以解释为什么马铃薯在中国并不十分受欢迎"，这是一种想当然的想法，玉米、番薯难道就符合中国人的口味吗？真正的原因：一是马铃薯本身传入就较晚；二是马铃薯不适合高温环境生长，而中国人口密集的地区多在雨热同季的暖湿环境；三是马铃薯的"退化现象""晚疫病"等问题传统社会难以解决是限制其发展的最大原因。

广、在道光年间完成推广，换言之，18世纪中期到19世纪中期是二者在南方山区推广最快的阶段，之后才作为主要粮食作物发挥了巨大功用，在南方平原地带，则一直建树不多；最终在南方形成了西部山区玉米种植带和东南丘陵番薯种植带，虽有交汇，但分庭抗礼，边界在湖广、广西。二是北方玉米、番薯推广更晚，在光绪以降的清末民国时期才有较大发展，最终奠定了一般粮食作物的地位，然地位仍并无二者在南方山区之地位，玉米胜于番薯，尤其在春麦区番薯几无踪迹，玉米在北方山区值得一书，在平原也有所发展，在总产量上得以超越南方。三是乾隆以降，尤推弘历，对番薯大加劝种，嘉庆以来，多见官方禁种玉米，这些虽有效果，但收效不大，番薯由于未融入北方当地的种植制度，多是昙花一现，灾后即撤，玉米暗合了棚民开山的需求，屡禁不止，愈演愈烈，归根到底，这些都是农民的自发选择，不是国家权力所能管控的。

由此可见，在玉米、番薯完成推广开始发生较大影响是始于19世纪中期，此时人口已经达到帝制社会的峰值，19世纪中期之前的人口增长率也并不高，没有美洲作物也可以达到这个增长率。更何况，19世纪中期包括之后的一段时间，玉米、番薯还更多是南方山地的主要粮食作物，南方平原和北方大区未在主要受辐射的范围内。而且，南方山区人口也并不是人口增长的主力，中国历史上任何时间人口集中的地区都是在传统农区（平原地区），美洲作物增长了山区人口，山区环境承载力决定不可能容纳太多的人口；山区人口基数过低，如果以山区为标杆测算增长率自然会以为中国人口大幅增加，况且山区人口增加也不是归功于美洲作物，而是移民潮，有清一代移民活动空前激烈，移民大大加速了人口增长，山区惊人的人口增长率并不是人口自然增长率。

以陈文为代表的美洲作物量化历史研究，多将一地方志记载的最早时间作为种植强度的代理变量，殊不知引种时间早晚和种植强度间没有必然的联系，一个物种在最先引种到该地后可能会由于各种原因导致传播中断，往往需要经过多次引种才能在该地扎根，即使扎根也不代表该物种就能稳定、迅速地普及开来。云南、浙江是玉米最早进入中国的三大省份之二，无一例外，玉米均是在19世纪之后才作为主要粮食作物的，此前优势不甚明显。[1] 同理，有的省份引种看似较晚，但后期推广强度出奇得大，

---

① 详见第二章、第三章。

江西在康熙年间始有番薯记载，晚清已经是全省第二大粮食作物，引种比江西早的省份如山东，番薯却一直排不上号。[①] 个中复杂，需要细细体味。所以强行将引种时间的早晚和人口密度的变化勾连起来是想象的相关性，这是另一种"时间"上的不一致。

要之，美洲作物和人口增长在"时间"上不一致，不是正相关的关系。将引种先后和种植力度画等号，再与人口增长关联的做法也是不可取的。太平天国之后美洲作用影响渐广，但处在人口低潮期，与人口之间的关系更加难以揣度。

二 民国数据的再研究

民国以来是美洲作物的南北方发展时期，民国美洲作物的影响力肯定是大于清代的，如果我们洞悉民国玉米、番薯的面积比、产量比，有助于我们理解清代状况之一斑。民国时期的调查数据虽然有所欠缺，但已经弥足珍贵。我们曾经在《清至美洲作物生产指标估计》一文中援引了几例，但不全面，后来又有新资料的发现，集成兹列于下（见表8—3）。

表8—3　　　　　　　　　　民国美洲作物数据统计

时间	内容	出处
1914 年	玉米占作物面积 4%，番薯 1% 玉米占粮食总产量 5%，番薯 2%	笔者：《清至美洲作物生产指标估计》
1914—1918 年	玉米占作物面积 5.5%，番薯 1.7% 玉米占粮食总产量 5.18%，番薯 2.49%	［美］德·希·珀金斯：《中国农业的发展 1368—1968》
20 世纪 20 年代	玉米占作物面积 6%，番薯 2% 玉米占作物总产量 5.63%，番薯 2.55%	张心一：《中国农业概况估计》
20 世纪 20 年代	玉米占作物面积 6%，番薯 2% 玉米占粮食总产量 6%，番薯 3%	冯和法：《中国农村经济资料》
1929—1933 年	玉米占作物面积 9.6%，番薯 5.1%	［美］卜凯：《中国土地利用》

---

① 详见第四章。

时间	内容	出处
20 世纪 30 年代	玉米占作物面积6%，番薯2%	方显廷：《中国经济研究（上册）》
20 世纪 30 年代	玉米占作物面积6%，番薯2% 玉米占粮食总产量6.78%，番薯4%	吴传钧：《中国粮食地理》

虽是不完全统计，但已经能够反映大多数学者的总体认同，玉米、番薯在全面抗战之前在作物中所占比例，无论是面积还是产量，都并无巨大优势。除传统稻麦占绝对优势之外，大麦、高粱、小米、大豆也均超过于玉米、番薯，更不用提其他美洲作物了。一句话，传统南稻北旱的格局依然以传统粮食作物为主，并没有被美洲作物所打破。也难怪当时北方的两年三熟、南方的水旱轮作，还是较少有美洲作物参与的。如果在民国初期美洲作物是如此面相，我们来回溯清代的状况，美洲作物定是只弱不强，其对人口的贡献也就不过寥寥了。

当然到了民国中后期，玉米更为强势，挤占了北方一些传统粮食作物，在北方大平原，尤其是东北地区有了较大的发展，取得了对南方的绝对优势，部分原因在于南方平原始终少有玉米的影子。番薯在山东、河北等地也有所发展，但仍然不能与南方相颉颃；南方热量较好的平坦地区番薯加入与水稻的后作当中，形成了一年两熟甚至一年三熟的完美轮作复种体系，即使不适合水稻的旱作地区，番薯也作为花生、小米等的接茬作物，一年二作收益颇佳。

三　方志中对美洲作物的记载

先抛出论点，其他历史问题能否进行量化我们先保留意见，但是清代美洲作物是不适合进行计量研究的。为何？自然是没有数据，即使是可供量化的描述性记载，我们认为也是罕见的。笔者几年前由于撰写博士学位论文的需要，翻阅了全国8000余部方志的物产篇，自认为过眼极多，方志中对美洲作物的记载最主要集中在物产篇，简称方志物产，因此研究方志物产大体可以摸清美洲作物在全国的引种推广、分布变迁。笔者关于历史农业地理的定性描述多是这么来的。

但是方志，尤其是清代前中期的方志，多是单纯记载物产名称，几个字，至多一句话简要的性状描述，晚清也没有多少改观。仅凭只言片语就匆忙进行量化，风险是很大的，因为我们根本搞不清该物产在当地的面积、产量、比重等，又如何断定其重要性？我们在清代方志中看到的最多的还是美洲作物多样的别名、异称，名称是一个作物最稳定的标记之一，笔者称之为"名称共同体"，如果以此（地方性称谓）作为切入点，研究美洲作物在地区间的传播，应当是有所斩获。但是如果就靠这个评估其影响大小，是很难做到的。

　　即使到了民国时期，方志记载较为详备，也缺乏定量描写，我们只能根据自己制定的标准推断其种植规模，曹树基早已经有所尝试了，但是这个就如古代地震定级一样，见仁见智。肯定有人会问，我们在清至民国方志中经常会看到玉米、番薯"处处有之""半年粮""赖以为生"等的记载，难道还不能反映问题吗？我们认为是狭隘的。第一，美洲作物是名副其实的新作物，文人墨客甫一发现，由于猎奇的心理可能会夸大其价值，陈世元说番薯"薯上地一亩，约收万余斤，中地约收七八千斤，下地约收五六千斤"[1]，这是绝对不可能的，他的同乡黄可润就客观得多"一亩地可获千斤"[2]，陈世元出于推广番薯的目的漫天画饼；方志中中国最重要的作物水稻却很少见类似记载，在稻区亦是如此，因为大家都已经司空见惯水稻之首屈一指的地位了，没人会专门强调人所共知的事实。第二，我们只看到玉米、番薯，自然是先入为主地将其界定为主要粮食作物，对其记载也特别关心，拙作《中国南瓜史》[3]发现南瓜救荒价值很大，类似记载绝对不下于玉米、番薯，且推广更快、影响很早，难道我们就能认为南瓜在传统社会的价值大于玉米、番薯吗？在没有具体数据的前提下，一切都可以建构。有趣的是，根据南瓜在中国本土化历程，笔者倒是认为南瓜更适合与人口增长做回归分析，得出的结论比玉米对中国人口的影响还大，历史真成了任人打扮的小姑娘了。

　　方志物产相对较少编者主观意向的左右，但是方志物产也不一定就能传达给我们准确的历史信息。编纂者多是士人，不事稼穑，不一定能够正

---

①　《金薯传习录 种薯谱合刊》，农业出版社 1982 年版，第 53 页。

②　黄可润：《种薯》转引自徐栋《牧令书辑要》卷三《农桑》，同治七年江苏书局刻本，第 30 页。

③　李昕升：《中国南瓜史》，中国农业科学技术出版社 2017 年版。

确反馈农作物的正确信息，同物异名、同名异物经常出现，郭松义、曹树基就曾经指出我们想当然认为的有些"玉米""玉谷""玉（御）麦""薯（藷）"等不是真正的玉米、番薯。[1] 而且笔者也早就指出不是所有的方志都记载物产，最有趣的是一些方志物产记载的物产其实是"特产"或"新增物产"，并不是事无巨细一概记载，只强调记载物的特殊面相，这些都需要仔细甄别和全面应对。陈文曾强调如果在美洲作物传入之前就有强人口压力下，当地种植的粮食作物可能会吸引地方志编撰者更多的注意，然后根据抽样发现并没有对于粮食作物种类记载的显著增长，来否定这一假设，其实是很片面的，这不是方志物产的编纂方式不说，强人口压力下与粮食作物种类记载的增加也没有必然的联系。

四　高产与低产之间：种植制度的博弈

中南美洲是美洲作物的世界起源中心，但在漫长的历史时期，并无人口爆炸一说。如果按照今天美洲作物的高产特性，说玉米、番薯养活了大量新增人口是有一定道理的。但是，传统社会的美洲作物，并没有我们想象的那样高产。我们一向称玉米、番薯为高产作物其实有点言过其实。

我们在《清至美洲作物生产指标估计》中整理了清代文献中的亩产个案，最高限与最低限差别较大，这其中既有不同地区自然条件的差异，也有人为建构的因素。所幸民国时期具体数据增多，通过整理，大致可以发现单产玉米在 180 市斤左右、番薯在 1000 市斤左右，民国玉米、番薯不是作物改良的主要对象，所以清代大致也是这个水平，一脉相承（见表8—4）。

表8—4　　　　　历年重要农作物单位面积产量单位（全国）　单位：市亩/市斤

	1931	1932	1933	1934	1935	1936	1937
稻	325	366	337	273	334	341	341
小麦	145	143	153	151	136	149	118

---

[1] 郭松义：《古籍所载有关玉米别称的几点辩证》，《中国农史》1986 年第 2 期；曹树基：《玉米和番薯传入中国路线新探》，《中国社会经济史研究》1988 年第 4 期。

续表

	1931	1932	1933	1934	1935	1936	1937
大麦	153	158	156	168	158	166	132
高粱	178	187	191	173	188	199	179
小米	167	166	167	157	169	171	154
玉米	188	192	184	176	189	181	180
番薯	990	1117	1022	957	1076	932	1093
大豆	153	157	178	144	139	160	158

资料来源：章有义：《中国近代农业史资料 第三辑（1927—1937）》，生活·读书·新知三联书店1957年版，第926页。

番薯水分较多，折合成原粮按照四折一的标准，也就是250斤，新中国之后更多按照五折一，那番薯的亩产就更低了。190斤与250斤，当然不可能比水稻高产，水稻在当时300多斤是一般产量，小麦的亩产虽然不高，但和水稻一样，价值很高，再者说小麦是良好的越冬作物，综合效益上是不可能被美洲作物超越的，美洲作物不能取代它们，所以这就是玉米难以在南方平原、番薯难以在北方平原扎根的原因之一。番薯难以融入北方，主要是因为番薯和小麦不能很好地轮作，接茬时间上出现了冲突，玉米则契合得较好，是后来玉米在北方大发展的原因之一。

水稻、小麦不提，玉米、番薯单产相对其他杂粮固然略有优势，但优势不是很明显（和高粱相埒），在传统作物搭配根深蒂固的前提下，很难做排他性竞争，此外它们不易于做成菜肴和被饮食体系接纳，亦经常见到记载认为玉米、番薯适口性不好，更难引起文化上的共鸣，这些心理因素是发展的鸿沟。

玉米相对番薯更容易进入北方种植系统，盖因番薯生长期太长，春薯、夏薯均与冬小麦相冲突，冬小麦完全可以选择其他杂粮进行前后搭配，用地和养地相结合，取得一加一大于二的效果，而番薯孤掌难鸣，直到民国开始与花生搭配年际轮作，才取得部分话语权。

玉米生长期短，理论上是可以作为冬小麦的前、后作，但是我们看见的多是前作。这就是北方两年三熟的种植传统"麦豆秋杂"，麦后多种大豆，冬小麦对土壤肥力消耗过高，如果再种植粟、玉米等，必然影响土地的肥力，来年必定减产，而大豆则达到了较好的养地目的，华北有农谚"麦后种黑豆，一亩一石六"。玉米其实对土壤要求并不低，比番薯只高不低，没有适量的水、肥，玉米产量并不高，所以有高产潜质的玉米也不过亩产一百来斤。

既然玉米可以作为冬小麦的前作，那为什么没有完全碾压高粱、小米、黍等？前文已述的心理因素和种植习惯只是一个方面，更重要的是农民的道义经济，传统农民追求秋粮的多样化，"杂五谷而种之"，求得稳产历来比高产更重要，分散了经营风险，何乐而不为，除非其中一种作物优势明显，这是中国农民的智慧。联想到今天农业产业过于单一化，抗风险能力较差，一旦出现问题，冲击是剧烈的，爱尔兰大饥荒的惨剧不应该被遗忘。风险规避之外，农民不选择玉米也是符合客观规律的，我们看到玉米的抗逆性强，耐寒耐旱耐瘠，但是没看到玉米耐旱不如小米、耐寒不如荞麦，所以玉米也不是万能的"良药"，在干旱无灌溉的地区改种玉米，在海拔 2000 米以上的山地种植玉米，不会有好的收成，"风土论"在这里需要被重提，不同作物生态、生理适应性不同，在经纬地域分异和垂直地域分异下形成的环境特性是自然选择的结果，盲目改种玉米的亏新中国成立后我们是吃过的。玉米尤其怕涝！适当干旱有利于促根壮苗，如果土壤中水分过多、氧气缺乏，容易形成黄苗、紫苗，造成"芽涝"，因此，玉米苗期要注意排水防涝。玉米较早地传入东南各省，但是一直局限在一隅，未能推广开来，部分归因于沿海平原地区并不适合玉米的栽培，在低洼地、盐碱地，高粱就具有了绝对优势。所以我们才看到，美洲作物虽然最先进入沿海平原，但是却在山区开花结果，然后又影响了部分平原这样的反"平原—山地"发展模式。

玉米在南方山区就一帆风顺吗？南方山区其实并不适合发展种植业，如果没有美洲作物，开发深度不够，最终会走上发展林牧副业的道路，美洲作物大举入侵之前不是没有粮食作物，如荞麦、大麦、燕麦、小米等，显然它们在山区算不得高产作物，不会形成规模，但是玉米、番薯虽然在平原没有优势，在不宜稻麦的山区确是名副其实的高产作物，排挤了传统杂粮。但是，山区自然条件大举发展种植业问题多多，山区土质疏松、土层浅薄，仰仗林木保持水土，深山老林一旦开发，过度利用泥沙俱下，水土流失严重。棚民垦山种植玉米带来环境问题的类似记载在文献中汗牛充栋，研究发现民国时期玉米主要产区与今日石漠化分布区一致[1]，这些都导引了亚热带山地的结构性贫困[2]，最终连玉米都没得种。玉米确实有这样的特性，玉米根系发达、穿透力强，加剧了土壤松动，比较而言，番薯对生态破坏影响最小，且比玉米适应性强，并不是我们一般认为的番薯结实于土中对土层要求高，土层浅、肥力低、保墒差的山区上，番薯可能比玉米更适合耕种，唯番薯喜温暖，不及玉米耐寒。

五　"钱粮二色"的赋税体系

玉米、番薯在明末传入之初，作为奇物风头一时无两，但是随着国人对其认识的加深，物以多为贱，其不费人工、生长强健、成本低廉、产量颇丰等因素决定了其价值不会很高。尤其是它们之后作为山区拓荒作物，这是只有穷人才吃的食物，口感确实也不好，必然不会受到地主和王朝的青睐，所以有清一代美洲作物基本没有被纳入赋税体系。

传统社会的赋税体系是"钱粮二色"本位，不管二者的比例消长，无论是"钱"还是"粮"都基本与美洲作物无涉。"钱"的话美洲作物卖不上价，吃这些食物是不得已而为之的办法，农民想凭借美洲作物换钱完课是不可能实现的，更何况交通不便、市场不完善，即使是商品粮和经济作物农民也要忍受中间商的盘剥，更何况玉米、番薯了。"粮"的话无论是交租还是纳粮，都不包括美洲作物，价值不高、口感不好、层次较低、饮食习惯等都决定了业主不可能以此充"粮"，这里说的"粮"南方是水稻、北方主要是小麦，小米、高粱兼而有之，俱是传统粮食作物。我们考察《清代地租剥削形态》《清代土地占有关系与佃农抗租斗争》以及黄冕堂根据刑科题本整理的《清代乾嘉道期间分租材料表》《清代乾嘉道期间货币地租表》大数据[3]等仅是偶见美洲作物资料，再加上全国粮价统计体

① 韩昭庆：《清中叶至民国玉米种植与贵州石漠化变迁的关系》，《复旦学报（社会科学版）》2015 年第 4 期。
② 蓝勇：《明清美洲农作物引进对亚热带山地结构性贫困形成的影响》，《中国农史》2001 年第 4 期。
③ 中国第一代历史档案馆：《清代地租剥削形态》，中华书局 1982 年版；中国第一代历史档案馆：《清代土地占有关系与佃农抗租斗争》，中华书局 1988 年版；黄冕堂：《清史治要》，齐鲁书社 1990 年版，第 145—208 页。

系中，玉米、番薯只有在清末湖南，玉米在清末新疆略有记载①，就已经了然于心了。陈文论断玉米的引入有效地降低了粮食价格（3.4%—3.6%），我们是疑惑的，在生齿日繁和积贮失剂的双重压力下，清代粮价一直呈上涨趋势，清代后期的粮价与清初相比上涨了一倍或两倍半左右②，这就是中国现实。

还有一个因素限制了美洲作物的推广，也是与赋税体系相关，租佃关系下清代同时盛行分成租和定额租。定额租或许会好一些，但是分成租地主对农民人身依附关系控制强烈，农民饱受压迫，地主不但亲自"督耕"，还强迫农民种植特定作物，农民没有选择的自主权，更别提在分成租的前提下农民经济实力弱小，往往还需要地主提供生产工具、耕牛、种子等，地主肯定不会让农民种植玉米、番薯这些低级作物，所以租佃关系越发达的平原地区，玉米、番薯的影响越小。

除非税赋体系出现严重问题，否则美洲作物是不会成为课税对象的。要么山区开荒那样不涉税赋的情况，免于"升科"或赋税极低；要么有主山场租金极低；要么土地清丈困难，便于隐匿。美洲作物在这些地区是很有需求的，也仅限于自食自用。

六　商品农业与美洲作物的博弈

玉米、番薯可以不需要像稻麦一样精耕细作，于是农民可以腾出手来搞一些商品性农业，这在山地开发初期是很有优势的。流民"熙熙攘攘，皆为苞谷而来"，给我们一种暗示就是客民都是为了种植玉米才来的，玉米、番薯省力省本省时，他们大老远跑来就是为了吃饱吗？这在逻辑上是说不通的。李中清发现西南人口的增长主要是得益于由于中心工业区发展和城市扩大吸引而来的移民，美洲作物直到18世纪晚期还没有成为西南主要食物来源。③这不但可以证明山区人口增长在先，然后"人口压力决定粮食生产"，更反映了流民是为了利益而来，他们披荆斩棘、辛苦备尝，

① 中国社会科学院经济研究所编：《清代道光至宣统间粮价表》，广西师范大学出版社2009年版，第9、16、17册。
② 黄冕堂：《中国历代物价问题考述》，齐鲁书社2008年版，第68页。
③ ［美］李中清：《中国西南边疆的社会经济（1250—1850）》，林文勋等译，人民出版社2012年版，第314—317页。

不是为了苟活于世那么简单，不少棚民身家甚富，不但预付租金，而且雇工经营。

　　垦山棚民明后期已有之，当时人口矛盾并不如清代这么突出，也没有什么美洲作物大举开发之举，之所以背井离乡无非是利益的驱动，通过种植一些经济作物来获利，如靛蓝、苎麻、甘蔗、罂粟和一些经济林木等，"皆以种麻、种菁、栽烟、烧炭、造纸张、作香菰等务为业"①；清代中后期，又加入了烟草、美棉、花生等，这才是棚民垦山的真正目的。山区缺粮问题一直存在，传统粮食作物不但低产而且价格昂贵，聚集的人群越多，经济作物越是挤占良田，粮价越贵，玉米、番薯正好迎合棚民对粮食的需求，于是一拍即合，加剧了民食粗粮化。虽然史家均认为货币地租在近代之前不占主流且江南货币租的采用比较多②，山区商品经济固然没有江南发达，但是货币地租的比例不一定比江南低，盖因山区纳粮是比较困难的，相当一部分的地租只能通过经济作物这个实物形式转化为货币形式。

　　既然如此，我们就知道经济作物一定占据了较大的份额，山区开发之始经济作物生产与粮食生产之间的矛盾就一直存在，在地方社会争论不休，却悬而未决，不过既然经济作物连良田都可以挤占，何况是玉米、番薯？所以它们在推广的同时也要面临经济作物的竞争，这是一个同步的过程。美洲作物归根结底是一种用来糊口的无奈选择。

　　学界已经重新评估明清山区商品性农业的发展，指出其充其量不过是"生计型"和"依赖型"农业商品经济，不足以实现经济根本转型，受制于严峻的生态和生计现实，一直占绝对主体地位的山区稻作经济不仅仅停留在糊口的发展水平上。③ 可见，山区的老大既不是美洲作物也不是经济作物，而是水稻。山区农民尤其是汉人移民首选的还是稻（水稻、旱稻、糯稻），除了山间坝子，即使不是很适合稻作发展的丘陵，农民也力争种植稻谷，千辛万苦开垦梯田也在所不惜，这就是山区的"技术锁定"，其中的原因是很复杂的，这其中就涉及了种植习惯、技术习惯、饮食习惯、高产价高四大因素，限于篇幅我们不再展开。

---

① 雍正《朱批谕旨》卷一七四之四《李卫奏折二》，雍正五年（1727）四月十一日奏。
② 冯尔康：《清代的货币地租与农民的身份地位初探》，《南开学报》1980 年第 1 期。
③ 张建民：《明清时期山区开发与发展研究综述——以南方内地山区为中心》，《中国经济与社会史评论》，中国社会科学出版社 2010 年版。

宏观研究，根据"张心一数字"20 世纪 20 年代即使是中国山区面积最广大的西南三省（四川、云南、贵州）水稻比例也是占绝对优势，分别是36%、41%、47%，领先第二名小麦/玉米 20 余个百分点。[1] 微观研究，张建民的综述中黄志繁、饶伟新的赣南研究已经让我们看到了水稻的统治地位难以撼动，新近王福昌研究闽粤赣边山区环境亦发现番薯、玉米虽然种植较普遍，但数量不多，没有过去想象的高，是梯田水稻种植方式的补充。[2] 归根结底，清代人口仍然主要集中在平原地区，而平原地区依然靠传统粮食作物维持生计，"湖广熟，天下足"说的就是湖广之水稻承载了其他人口密集区的人口，美洲作物主要养活的是人口基数本来较低的山区的既有人口增长。因此，清代的人口增长主要依靠一岁数收和土地改造基础上的稻作农业得以支撑，美洲作物是积极应对人口压力的措施之一。

表 8—5　　　　　　　　20 世纪 20 年代主要作物生产指标

次序	作物	面积（百万亩）	占作物总面积	产量（百万担）
1	小麦	343	22.3	423
2	籼粳稻	284	18.5	873
3	大麦	176	11.5	231
4	高粱	153	10.0	234
5	小米	150	9.8	217
6	大豆	95	6.2	128
7	玉米	92	6.0	148
8	棉花	64	4.2	12
9	糯稻	38	2.5	104
10	甘薯	27	1.8	268

资料来源：张心一：《中国农业概况估计》，金陵大学 1932 年版，第 9 页。

关于玉米、番薯的地域分异问题，前文已述总体上玉米多在西部山区，番薯多在东南丘陵，分异的原因其实不是传播的问题（玉米从西部边疆传

---

[1]　张心一：《中国农业概况估计》，金陵大学 1932 年版，第 21 页。
[2]　王福昌：《明清以来闽粤赣边的农业变迁与山区环境》，中国社会科学出版社 2016 年版，第 171、177 页。

入、番薯从东南沿海传入，玉米也有东南一线）而在于东部人地矛盾更紧张，番薯单产高于玉米，在水热条件满足的条件下番薯可以作为水稻的后作，西部山区水热条件差些，玉米也能适应。所以在山地开发初期，美洲作物尚能满足需求，后期随着人口密度的加大、水土流失的严重，自然条件允许下的梯田稻作实为更好的选择，梯田在清代达到了开发高潮，兴修的大量陂、塘、堰、坝就是为了配合这种发展，此种南方山区的立体农业百利而无一害，既可自流灌溉又可引水灌溉，在保持水土的同时又非常高产。产出的水稻很宝贵，农民往往卖细留粗，所以说玉米、番薯在开发后期也是有一席之地的，尤其玉米最短90天就可收获，有救荒之奇效。

所以进了山区就是美洲作物的天下是一种错觉。即使是山区旱地望天田，美洲作物占据绝对优势，也不可能完全排挤掉大麦、荞麦、小米等多样杂粮，这是中国农业的特色，加之经济作物、梯田这样商品农业与美洲作物的博弈，实在不能过分高估美洲作物的地位，作为糊口作物/补充杂粮的定位从一开始就决定了不可能超越水稻，卖细留粗、暂接青黄才是它们的闪光点。

第四节 "美洲作物决定论"的来龙去脉

我们在前面大篇幅探讨了美洲作物，大致上可以拨云见日。最后还要一个需要说清的问题，是美洲作物为什么会被捧上神坛，"美洲作物决定论"的来龙去脉，剖析这个问题不仅有利于我们清楚了解其学术史脉络，更有助于我们对本书提出的命题有更深的体悟。

一 何炳棣研究的前后

美洲作物能成为第一等的题目最应该归功于何炳棣，在何炳棣1961年大作问世之前甚至之后的很长一段时间（主要由于国内外环境的闭塞，导致我们很长时间之后才知道国外的研究成果），美洲作物都没有引起足够的重视，是多种因素综合的结果。

第一，美洲作物就像它的价值、味道一样，是平淡无奇的，即使影响日广成了重要粮食，大家也仅视为司空见惯的现象，是众多食物中的一种而已，不会有人有强烈的兴趣来挖掘它的重要价值。即使有心，也苦于资料难寻，确实文献中对于美洲作物的记载是不足的和分散的，历史上居然一本关于玉米的专业农书都没有，番薯倒是好一些，由于不是经典文本，传世文献不多，今天我们看来极其重要的番薯专书《金薯传习录》，何炳棣都没有引用，想必是没有知悉。

第二，当时的大环境下，学术并不发达，又没有挖掘学术面面观的治学环境，美洲作物可以归类的经济史并不是学科主流（多是经济学家来完成），至于农史更是尚未形成一个完整的学科。即使中国最重要作物的历史——稻作史亦著述不多，又何提美洲作物？而且当时的学科分野明显，作物史研究多是由农学家来完成的，就美洲作物来研究美洲作物，过于内史，没有形成广泛的学术对话，涉猎者不多。

第三，关于美洲作物的讨论不是没有，主要集中在引种时间、路线等基本问题上，一方面是这些基本问题确实没有梳理清晰，需要不断讨论①，甚至 20 世纪末还有学者认为美洲作物很多是中国原产，不休的争论吸引了学者们的注意力而无法言他；另一方面是当时这种问题是学界更关注的，可以说是美洲作物中的"显学"，于是大家基本没有看到隐藏在它们背后与人口的复杂关系。

20 世纪 50 年代何炳棣开启他的研究之后，对美洲作物的研究进入了一个新的阶段。只做第一等题目的何炳棣开启了他的人口史研究之后，就迅速勾连到了美洲作物的头上，这是一个非常了不起的创见，为清代人口奇迹这样一个悬而未决的命题提供了合理的解释，"他对方志中关于作物传播的研究就发现了新的证据，足以使这段历史重写（费正清语）"②，虽然何炳棣指出人口增长的原因是多方面的，美洲作物仅是原因之一，但美洲作物经常被

① 类似讨论颇多，早在乾隆年间就有《金薯传习录》指出番薯从菲律宾传入中国。民国时期如施亮功：《外域输入中国之植物考》，《学生杂志》1927 年第 4 卷第 6 期；宋序英：《中国输入重要植物之源流及其经济状况》，《新苏农》1929 年第 1 卷第 2 期；陈竺同：《南洋输入生产品史考》，《南洋研究》1936 年第 6 卷第 6 期；〔美〕L. Canington Goodrich：《中国几种农作物之来历》，蒋彦士译，《农报》1937 年第 4 卷第 20 期，等等。新中国成立之后如胡锡文、王家琦、夏翔、吴德铎、万国鼎等均讨论过，详见曹玲：《明清美洲粮食作物传入中国研究综述》，《古今农业》2004 年第 2 期。
② 〔美〕何炳棣：《明初以降人口及相关问题》，葛剑雄译，生活·读书·新知三联书店 2000 年版，第 2 页。

学界认为是其中最重要的因素，得到了很多人的附议。何炳棣在 1978 年的后续研究中进一步肯定美洲作物的引种堪称继占城稻在江淮以南逐步推广后第二个长期的粮食生产"革命"，其主张的"人口爆炸—粮食短缺—美洲作物推广"理论三位一体，美洲作物推广和人口爆炸互为因果，构成该理论的经典框架。①

可以说，何炳棣是"美洲作物决定论"的"始作俑者"（注意此处加引号），但是他自己并非将美洲作物如此放大，从未表达过（或暗示过）明确的"美洲作物决定论"，更多是后人对其研究的曲解和引申，因其有开创之功，所以不得不提。何炳棣的研究最大的积极意义在于，敏锐地发现了农业创新对人口增长的影响，这对打破以往仅从制度框架、政治变迁等主流视角分析意义重大。虽然今天笔者倡导不要高估美洲作物，但是正确认识美洲作物应当归功于何炳棣，其功绩是不容抹杀的。

二 二十世纪的心理认同

为什么何炳棣的假说在提出之后几乎一呼百应，得到学界的普遍认可，影响力日广，愈演愈烈发展到今天的地步，以至于言清代人口爆炸必称美洲作物，这是一个耐人寻味的现象。何炳棣的确是一个"导火线引燃者"，其背后有着深厚的社会基础。

包括何炳棣在内的二十世纪知名历史学家，多是二十世纪生人。民国时期美洲作物已经是很重要的粮食作物，饥荒越是严重，玉米、番薯的价值就越高，自然灾害频发是民国的常态，有人指出："如果说一部二十四史，几无异于一部中国灾荒史（傅筑夫语），那么，一部中国近代史，特别是 38 年的民国史，就是中国历史上最频繁、最严重的一段灾荒史。"② 玉米、番薯，虽然不可能望水稻之项背，但是在部分省份已经是稳稳的第二大粮食作物了，而且其重要性与日俱增。

此外，经过近两百年的在地化累积促进本土化在民国的最终完成，美洲作物已经不是什么新作物了，不仅被饮食系统接纳而且也融入了本土文化，

---

① ［美］何炳棣：《美洲作物的引进、传播及其对中国粮食生产的影响（三）》，《世界农业》1979 年第 6 期。

② 夏明方：《民国时期自然灾害与乡村社会》，中华书局 2005 年版，第 5 页。

开始有人认为玉米、番薯是中国原产并从史料中搜罗一些"证据"，其他所谓种植习惯、技术习惯的隔阂也逐渐被消弭，各种玉米、番薯制品层出不穷，似乎口味口感的问题也不是什么问题了。

总之，二十世纪生人多是有过大量进食美洲作物的生命体验的，即使民国时期家资巨富在新中国成立后的重新洗牌后，也是不缺乏这种体验。西敏司总结过："饮食作为一种深嵌惯习（rutted habituation），是如此接近我们记忆的核心、性格的结构和有意识的行为，它实际上已经成为自我主体的一部分"①，美洲作物已经充分融入我们的日常生活，是可重复的、大量的和不易察觉的，不管我们爱不爱吃，都要大量食用，今天的长者可能对这段回忆充满温情，也可能深恶痛绝，不管自我塑造的印象为何，根植到我们的记忆中，形成二十世纪的心理认同。从某种意义上说，如果中华民族的性格是由以稻麦为代表的传统作物塑造的，隐喻概念化了我者和他者的关系，那么二十世纪之后就掺杂了美洲作物的影子，最著名的莫过于食辣习俗、食辣区的形成。

三 "以今推古"与"西方模式"

以玉米为最典型的美洲作物真正的大发展是在新中国成立之后，新中国成立是美洲作物发展的分水岭，1949 年之后玉米种植面积迅速超越小米，成为继稻麦之后妥妥的中国第三大粮食作物（番薯也有较大发展）。但是我们也看到在 20 世纪 70 年代之前的玉米单产并无显著增加，为何在新中国之后异军突起？

第一，之后的中国人口形势更为严峻，人口压力一年高过一年；发展畜牧业需要大量饲料，逐渐确立了玉米在饲料中的主导地位。在传统粮食作物增产达到一定瓶颈的前提下，美洲作物值得被投入更多的关注，美洲作物确实也具有增产的潜力，在传统社会没有被关注的条件下都能达到那样的高度，如果精耕细作，产量必有提升，历史也证明了这点。第二，共产党在控制基层群众的天才亘古未有，行政命令有令必行，1955 年国家把"增加稻谷、玉米、薯类等高产作物的种植面积"列入第一个五年计划中，

---

① Sidney Mintz, "The changing roles of food in the study of consumption", In: John Brewer/Roy Porter (eds): Consumption and the World of Goods, London/New York: routledge, pp. 261 –273.

《一九五六年到一九六七年全国农业发展纲要》又明确提出："从 1956 年开始，在 12 年内，要求增加 31000 万亩稻谷、15000 万亩玉米和 1 亿亩薯类"①，可见国家对于玉米、番薯的重视，除了水稻无出其右。

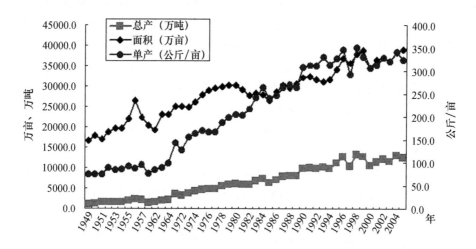

图 8—1　1949—2004 年中国玉米生产指标

资料来源：王崇桃：《玉米生产技术创新扩散研究》，北京理工大学 2006 年版，第 55 页。

1970 年之后，主要由于高产杂交玉米的快速推广，玉米单产持续增长，1978 年达到了亩产 374 斤，比民国时翻了一倍，1998 年为 702 斤又翻了一番，2015 年达 786 斤②（见图 8—1），番薯情况类似。由于美洲作物单产的不断增加，更加具有竞争力，于是播种面积也水涨船高，最终玉米在 2012 年成为中国第一大粮食作物。在这样的现实下，当代学人很容易"以今推古"，用我们今天的社会现实来映射历史现实，以为历史时期的美洲作物也是如此重要（高产、栽培面积广大），殊不知这只是人为构建的神话，并非真正的历史事实，忽略了人类生态的变迁。

虽然我们一再标榜要跳出"西方中心主义"，但是一方面走入了"中

---

① 魏宏运主编：《国史纪事本末（1949—1999）第二卷　社会主义过渡时期》，辽宁人民出版社 2003 年版，第 565 页。

② 章之凡、王俊强：《20 世纪中国主要农作物生产统计资料汇编》，中国农业遗产研究室 2005 年版，第 116、153 页。

国中心主义"的极端，另一方面就是没有真正跳出，还在受潜移默化的影响。"美洲作物决定论"就是一个"西方模式"的案例。这与研究"哥伦布大交换"的热潮是分不开的，西方学者早就发现了美洲作物与人口增长的联系。早在1664年约翰·福斯特（John Forster）直接认为种植马铃薯可以应对高昂的物价；① 18世纪亚当·斯密更鲜明地指出如果马铃薯"像某些产米国的稻米一样，成为民众普遍而喜爱的植物性食物，那么同样面积的耕地可以维持更多数量的人口"，斯密断言"人口不可避免的将会增加"。② 再经过爱尔兰大饥荒，恐怕无人不知马铃薯的重大影响，后世学者如麦克尼尔（William H. McNeill）、克罗斯比（Alfred W. Crosby）等无不对以马铃薯为首的美洲作物巨大影响详加阐述。于是中国学者自觉不自觉地受到了先验理论的影响。

但是西方的情况与中国并不相同，等同视之并不可取，农业革命前的欧洲农业生产力水平低下，马铃薯姑且可以认为能量巨大，爱尔兰人口从1754年的320万增长到1845年的820万，还没有计入移往他乡的175万。③ 但是，并不是把马铃薯替换成玉米、番薯就适应了中国的情况，近代化之前美洲作物在中国无法与前近代马尔萨斯社会的西方相提并论。

黄宗智早就指出"如果研究只是局限于宏观或量的分析，很难免套用既有的理论和信念"④，所以我们评估美洲作物，要从中国的国情出发，不能盲目套用他国的经验和别人的技术方法；要全面把握问题也要建立在洞察入微的基础上，先做区域研究，才能打破思维的桎梏；此外就是应用跨学科的方法，以研究美洲作物为例，除了人口统计、经济史、历史地理，还要了解农学方面的基础理论，才能跨越学科的藩篱，再现真实的历史。

---

① ［美］威廉·麦克尼尔：《马铃薯如何改变了世界历史》，载陈恒、耿相新《新史学 第10辑 古代科学与现代文明》，大象出版社2013年版，第233页。

② ［美］查尔斯·曼恩：《1493：物种大交换丈量的世界史》，黄煜文译，卫城出版社2013年版，第271—272页。

③ ［美］艾尔弗雷德·W.克罗斯比：《哥伦布大交换：1492年以后的生物影响和文化冲击》，郑明萱译，中国环境出版社2014年版，第108页。

④ 黄宗智：《中国经济史中的悖论现象与当前的规范认识危机》，《史学理论研究》1993年第1期。

结　语

　　"食色，性也"，吃吃喝喝是与家国天下息息相关的命题，不仅关乎人民生计、口腹之欲，而且与医疗卫生、社会生活紧密勾连，通过检视其在特定的历史和社会场景之下的多元功能和意义，可以了解整个社会的变迁。

　　中国是农业大国，无论过去、现在、未来皆是如此，是故历年中央"一号文件"均是以"三农"为主题，而农业的产出就是食物，食物的构成与农业的发展存在重大的联系，不同区域的农业发展情况造就了不同地区人类的饮食结构。正如西方谚语 you are what you eat（人如其食），饮食足以左右一个国家、民族的性格。

一　种植制度与饮食文化归因

　　中国的情况较世界更为明显，概因中国的农业文明高度发达，中国农业一直以来居于世界领先地位，不仅在于农业技术的成熟完善，也在于以"三才"理论为核心的中国传统农业可持续发展思想和实践以及与之相联系的生态文明的兴旺发达，所有这些，建构了我们的胃的消化系统和我们的舌尖感知的超稳定性。

　　因此，我们提出"中国超稳定饮食结构"[①]观点，"中国超稳定饮食结构"是基于中国农耕文化的特质，由于中国传统农业高度发达，传统作物更有助于农业生产（稳产、高产）、更加契合农业体制、更容易被做成菜肴和被饮食体系接纳、更能引起文化上的共鸣。这其中因素，最为重要

---

① 这是笔者尝试提出的一个概念，还有待斟酌，不过笔者以为这个概念能够言简意赅地表达我们的学术思考，即不应过分拔高外来作物在中国农业文明中的地位。

的就是种植制度与饮食文化的嵌入。

首先是种植制度，即比较稳定的作物种植安排。至迟在魏晋时期的北方、南宋时期的南方，已经形成了一整套的、成熟的旱地耕作、水田耕作体系，技术形态基本定型，精耕细作水平已经达到了很高的程度，优势作物地位基本确立。《齐民要术》成为北方"耕—耙—耱"这一技术体系成熟的标志，但北方在汉代可能已经达到这一高度，因此许倬云才说汉代是早期中国农业经济的形成时期；自六朝开始，南方华夏化进程加快，"南方大发现"（王利华语）最终在南宋完成，其标志便是《陈旉农书》中的"耕—耙—耖—耘—耥"技术体系，这一时期梯田的大量出现同样论证了这一观点。至此，传统农业形成"高水平均衡陷阱"，但是这并不是简单的"技术闭锁"，"技术闭锁"往往指出已有的次好技术先入为主而带来的"技术惯习"持续居于支配地位，但是本土作物形成的作物组合并不是次好技术而是优势技术。基本上自形成精耕细作的成熟系统，北方就多是两年三熟麦豆秋杂或粮棉、粮草畜轮作，南方则多是水旱轮作，外来作物很难融入进来，特别是融入大田种植制度。

其次是饮食文化，即人们对外来作物的适应问题。就像今天依然很多北方人吃米、南方人吃面觉得吃不饱、吃不惯，中国区域间饮食文化千差万别，遑论国别饮食体系差异。外来作物中，最早融入种植制度的小麦，在中国的本土化经历了漫长的两千年历程，至迟在唐代中期的北方确立其主粮地位，虽然说汉代由于人口增长小麦得到了一定的推广，但是如果没有东汉后期的面粉发酵技术和面粉加工技术的发展，很难想象小麦能逐渐取代粟的地位；同理，小麦之所以能够在江南得到规模推广，重要原因之一也是永嘉南迁北人有吃麦的需求，在南方水稻大区率先形成了"麦岛"，几次大的人口南迁均是如此，带动了小麦的生产、消费与面食多样化。外来作物传入初期，多是作为观赏、药用，少量食用多是猎奇心理，很少大量食用，即使大量食用也是不得已而为之，心理和身体都是很难接受的。

二　客观评价外来作物

由于中国农业的开放性与包容性，历史时期中国不断从域外引进各种农作物，如已故美国环境史家克罗斯比（Alfred W. Crosby）在 1972 年提出"哥伦布大交换"（Columbian Exchange）这个经典概念之后，国内外相关研究如恒河沙数，"哥伦布大交换"聚焦的是美洲作物，正如20世纪50年代何炳棣对美洲作物的肯定一样。事实上，除了明代以降引进的美洲作物，先秦、汉晋、唐宋三个阶段都引进了大量对中国历史进程影响至深的外来作物，特别是粮食作物（小麦、高粱）、油料作物（芝麻）、纤维作物（亚洲棉）等。

美籍东方学家劳费尔（Berthold Laufer）在《中国伊朗编》中曾高度称赞中国人向来乐于接受外来作物："采纳许多有用的外国植物以为己用，并把它们并入自己完整的农业系统中去。"可以说，这些作物的引进奠定了今天的农业地理格局，实现了中国从大河文明向大海文明的跨越发展，今天如果没有外来作物参与的日常生活是不可想象的。因此，中华农业文明能够长盛不衰，得益于两大法宝——精耕细作与多元交汇。但是目前的研究趋势是过分拔高外来作物的重要性（比如"美洲作物决定论"），而忽略了中国原生作物，忽略了建立在本土作物（或早已实现本土化的外来作物）基础上的精耕细作。

以今天的视角观之，即使是传入中国较晚的外来作物如花椰菜、苦苣、咖啡、草莓、西芹、西蓝花、西洋苹果等，也有一百年的历史了，属于布罗代尔历史时间的"中时段"，可以预见，外来作物的重要性还将不断提高。"美洲作物决定论"等观点是认为，外来作物甫一传入或在很短的时间内就拥有了重要的地位，比如不仅认为美洲作物助力了清代的人口爆炸、导引了18世纪的粮食革命，甚至明代的灭亡也与它们没有及时推广有关，这是一种典型的谬误。

与今天的新事物不同，在前近代化中国，新事物的普及要经过相当漫长的时间，在某种意义上"技术传播"比"技术发明"更为重要。即使是中国自有物质文化，也是如此，诚如《滇海虞衡志》所说："然物有同进一时者，各囿于其方，此方兴而彼方竟不知种，苜蓿入中国垂二千年，北方多而南方未有种之。"外来作物的本土化，是指引进的作物适应中国的生存环境，并且融入中国的社会、经济、文化、科技体系之中，逐渐形成有别于原生地的、具有中国特色的新品种的过程。我们把这一认识，归纳为风土适应、技术改造、文化接纳三个递进的层次，或者称之为推广本土化、技术本土化、文化本土化，这是一个相当复杂且漫长的本土化过程。

简言之，由于技术、口味、文化等因素，国人对于外来作物的接受和调试，是一个相当缓慢的过程。在这种稳定的饮食结构下，外来作物的优势最初都被忽视了，它们影响的发挥要经过几百上千年的缓冲，传入中国最晚的美洲作物，在近代乃至新中国成立之前，影响都是比较弱小的。

三　中华农业文明高度发达

古代世界文明的本质就是农业文明，文明根基建筑在农业经济之上，文明成果富集于农业生产之中。虽然在地理大发现和工业革命之前，世界不同国家和地区因地理、文化阻隔，交流与互动受到一定局限，但并非彼此封闭、相互隔绝，农业便是其中最主要的形式，由于中华农业文明的高度发达，中国一直扮演集散地的角色，整合着全球农业资源。

中国原产的稻、大豆、茶、养蚕缫丝被称为"农业四大发明"，对人类社会的贡献不逊色于"四大发明"。2016 年中国科学院出炉的 88 项"中国古代重要科技发明创造"，"水稻栽培""大豆栽培""茶树栽培""养蚕""缫丝"赫然在目，可见其地位之超然。当然我们并不是说其他农业发明难以与之相颉颃，这也是我们注重突破"成就描述"的研究范式，以研究技术的传播、演进以及与各种社会因素之间的互动关系为旨趣的一种努力。

传统中国拥有技术精湛的农业生产技术（农具），以及中国农业古籍（农书）、重农思想、可持续发展理念，经由丝绸之路的传播，对世界农业文明的发展产生了持续而深刻的影响。"农业四大发明"之外更侧重于无形的农业思想体系，在某种程度上较作为商品的实物，更能引发社会变革，缔造了世界农业文明的专业化和全球化，并通过影响西方产业革命的基础——农业革命，改变了世界进程。

诚如李比希指出："（中国农业）是以观察和经验为指导，长期保持着土壤肥力，借以适应人口的增长而不断提高其产量，创造了无与伦比的农业耕种方法。"原美国农业部土壤管理局局长、农业专家富兰克林·哈瑞姆·金（F. H. king）早在 1909 年来华访问时就盛赞："远东的农民从千百年的实践中早就领会了豆科植物对保持地力的至关重要，将大豆与其他作物大面积轮作来增肥土地"。诺贝尔奖获得者、美国小麦育种学家布劳格（Norman Borlaug）认为中国长期推行的多熟种植和间作套种是世界惊人的变革。美国未来学家托夫勒（Alvin Toffler）提到未来农业设计居然与"桑基鱼塘"有惊人的相似，谁说这是一种偶然呢？

　　质言之，中国传统农业高度发达，直接导引了"中国超稳定饮食结构"，外来作物在中国发挥作用的时间要比其他国家、地区慢得多，"高水平"自然具有"高排他"。因为对外来作物的影响要客观对待，有的外来作物仅仅是昙花一现的匆匆过客，当然更多的外来作物在后来大放异彩，却并非在传入之初便拥有强大的生命力，外来作物扎根落脚，也往往要经过多次引种，其间由于多种原因会造成栽培中断。新中国成立之后，外来作物取得的显著成就，其实与食品消费升级与种植结构的转变、现代农业与全球贸易下的食物供给息息相关。玉米在 2010 年以来就一直是国家第一大粮食作物，但并不是第一大口粮，又如，国家在 2015 年推出"马铃薯主粮化战略"，主粮化前景前路漫漫，这些内在逻辑依然是"中国超稳定饮食结构"。

附录　近40年以来外来作物来华海路传播研究的回顾与前瞻

改革开放前的作物史研究，本土作物如稻，在丁颖、游修龄等的努力下取得较为瞩目的成果。外来作物则以译介国外相关研究为主，国人自作，鲜有可圈可点之处，多是陈陈相因国外之说法。研究的薄弱，有学科归属不清、研究边缘化等较为复杂的原因。1978年之后，随着学术环境的开放、学术队伍的增加，关于外来作物史的研究取得了一系列影响较大的成果，迟至今日，研究已经非常成熟，各种学术语境中的问题意识和学术意图都十分清晰。但伴随着海上丝绸之路研究的越发兴盛，关注发生在海路上物种交流综述性质的文章还未看到。由于本章时空跨度较大，囿于篇幅所限，难以做到地毯式的罗列和提要，挂一漏万，特别重要的成果尽量一网打尽并简要评述，其他以纲举目张为主，兼谈笔者的一些想法。

一　外来作物概述

外来作物，又称域外作物、海外作物，顾名思义，即非中国原产、起源于国外的农作物。由于历史时期中国疆域不断变化，便很难界定个别作物到底是否属于外来，但一般而言，以今天的版图为准，少数民族地区作物我们不作为外来作物视之。

（一）"外来作物"悖论

首先如何判断外来作物？经常有人撰文认为有的外来作物是起源于中国，特别是在学术环境、资讯信息不是很尽如人意的20世纪，罗列证据，比如认为"红薯""花生""南瓜"等名词似乎在1492年之前的古文献中都出现过，并以此来论证这些作物起源于中国。

实际上这多是狭隘的民族主义在作祟，完全是子虚乌有的。其实，中国实在是地大物博，由于各种因素导致植物名称中的同名异物和同物异名现象非常常见，以及中国古籍经常出现后人托名前人伪造文本的现象，所以稍有不慎就会掉入圈套。我们要判断某一植物起源于某处，应当具备三个条件：第一，有确凿的古文献记载；第二，有该栽培植物的野生种被发现（少部分作物不适用此项）；第三，有考古材料支撑。三者缺一不可，否则便是孤证，即使只有考古发掘看似很权威了，但是也不可盲从，20 世纪 60 年代的浙江钱山漾遗址中就发现了"花生""蚕豆"和"芝麻"①，后来被证明是认定错误，可见考古报告出现错误的例子是不少的。

此外，尚有一小撮人坚持中国人在哥伦布之前就抵达美洲了，因此美洲作物虽不是中国原产，但抵达中国的时间应该早得多，他们是孟席斯、李兆良等的追随者，虽然多次有人对他们的言论发起了抨击②，但是依然屡见不鲜，譬如新近李浩撰文认为 14—15 世纪美洲主要作物也开始在中国方志、本草等书籍中大量出现。③ 其殊不知他所谓的证据《饮食须知》是一部清人托名的伪书（另文再述）、《滇南本草》抄本形式流传后人窜入甚多，至于弘治《常熟县志》的"花生"其实是土圞儿④，景泰《云南图经志》中的"蕃茄"也不能证明就是西红柿。

（二）外来作物名录

中国现有作物有 1100 多种，主要作物有 600 多种，这其中一半左右系外来作物。外来作物传入中国可分为五个阶段，先秦、汉晋、唐宋、明清以及近代，先秦从属前丝绸之路时代，代表性作物如麦，汉晋时期传入作物多冠以"胡"名，如胡麻（芝麻）、胡荽（香菜）、胡桃（核桃）、胡蒜（大蒜）、胡葱（蒜葱）、胡瓜（黄瓜）、胡豆（豌豆）、胡椒等，当然并非所有此时进入中国的作物均将"胡"作为前缀（见表 1）；也并非带"胡"字的作物均是外来作物，更不是"胡"都是来自西域，比如胡椒就是来自印度。唐宋时期传入作物常冠以"海"名，海棠、海枣（椰枣），但更多

① 浙江省文物管理委员会：《吴兴钱山漾遗址第一、二次发掘报告》，《考古学报》1960 年第 2 期。

② 如郑培凯：《下大西洋，抑或大话西游》，《明报》2003 年 2 月 16 日；林晓雁：《欧洲人是从中国学的经度知识吗？——评李兆良〈坤舆万国全图解密：明代中国与世界〉》，《中华读书报》2019 年 4 月 17 日等。

③ 李浩：《新大陆发现之前中国与美洲交流的可行性分析》，《中国海洋大学学报（社会科学版）》2018 年第 3 期。

④ 项梦冰：《中国马铃薯历史札记》，《现代语言学》2018 年第 2 期。

无“海”（见表1）。明清则突出了“番”字，如番麦（玉米）、番薯、番茄、番瓜（南瓜）、番豆（花生）、西番葵（向日葵）、番椒（辣椒）、番梨（菠萝）、番木薯（木薯）、西番莲、番荔枝、番石榴、番木瓜等，倒是以“番”占了主体。进入近代，“洋”/“西”则成了主要特色，洋芋（马铃薯）、洋白菜（结球甘蓝的再引种）、洋葱、洋蔓菁（糖用甜菜）、西芹、西蓝花等。具体见表1①：

表1　历史时期引入中国的主要外来作物

先秦	大麦、小麦、甘蔗等
汉晋	高粱、芝麻、香菜、核桃、大蒜、大葱、黄瓜、豌豆、胡椒、安石榴、葡萄、茴香、莳萝、苜蓿、扁豆、亚洲棉、茄子、榅桲、苹婆、诃黎勒等
唐宋	占城稻、海棠、海枣、西瓜、丝瓜、菠萝蜜、莴苣、胡萝卜、菠菜、茼蒿、刀豆、开心果、无花果、巴旦杏、蚕豆、油橄榄、柠檬、钩栗、苦瓜、罂粟、亚麻、洋葱、金桃等
明清	玉米、番薯、马铃薯、南瓜、菜豆、笋瓜、西葫芦、木薯、辣椒、番茄、佛手瓜、蕉芋、花生、向日葵、烟草、可可、美棉、西洋参、番荔枝、番石榴、番木瓜、菠萝、油梨、腰果、蛋黄果、人心果、西番莲、豆薯、橡胶、古柯、金鸡纳、球茎甘蓝、结球甘蓝、芒果、荷兰豆等
近代	糖用甜菜、花椰菜、西芹、西蓝花、苦苣、西洋苹果、草莓、咖啡等

注：园艺作物中的花卉，本表较少提及。

可见汉晋、唐宋、明清三个阶段最为重要。汉晋基本均为陆路，且以西北丝路为主要渠道，兼有蜀身毒道引自印度，个别小众作物从海上传入；唐宋陆海并重，显示了此时路径的多元化；明清以降则是以海路为主，反映了外来作物来华海路越发重要。长时段来看，由于夏季蔬菜的缺乏，外来作物的引种以蔬菜为主，兼及果品，偶有个别粮食作物传入，倒是地理大发现之后，来自美洲的粮食作物、菜粮兼用作物提升了粮食作物的占比，当然，明清以来折射的是作物品类的更加多元化，奠定了今天的

① 外来作物中的蔬菜最早记载可见李昕升、王思明：《中国古代夏季蔬菜的品种增加及动因分析》，《古今农业》2013年第3期。

农业地理格局。

表 1 仅是一些主要的外来作物，更多不胜枚举，笔者之所以不厌其烦地列举除达到名目更加清晰的目的之外，也是为了便于下文叙述，因为目前作物史的文本书写主要还是围绕上述作物展开。

（三）陆海丝绸之路

传统社会几乎所有的物种交流都是发生在陆海丝绸之路上。丝绸之路是中外交流的桥梁，中外文明在丝绸之路上交织与碰撞，这也是一直以来中西文化交流的主要研究内容，如外来作物传入中国引发饮食文化、物质生活的变革。

丝绸之路是双向互动的，所以虽然中国的作物对世界也产生了重要影响①，但是外来作物对中国的影响更有甚之，中国得益于早期全球化的成果，中国人从口腹到舌尖都是外来作物的受益者。我们都讲多元交汇和精耕细作共同打造了中国的农业文明，前者尤其可见中国的包容性，正是因为化外物为己用，才使得文明赓续延绵。

外来作物传入传统中国，自然通过陆海丝绸之路，路上丝绸之路（包括前丝绸之路时代）从未断绝，它们主要通过使臣遣返、商旅贸易、多边战争以及流民移民等途径进入中国。西北丝路在于其的不稳定性，经常受到北方少数民族的侵扰，如"永嘉之乱""安史之乱""靖康之乱"，特别是中唐以来，吐蕃崛起、西夏回鹘割据，控制了陇右和河西，西北丝路受到了阻断，是故西北丝路以前半段（汉、唐）为主，传入大量中亚、西亚乃至欧洲、非洲作物。

海上丝绸之路南海航线形成于秦汉之际，即公元前 200 年前后，徐闻、合浦和日南（今越南）成为海上丝路的最早始发港。海上丝路在前半段一直稳步发展，至迟在东汉就已经有外来作物经海路传入。伴随着西北陆路的衰弱，加之经济重心南移，以及航海技术的发展、海运本身的优势，海上丝路越发重要，传入作物也是非常可观。直至葡萄牙人 1511 年占领马六甲，中国逐渐失去海上丝路的话语权。此外，海上丝绸之路是否就等同于海路？二者是不能画等号的，1840 年后中国远洋航线被迫转型为近代国际航线。因此，就本章来说"海路"比"海上丝绸之路"更为贴

---

① 王思明：《丝绸之路农业交流对世界农业文明发展的影响》，《内蒙古社会科学（汉文版）》2017 年第 3 期。

切，因为近代以来传入作物并不少，虽然多数是中国本土作物的"回流"以及早已传入的外来作物的新型品种。

（四）多路线问题

关于外来作物的研究发展到今天已经堪称显学，研究成果满坑满谷，研究面相多种多样。回归到本章，我们自然是主要关注外来作物的引种时间、路线、传入人三大基本问题，这是长期以来关于外来作物关注度最高的问题，毕竟厘清了这些，才能进一步追问其他问题。

但是，实际上外来作物来华的三大基本问题，并不存在单一线性的解释。首先，外来作物来华在同一时期往往存在互不相干的多条路径，即使是同一路线一般还会诞生出多条次生传播路线。即几大丝路均存在这种可能性。

其次，即使是同一地区，作物经常要经过多次的引种才会扎根落脚，其间由于多种原因会造成栽培中断，这就是我们常见的文献记载"空窗期"，中间甚至会间隔数个世纪。

再次，初次传入种一直局限于一隅并未产生重大影响，末次新品种由于驯化优势明显，传入后实现了对其的排他竞争。这可以解释一些外来作物长期传播缓慢，突然在某一个段时段内爆发式传播。

最后，即使某一作物确实系中国原产，由于作物的多元起源中心（与作物起源一元论并不矛盾，因为作物往往存在次生小中心①），同样的作物不同的品种亦可能再传中国，即使仅存中国中心，他国驯化新品种亦能"回流"入华。

总之，上述三点都提示我们关于外来作物来华的路线要特别谨慎，回归到本章，特别需要注意的就是即使是一些外来作物传统观点认为首次经陆路来华，但是不代表其后续没有通过海路来华的可能性，这是外来作物海路传播问题需要细致入微考察的。

二 总论性质的全方位扫描

前文拉拉杂杂谈了不少，这是本章除了想提供一些研究作物史的重要

---

① 次生小中心，是由于自然、人工选择下形成的后发驯化遗传多样性，与原生野生祖先形态、生态甚至会迥然不同。因此在文献记载中就会出现同一物种来自不同地区的"假象"。

资料门径，更想提供一种思考作物史问题的思路，以助于开阔视野，而且在这些基本理路厘清之后，回顾与前瞻工作都将更加事半功倍。

本命题总论性质的研究，多是一些研究性、科普性专著及文献综述、文献述评。优点是视野宏观便于综合对比、给读者提供了一个概括性的描摹，在当时的语境下内容相对全面、在某种意义上起到了工具书的价值。缺点自然是大而全则不够细致，某些细节经不起推敲。

中国近代农业经济学奠基人之一唐启宇，早在"文化大革命"前夕就完成了第一部以作物史为名的广义作物史专著——《中国作物栽培史稿》①，由于众所周知的原因，迟至 1986 年才出版。较早勾勒了甘薯、马铃薯、花生的入华海路。

《中国农业百科全书·农业历史卷》② 下设"农作物栽培史""果树栽培史"专题，众多外来作物的路线虽附带一提，但颇为精辟。《植物名释札记》③ 亦是如此，虽然以名物训诂为主，传播问题偶言两句却切中要害。

包括李璠《中国栽培植物发展史》④ 在内，20 世纪最后 20 余年关于外来作物入华路线的问题尚属研究之初级阶段，但与改革开放之前相比仍有不小的进步，体现在不少作物实现了研究零的突破，所以虽然研究不深、错误百出，特别是李璠，或是由于民族自尊心的原因，经常建构外来作物的本土起源论，考虑到研究人员多系非史学出身以及当时学术资源的匮乏，依然值得肯定。

本阶段的集大成者反而是日本学者星川清亲所著《栽培植物的起源与传播》⑤，虽然在外来作物入华时间、路线问题上有的过于模糊，有的又太过于精确，但毫无疑问在大面上是完全立得住的，难能可贵的还在于本书虽然立足于日本、中国，然对作物在全球的传播也有一定的见解。影响最大的单篇论文莫过于闵宗殿的《海外农作物的传入和对我国农业生产的影响》⑥，不仅出现了一些尚未被人们注意到的农作物，也有新史料的利用。

① 唐启宇：《中国作物栽培史稿》，农业出版社 1986 年版。
② 中国农业百科全书总编辑委员会农业历史卷编辑委员会、中国农业百科全书编辑部：《中国农业百科全书·农业历史卷》，中国农业出版社 1995 年版。
③ 夏纬瑛：《植物名释札记》，农业出版社 1990 年版。
④ 李璠：《中国栽培植物发展史》，科学出版社 1984 年版。
⑤ ［日］星川清亲：《栽培植物的起源与传播》，段传德等译，河南科学技术出版社 1981 年版。
⑥ 闵宗殿：《海外农作物的传入和对我国农业生产的影响》，《古今农业》1991 年第 1 期。

进入新世纪，总论性质的研究已经颇为成熟，研究蔚为大观，佳作频出。首先是张平真《中国蔬菜名称考释》① 是讨论外来蔬菜来华路线最为专业的专著，以蔬菜为名，又不限于典型蔬菜，洋洋大观，旁征博引，非常适合作为工具书，美中不足亦是因为讨论面太广，难免会出现错误，特别是部分外来作物被错认为中国本土的现象依然存在。

　　彭世奖《中国作物栽培简史》② 在唐启宇、农业百科全书的基础上，结合个人研究，也有一些建树。俞为洁《中国食料史》③ 按照断代讨论，每章下均有一节为"来自边区和域外的物产、食品和肴馔"，颇为清晰。韩茂莉《中国历史农业地理》④ 三卷本第八章专门讨论玉米、番薯传播路径与地理分布，第九章则涉及主要经济作物棉花、蔬菜（马铃薯）、油料（向日葵、花生）的海路传播问题。朱宏斌《和而不同：历史时期域外农业科技的引进及其本土化》在整合其团队硕论的基础上，梳理了一些代表性的域外作物引进问题。⑤ 罗桂环《中国栽培植物源流考》⑥ 对中国重要栽培作物的起源、引种、发展和传播过程作了较为系统全面的探讨，就综论性的外来作物来华海路研究上已经集之大成。

　　代表性论文有王思明的《外来作物如何影响中国人的生活》⑦ 介绍了它们在中国引种的基本情况，杨宝霖的《广东外来蔬菜考略》⑧ 等。

　　针对美洲作物，有两部代表性著作，王思明《美洲作物在中国的传播及其影响研究》⑨ 是第一部从整体上专门论述美洲作物的专著，讨论了九种最为重要的美洲农作物的在华传播发展史。张箭《新大陆农作物的传播和意义》，其亮点是共讨论了 19 种美洲作物的栽培和传播发展史，且主要叙述了它们在世界上的发展传播史。⑩ 此外还有，曹玲《美洲粮食作物的

---

① 张平真：《中国蔬菜名称考释》，北京燕山出版社 2006 年版。
② 彭世奖：《中国作物栽培简史》，中国农业出版社 2012 年版。
③ 俞为洁：《中国食料史》，上海古籍出版社 2011 年版。
④ 韩茂莉：《中国历史农业地理》，北京大学出版社 2012 年版。
⑤ 朱宏斌主编：《和而不同：历史时期域外农业科技的引进及其本土化》，西北农林科技大学出版社 2017 年版。
⑥ 罗桂环：《中国栽培植物源流考》，广东人民出版社 2017 年版。
⑦ 王思明：《外来作物如何影响中国人的生活》，《中国农史》2018 年第 2 期。
⑧ 杨宝霖：《广东外来蔬菜考略》，《广东史志》1989 年第 3 期。
⑨ 王思明：《美洲作物在中国的传播及其影响研究》，中国三峡出版社 2010 年版。
⑩ 张箭：《新大陆农作物的传播和意义》，科学出版社 2014 年版。

传入、传播及其影响研究》①、宋军令《明清时期美洲农作物在中国的传种
及其影响研究》②、郑南《美洲原产作物的传入及其对中国社会影响问题的
研究》③ 等分量也比较足。

关于美洲作物论文中影响最大的非何炳棣莫属，何炳棣在《世界农
业》④ 连发三篇文章分别讨论了玉米、番薯、马铃薯、花生的引进和传播
问题，具有非凡之创见与开创性，是其《明初以降人口及相关问题
（1368—1953）》个中问题的延展，在该书中何炳棣创造性地提出清代人口
增长与美洲作物之间的关联，"他对方志中关于作物传播的研究就发现了
新的证据，足以使这段历史重写（费正清语）"⑤。丁晓蕾等《美洲原产蔬
菜作物在中国的传播及其本土化发展》针对美洲蔬菜梳理了引入中国的
情况。⑥

近年来外来作物成为公众史学喜闻乐见的话题，走入普罗大众的视
角，一些通俗科普读物应运而生，朱为民《菜香百事》⑦、许晖《植物在
丝绸的路上穿行》⑧、孟凡等《世界植物文化史论》⑨、蒋逸征《庭院里的
西洋菜——中国的外来植物·蔬菜》⑩、傅维康《民以食为天　百种食物漫
话》⑪ 等均有所涉猎。

———————————

① 曹玲：《美洲粮食作物的传入、传播及其影响研究》，硕士学位论文，南京农业大学，2003 年。
② 宋军令：《明清时期美洲农作物在中国的传种及其影响研究》，博士学位论文，河南大学，
2007 年。
③ 郑南：《美洲原产作物的传入及其对中国社会影响问题的研究》，博士学位论文，浙江大学，
2010 年。
④ ［美］何炳棣：《美洲作物的引进、传播及其对中国粮食生产的影响》，《世界农业》1979 年第
4 期；［美］何炳棣：《美洲作物的引进、传播及其对中国粮食生产的影响（二）》，《世界农
业》1979 年第 5 期；［美］何炳棣：《美洲作物的引进、传播及其对中国粮食生产的影响
（三）》，《世界农业》1979 年第 6 期。
⑤ ［美］何炳棣：《明初以降人口及相关问题（1368—1953）》，葛剑雄译，生活·读书·新知三
联书店 2000 年版，第 2 页。
⑥ 丁晓蕾、王思明：《美洲原产蔬菜作物在中国的传播及其本土化发展》，《中国农史》2013 年
第 5 期。
⑦ 朱为民主编：《菜香百事》，上海科学技术出版社 2016 年版。
⑧ 许晖：《植物在丝绸的路上穿行》，青岛出版社 2016 年版。
⑨ 孟凡等：《世界植物文化史论》，江西科学技术出版社 2017 年版。
⑩ 蒋逸征：《庭院里的西洋菜——中国的外来植物·蔬菜》，上海文化出版社 2018 年版。
⑪ 傅维康：《民以食为天　百种食物漫话》，上海文化出版社 2017 年版。

此外，多卷本《中国农业通史》、曾雄生《中国农学史》[①]、多卷本《中国近代经济地理》等农业史、历史地理论著也有观照。海上丝路大型综述龚缨晏《中国"海上丝绸之路"研究百年回顾》[②]《中国海上丝绸之路研究年鉴》（2013、2014、2015、2016）也有些许提及。

三　断代或区域性质的综论

与总论、通史性质的研究类似，断代或区域性质外来作物入华研究也不局限于某一种作物，而且聚焦在一个时代一个地区的全外来作物整合扫描，不过此种性质的研究一般不似前者基本定位为农史/作物史研究，多是时代/区域的社会生活史、历史农业地理专论，自然要涉及与本章相关的部分。此外，本部分亦仅罗列、介绍代表性论著，而不一一阐述观点，具体研究留待下文条分缕析。

汉代是海上丝路的肇始，虽然海路尚没有在物种交流中占据主要地位，但不可否认少部分外来物种已经开始通过海路进入中国，石云涛《汉代外来文明研究》[③] 第二章"植物篇"就让我们看到了这一点。

美国学者薛爱华《唐代的外来文明》（新版称《撒马尔罕的金桃——唐代舶来品研究》[④]）第七章"植物"、第九章"食物"则是介绍了唐代自海路传入的作物。魏露苓《隋唐五代时期园艺作物的培育与引进》[⑤] 介绍了海路引种的花果、蔬菜、香料等园艺作物。

三卷本《明清农业史资料（1368—1911）》[⑥] 虽然为资料汇编，但难能可贵的是对不同作物的资料进行了分门别类的处理，自然清晰可见关于外来作物的早期记载。

福建、广东是海上丝路的起点和终端，也是外来作物的重要登陆地，研究者自然颇为青睐，研究依然主要集中在美洲作物。吴建新《明清时期

① 曾雄生：《中国农学史》，福建人民出版社 2012 年版。
② 龚缨晏主编：《中国"海上丝绸之路"研究百年回顾》，浙江大学出版社 2011 年版。
③ 石云涛：《汉代外来文明研究》，中国社会科学出版社 2017 年版。
④ ［美］薛爱华：《撒马尔罕的金桃——唐代舶来品研究》，社会科学文献出版社 2016 年版。
⑤ 魏露苓：《隋唐五代时期园艺作物的培育与引进》，《中国农史》2003 年第 4 期。
⑥ 陈树平主编：《明清农业史资料（1368—1911）》，社会科学文献出版社 2013 年版。

主要外来作物在广东的传播》①《明清广东主要外来作物的再探索》② 叙述了明清时期番薯、玉米、花生、烟草在广东的引进和传播情况。颜泽贤等《岭南科学技术史》③ 同上。倒是郑学檬《宋代福建沿海对外贸易的发展对社会经济结构变化的影响》探讨了宋代从东南亚引入占城稻、棉花、诸花卉之事。④

林更生《古代从海路引进福建的植物》⑤ 就聚焦在了外来作物的重要集散地——福建。徐晓望《中国福建海上丝绸之路发展史》⑥ 单辟一章诠释了《明末清初美洲作物的引进和影响》。还有王政军《明清时期经福建地区引入中国的美洲作物刍议》⑦。

颜家安《海南岛生态环境变迁研究》⑧ 同样用了一章"海南岛外来作物（植物）引种史研究"——对橡胶、椰子、油棕、菠萝、菠萝蜜、可可、咖啡、胡椒等均有较为详细的论述。汤开建《明清时期外来植物引入澳门考》⑨ 为外来作物具体到某地的研究提供了一个典范。

史念海区域历史农业地理研究团队在此处建树颇多，针对外来作物引进问题，集中在王双怀《明代华南农业地理》⑩、周宏伟《清代两广农业地理》⑪。

四　各论

各论即有针对性地单独研究一种或一类海外作物引入中国的历史面相。虽然可能关注度没有总论高，但是专业性是毫无疑问的。20 世纪之前的各论较少，但具有开创性意义，21 世纪可谓全面开花，众多真知灼见有

① 吴建新：《明清时期主要外来作物在广东的传播》，《广东史志》1998 年第 2 期。
② 吴建新：《明清广东主要外来作物的再探索》，《古今农业》2008 年第 4 期。
③ 颜泽贤、黄世瑞：《岭南科学技术史》，广东人民出版社 2002 年版。
④ 郑学檬：《宋代福建沿海对外贸易的发展对社会经济结构变化的影响》，《中国社会经济史研究》1996 年第 2 期。
⑤ 林更生：《古代从海路引进福建的植物》，《海交史研究》1982 年第 0 期。
⑥ 徐晓望：《中国福建海上丝绸之路发展史》，九州出版社 2017 年版。
⑦ 王政军：《明清时期经福建地区引入中国的美洲作物刍议》，《闽商文化研究》2018 年第 2 期。
⑧ 颜家安：《海南岛生态环境变迁研究》，科学出版社 2008 年版。
⑨ 汤开建：《明清时期外来植物引入澳门考》，《中国农史》2016 年第 5 期。
⑩ 王双怀：《明代华南农业地理》，中华书局 2002 年版。
⑪ 周宏伟：《明代两广农业地理》，湖南教育出版社 1998 年版。

助于我们理解外来作物来华海路传播研究。

有趣的是，不同作物之间的研究并不平衡，有的大田作物何止数十部（篇）专论，有的仅有一篇甚至没有，当然只要确有价值，一个作物仅有一篇也是足矣。因此在各论中针对研究较丰的作物，仅列举最有意义的研究——表1列举的作物，当然存在入华不经过海路，个别作物如甘蔗入华路径尚不明确，本章均不表。此外，上文列举的总论、综论多涵盖之，下文自不必一一尽述。

（一）美洲作物

关于美洲作物的研究占到了外来作物来华海路传播研究的半壁江山，堪称外来作物中的"显学"。美洲作物在外来作物中数量最多、影响最大（见表1），普罗大众也更加关注，此其一；传入中国处于明清时期，时序渐近，资料比较丰富，为梳理路线提供了更加便利的条件，此其二；中国海上贸易在明清时代达到最高峰，伴随着新航路的开辟西方人大量来华，此决定了明清海路相关研究更为繁盛，此其三。

美洲作物传入中国虽然系多元路径，但是均有海路一线，即通过西方人或华侨之手通过东南海路率先进入福建、广东、浙江一带，特别是闽、粤，几乎包揽了所有美洲作物。目前有一种倾向，即将美洲作物（包括明代以来的其他作物）全部归功于外国人，特别是葡萄牙人、西班牙人、荷兰人，是不可取的，因为外国人的造访在数量上毕竟不占优势，经常地、大量地、不易察觉地，是来往于祖国和东南亚的华侨，所以如果没有确凿的证据，我们一般不应将某一作物的传入归功于某一群体。①

研究美洲作物入华问题，首先要置于全球史的视角，1492年哥伦布发现新大陆，有人将此称为全球化1.0时代，此时中国的外来作物实际上是"哥伦布大交换"（Columbian Exchange）的一部分，虽然可以说中国是"哥伦布大交换"的最大受益者。了解到美洲作物是首先伴随欧洲向美洲殖民、探险、宗教传播的高潮，以欧洲为中转站，辗转经由欧洲人之后传入南亚、东南亚，并进一步流布中国，这是解题之始和先决条件。

美洲作物传播研究恒河沙数，综述也比较成熟，不必再赘述。有曹玲《明清美洲粮食作物传入中国研究综述》②、李昕升等《近十年来美洲作物

---

① 李昕升：《美洲作物的中国故事》，《读书》2020年第1期。

② 曹玲：《明清美洲粮食作物传入中国研究综述》，《古今农业》2004年第2期。

史研究综述（2004—2015）》①、王福昌《岭南动植物史研究综述》②，洋洋大观综述了岭南外来作物传入研究，主要以美洲作物为主。部分美洲作物由于颇受研究者青睐，亦有专门综述：陈明等《中国花生史研究的回顾与前瞻》③、闫敏《明清时期烟草的传入和传播问题研究综述》④、强百发等《中国近代陆地棉引种和驯化评述》⑤ 等，本身就折射出经济作物研究成果多于其他作物。

由于部分研究影响颇大抑或2015年之后的新成果未反映在上述综述中，本章简要提及代表性研究。

关于玉米的研究最多，近40年来，陈树平、咸金山、郭松义、曹树基、韩茂莉等的研究都可圈可点，学界基本达成了玉米传入中国经东南海路、西南陆路、西北陆路三大路径的共识。入华海路相对比较复杂，因为涉及多省问题且缺乏早期记载，因此曹树基曾否定东南海路⑥。李昕升等肯定了玉米在明末传入浙江⑦，郭声波等指出玉米在广东最早可信的记载是在清初，所以是不是由海路传入还不清楚⑧，福建依然有待研究。

番薯研究次之，较之玉米，番薯的路线基本清晰且多条（仅有东南海路一线），即1593年福建长乐陈振龙引自菲律宾、1584年福建泉州无名氏引自菲律宾、万历中福建漳州无名氏引自菲律宾、1582年广东东莞陈益引自越南、时间不详广东电白林怀兰引自越南、时间不详台湾无名氏引自文莱。郭松义还曾提出万历年间浙江番薯引自日本的说法。⑨

马铃薯研究不多，且长期以来入华基本问题存在错误的陈陈相因，也是近年方才廓清大概情况，项梦冰认为乾隆《房县志》是中国马铃薯最早

---

① 李昕升、王思明：《近十年来美洲作物史研究综述（2004—2015）》，《中国社会经济史研究》2016年第1期。

② 王福昌：《岭南动植物史研究综述》，《农业考古》2017年第6期。

③ 陈明、王思明：《中国花生史研究的回顾与前瞻》，《科学文化评论》2018年第2期。

④ 闫敏：《明清时期烟草的传入和传播问题研究综述》，《古今农业》2008年第4期。

⑤ 强百发、李新：《中国近代陆地棉引种和驯化评述》，《西北农业学报》2006年第3期。

⑥ 曹树基：《玉米和番薯传入中国路线新探》，《中国社会经济史研究》1988年第4期。

⑦ 李昕升、王思明：《清代玉米在浙江的传播及其动因影响研究》，《历史地理》2014年第2期。

⑧ 郭声波、吴理清：《清代民国玉米在广东山区的种植传播》，载吴滔等主编《南岭历史地理研究》第二辑，广东人民出版社2017年版，第201—210页。

⑨ 郭松义：《番薯在浙江的引种和推广》，《浙江学刊》1986年第3期。

的记载。[1] 目前在东南沿海可信的记载是 18 世纪末的广州。[2]

菜豆，张箭自言 16 世纪末传入福建或广东，[3] 其实还值得商榷，叶静渊早就否定了这条路线，叶静渊倒是认为菜豆是清中叶前后（18 世纪）从海路传入我国沿海的两广、福建等省区。[4]

李昕升《中国南瓜史》是第一部关于蔬菜作物的生命史专著，认为南瓜在 16 世纪初期首先传入福建福宁州，稍晚广东广州府、云南亦独立从东南亚、南亚引种。笋瓜和西葫芦李昕升亦有涉及，认为二者可能与南瓜同一路线，但开始无专名而混在南瓜各种别名之中。[5]

辣椒在一定意义上扮演了嗜好作物和经济作物的角色，虽然传播不快，但是影响很大，研究甚丰。曹雨《中国食辣史》是目前的集大成作，综合了之前的研究，肯定了辣椒几大传入地：明末宁波、清代广州、清代泉州（或在台闽人回流入闽）几大口岸直接由海路输入，明末辣椒进入朝鲜再传入辽东，殖民时期荷兰人将辣椒传入台湾。[6] 其实，目前除了浙江、朝鲜、台湾三条直接路线，其他基本靠猜，不宜轻易肯定，蒋慕东等较早地否定了其他线路。[7]

花生问题相对复杂，同名异物造成的理解混乱近两年才真相大白。万历及以前的所谓"落花生"基本都是香芋，所以花生可能是最早传入崇明的[8]，但是时间不在清初而在崇祯，因为《物理小识》已经清楚记载，福建的可能性也不能轻易排除，此处不展开。美国大花生则是 1862 年传教士梅里士博士带来上海再至山东。[9]

烟草最早传入中国漳州约在万历中叶，在这一条海路是最重要的；广东同时或稍晚引自越南，[10] 影响颇大的《中国烟草史》[11] 也持这一吴晗早

① 项梦冰：《中国马铃薯历史札记》，《现代语言学》2018 年第 2 期。
② 汤开建：《明清时期外来植物引入澳门考》，《中国农史》2016 年第 5 期。
③ 张箭：《菜豆——四季豆发展传播史研究》，《农业考古》2014 年第 4 期。
④ 叶静渊：《明清时期引种的豆类蔬菜考》，《中国农史》1994 年第 3 期。
⑤ 李昕升：《中国南瓜史》，中国农业科学技术出版社 2017 年版。
⑥ 曹雨：《中国食辣史》，北京联合出版公司 2019 年版。
⑦ 蒋慕东、王思明：《辣椒在中国的传播及其影响》，《中国农史》2005 年第 2 期。
⑧ 陈亚昌：《明代落花生，形似香芋非花生　清初长生果，崇明首种真花生》，《江苏地方志》2018 年第 2 期。
⑨ 王传堂：《美国大花生传入山东的考证》，《中国农史》2015 年第 2 期。
⑩ 徐晓望：《明代烟草传播新考》，《闽台文化交流》2012 年第 1 期。
⑪ [美] 班凯乐：《中国烟草史》，皇甫秋实译，北京大学出版社 2018 年版。

就提出的观点。1865年英国人将陆地棉引入上海；1916年海南岛引入一年生海岛棉；多年生海岛棉尚不清楚，可能在20世纪之前便已入华。[①]

木薯在19世纪初栽培传入中国，它首先传入广东。[②] 番茄是明朝万历年间首先引进到中国的两广地区。[③] 向日葵应该是在万历年间首先传入江浙。[④] 中国台湾地区在1922年开始栽培可可，种子由印尼爪哇引进。[⑤] 豆薯可能在17世纪末从海外传入广东顺德。[⑥] 西洋参于1720年由法国商人首先输入中国。[⑦] 菠萝在明末引入澳门。[⑧] 橡胶1904年分别传入中国云南、海南和台湾岛。[⑨] 金鸡纳树皮17世纪末传入中国。[⑩] 腰果20世纪初传入海南和台湾。[⑪] 西番莲在清初传入广东。[⑫] 番荔枝、番木瓜的记载分别最早见于清初《岭南杂记》和清初闽粤方志。[⑬]

佛手瓜、蕉芋、番石榴、油梨、蛋黄果、人心果、古柯等，虽然笔者可以结合史料进行简要梳理其海路入华史，前人也偶有提及，但是目前并无专门、系统的研究，料想也是与其重要性不突出、过于小众相关。

（二）其他作物

美洲作物之外的其他作物数量也比较可观，但来源地多样，相对而言地中海作物居多，印度作物次之，当然它们在数量上均不及美洲作物，传入时间也千差万别，从先秦到民国。汉代以后，特别是唐代以来海路传入外来作物日益可观，一些西北丝路最初传入的作物，亦经常由海路传播。

这些外来作物多起源于地中海、印度，但是我们看到宋代以来多从东南亚直接引进，明清时达到高峰。它们种植面积的扩大及中国进口地的转

---

① 汪若海、承泓良、宋晓轩：《中国棉史概述》，中国农业科学技术出版社2017年版。

② 张箭：《木薯发展史初论》，《中国农史》2011年第2期。

③ 刘玉霞：《番茄在中国的传播及其影响研究》，硕士学位论文，南京农业大学，2007年。

④ 曾芸、王思明：《向日葵在中国的传播及其动因分析》，《古今农业》2005年第1期。

⑤ 张箭：《可可的起源、发展与传播初探》，《经济社会史评论》2012年第0期。

⑥ 张箭：《豆薯——地瓜栽培传播史研究报告》，《古今农业》2007年第3期。

⑦ 张连学：《美国人参栽培史的初步研究》，《特产科学实验》1987年第4期。

⑧ 张箭：《菠萝发展史考证与论略》，《农业考古》2007年第4期。

⑨ 张箭：《试论中国橡胶（树）史和橡胶文化》，《古今农业》2015年第4期。

⑩ 张箭：《金鸡纳的发展传播研究——兼论疟疾的防治史（下）》，《贵州社会科学》2017年第1期。

⑪ 钱大江：《热带著名的果树和油料树——腰果》，《云南林业科技通讯》1974年第1期。

⑫ 汤开建：《明清时期外来植物引入澳门考》，《中国农史》2016年第5期。

⑬ 叶静渊：《关于我国几种热带亚热带果树引种史的商榷》，《古今农业》1988年第2期。

变，与宋元时期海洋贸易的发展及海上航路的拓展有着密不可分的联系，当然东南亚本身更具有地缘优势，这是先决条件。

在前丝绸之路时代，小麦可能就通过海洋之路进入中国，因为在福建栖霞县的沿海地区考古发现的黄花山遗址中发现了距今 4000 年前小麦。[①]

早在东汉就已有外来作物从海上丝路传入，仅仅稍晚于海上丝路的开通。广州虽然不是最早始发港，但是亦占有重要地位。光孝寺内两种"海药"——诃黎勒与苹婆的传入就是明证，[②] 或为最早通过海上丝路传入的一批外来作物。

亚洲棉早在西汉便已进入海南，从海上传来存在现实可能。[③] 高粱应该是在两汉魏晋及宋元时期通过多种途道先后传入中国，东汉前期之前就通过海路进入了岭南地区，虽然该线路影响不大。[④]

胡椒早在汉魏已然从印度通过陆路传入中国，五代时期南海成为胡椒产地，胡椒已经主要通过海路进入中国。[⑤] 罂粟亦是如此，667 年东罗马帝国将之献给高宗李治，后经由印度、东南亚在 15 世纪再次传入广东一带。[⑥]

海枣在 9 世纪被引入广州；9 世纪的岭南同样栽培了开心果。[⑦] 菠萝蜜可能早在萧梁时期从印度引入广东（南海神庙），宋代以来颇多从东南亚进入广东。[⑧] 苦瓜可能在北宋时期由印度和东南亚一带传入中国。[⑨] 丝瓜当是入宋后，随着闽、浙一带对外交通贸易的兴起而由海上传入。[⑩] 芒果之名"庵罗果"虽然国人东晋已经知晓，但引入较迟，16 世纪初方引入

① 赵志军：《南方人吃不惯面食，我们祖先也是》，"中国社会科学网"2018 年 2 月 1 日，http：//ex.cssn.cn/kgx/kgsb/201802/t20180201_3836724.shtml，2020 年 1 月 1 日。
② 柏宇亮：《从光孝寺植物看海上丝绸之路》，《客家文博》2014 年第 1 期。
③ 汪若海、承泓良、宋晓轩：《中国棉史概述》，中国农业科学技术出版社 2017 年版。
④ 赵利杰：《试论高粱传入中国的时间、路径及初步推广》，《中国农史》2019 年第 1 期。
⑤ 涂丹：《东南亚胡椒与明代社会经济》，《江西社会科学》2019 年第 3 期。
⑥ 张巨保：《19—20 世纪中叶中国罂粟种植史研究》，广东人民出版社 2017 年版。
⑦ ［美］薛爱华：《撒马尔罕的金桃——唐代舶来品研究》，社会科学文献出版社 2016 年版，第 313—314、372 页。
⑧ 吴定尧：《我国种植菠萝蜜的历史考证》，载《农史研究》编委会《农史研究》第五辑，农业出版社 1985 年版，第 89—91 页。
⑨ 薛彦斌：《中国苦瓜史考略》，《古今农业》2019 年第 1 期。
⑩ 程杰：《我国黄瓜、丝瓜起源考》，《南京师大学报（社会科学版）》2018 年第 2 期。

广东。①

荷兰豆大概在乾隆初年就已经传入福建地区，但到乾隆中后期才传入广东；花椰菜可能在 18 世纪末传入广州；咖啡可能在 18 世纪中后期由葡萄牙人传入澳门。②

紫色的结球甘蓝是在乾隆年间从印度尼西亚传入台湾和福建的，但是白色的结球甘蓝直到清末民国时才从朝鲜传入中国台湾、福建等东南沿海地区，这两种结球甘蓝是从不同地方在不同时间传入闽、台的。③ 洋葱早在唐代便自西亚传入，今人只知其近代由海道传入，其实即使是海道，在清初也已经进入澳门。④

凤梨、草莓栽培开始于 1915 年。⑤ 1871 年美国传教士倪维斯将西洋苹果引进山东烟台。⑥

柠檬、西芹、西蓝花等来华传播路径尚不清晰，研究乏人，但通过海路是没有问题的。

五　前瞻

梳理到这里，综上所述，目前的研究现状已经呼之欲出了。笔者曾经就作物史研究提出了一些展望⑦，今天看来仍然没有过时。

（一）填补空白

600 余种外来作物，大概一半是通过海路传入中国，这其中的主要/常见作物大概百余种（表 1 尚不及百余种），这百余种作物的入华海路传播史我们当然没有必要一一连篇累牍地考察，但是至少要将其轮廓大致梳理清楚，以防范一些常识性的错误，这在学术研究发达的今天，依然是常见的。至于其中的重要作物，则有必要进行专论。

但是目前我们看到的是研究不平衡。所谓的研究不平衡，就是个别作

---

① 叶静渊：《"庵罗果"辨》，《农业考古》1989 年第 1 期。

② 汤开建：《明清时期外来植物引入澳门考》，《中国农史》2016 年第 5 期。

③ 薛彦乔：《由海道传入福建的两种农作物：高丽菜和新罗葛》，《农业考古》2017 年第 4 期。

④ 汤开建：《明清时期外来植物引入澳门考》，《中国农史》2016 年第 5 期。

⑤ 李好琢：《栽培种草莓的起源、演化和传播》，《中国种业》2005 年第 5 期。

⑥ 罗桂环：《苹果源流考》，《北京林业大学学报（社会科学版）》2014 年第 2 期。

⑦ 李昕升、王思明：《评〈中国古代粟作史〉——兼及作物史研究展望》，《农业考古》2015 年第 6 期。

物研究扎堆，比如讨论玉米来华路径的文章多之又多，但是很多是低水平重复建设或谬论的陈陈相因，这样的专题研究倒不如来一个全面、系统梳理的专著。笔者以为应该视该作物的重要性，特别重要的外来作物应该成书（史话除外），目前我们看到的仅有棉花、烟草、南瓜、辣椒、罂粟、西瓜（博论未上线）、花生（博论未上线），比较重要的外来作物应该至少有一两篇专题研究，如柠檬、芹菜等，个别错误研究，如果要理顺清楚，则需要花费更多的笔墨。

要之，未来的研究应该从粮食/经济作物史研究向蔬菜/果树作物史研究逐渐转移，重点针对尚未研究过的外来作物，填补空白。

（二）多学科学识

应该采用多学科、多领域进行交叉研究的方法。除了社会科学的基本方法（文献学、人类学、语言学及一些后现代史学），特别需要借鉴自然科学的方法（考古学、地理学、农学）。除了史无定法的理论自觉，研究外来作物传播问题本身就不仅仅是一个史学问题，如果具有学科融合的功力势必事半功倍，实现理论视野和实证的结合。

这是由研究对象的性质决定的，"作物""传播"这两个关键词，本身即是他学科擅场，其在本章第一部分提出的"外来作物"悖论和多路线问题，就是基于作物起源、传播理论得出的结论。综述中的概括性书写并不做肯定的话语，多是合理推测和演绎，如果得到考古学证明则可以坐实。但是目前考古学多关注上古，很少关注帝制社会的问题（或是时序太晚意义不大、由于文献资料丰富等原因）。近年"南海一号"的考古工作取得重要进展，其中的胡椒是我国迄今见报道的考古发现的年代最早的胡椒实物。[①] 如此考古与文献的二重证据法则表明了胡椒确系宋代已经作为重要调味品通过海路进入福建泉州。

（三）全球史视野

外来作物为"外来"，具有全球史视野就相当重要。首先我们要了解该作物的原产地、次生中心、驯化历史等问题，有一个基本的判断之后再研究其入华路径。譬如美洲作物的中国起源论，根本就是一种异想天开的假想。当然，上述错误主要发生在20世纪、21世纪伊始，此种讨论就已

---

① 赵志军：《宋代远洋贸易商船"南海一号"出土植物遗存》，《农业考古》2018年第3期。

经不占主流了，驳斥玉米起源于中国的论文最后一篇见于 2000 年。① 不过今天我们依然偶尔看到此种辨析，最后虽然他们"得出了"外来作物确系外来作物的结论，但完全是一种没有意义的炒冷饭。

以往的建立在国家疆界和民族主义范畴上的分析架构，已经无法满足我们更好地了解作物传播的历史。应当打破"中心"与"边缘"的设定，开阔历史书写的空间视野；应当特别注意不同国家、不同地区在同一时序上的史料交叉对比的重要性。外来作物引种到我国是一个多次引种的复杂的、长期的历史过程。劳费尔《中国伊朗编》就是这方面的典范，私以为即使 100 年后的今天，劳费尔的高度依然很难超越。

总之，在海上丝绸之路研究兴盛的今天，外来作物来华海路传播研究显得越发重要，是中外交通史的重要研究内容。要促进中西文化交流研究的形神兼备，该领域是不可缺少的。但是目前我们做的还很不够，"历史赞美尸骨累累的战场，却不屑于谈论人们赖以生存的农田；历史知道皇帝私生子的姓名，却不能告诉我们小麦是从哪儿来的"（法布尔，J. H. Fabre）。虽然已有 2017 年倪根金教授领衔国家社会科学基金重大项目"岭南动植物农产史料集成汇考与综合研究"珠玉在前，我们依然任重道远。

———————

① 李晓岑：《关于玉米是否为中国本土原产作物的问题》，《中国农史》2000 年第 4 期。

参考文献

古籍

主要包括正史、政书、类书、丛书、农书、医书、本草书、饮食书、笔记、别集、民间文献等。

略，主要见文中脚注。

地方志

囊括全国数千部方志。

略，主要见文中脚注。

专著

Н. Й. 瓦维洛夫：《主要栽培植物的世界起源中心》，董玉琛译，农业出版社 1982 年版。

N. W. 西蒙兹：《作物进化》，赵伟钧等译，农业出版社 1987 年版。

埃斯特·博塞拉普：《农业增长的条件：人口压力下农业演变的经济学》，罗煜译，法律出版社 2015 年版。

艾尔弗雷德·W. 克罗斯比：《哥伦布大交换：1492 年以后的生物影响和文化冲击》，郑明萱译，中国环境出版社 2014 年版。

艾丽丝·罗伯茨：《驯化：十个物种造就了今天的世界》，李文涛译，读者出版社 2019 年版。

安德烈·贡德·弗兰克：《白银资本》，刘北成译，中央编译出版社 2013 年版。

比尔·劳斯：《改变历史进程的 50 种植物》，高萍译，青岛出版社 2016
　　年版。

卜凯：《中国土地利用》，（台北）台湾学生书局 1971 年版。

曹树基：《清代玉米、番薯分布的地理特征》，载《历史地理研究（二）》，
　　复旦大学出版社 1990 年版。

曹树基：《中国人口史》第五卷（上），复旦大学出版社 2005 年版。

查尔斯·曼恩：《1493：物种大交换丈量的世界史》，黄煜文译，卫城出版
　　社 2013 年版。

查尔斯·曼恩：《1493：物种大交换开创的世界史》，朱菲、王原等译，中
　　信出版社 2016 年版。

陈世元：《金薯传习录》卷上，农业出版社 1982 年影印版。

陈树平主编：《明清农业史资料（1368—1911）》，社会科学文献出版社
　　2013 年版。

陈振汉、熊振文：《清实录经济史资料 农业编》，北京大学出版社 2012
　　年版。

成崇德：《清代西部开发》，山西古籍出版社 2002 年版。

稻垣荣洋：《撼动世界史的植物》，宋刚译，接力出版社 2019 年版。

德·希·珀金斯：《中国农业的发展：1368—1968》，宋海文等译，上海译
　　文出版社 1984 年版。

第康道尔：《农艺植物考源》，俞德浚、蔡希陶编译，胡先骕校订，商务印
　　书馆 1940 年版。

方显廷：《中国经济研究（上册）》，商务印书馆 1938 年版。

菲利普·费尔南多 – 阿梅斯托：《吃：食物如何改变我们人类和全球历
　　史》，韩良忆译，中信出版社 2019 年版。

冯和法：《中国农村经济资料》，黎明书局 1933 年版。

傅维康：《民以食为天　百种食物漫话》，上海文化出版社 2017 年版。

龚胜生：《清代两湖农业地理》，华中师范大学出版社 1996 年版。

龚显曾：《薇花吟馆诗存亦园脞牍》，商务印书馆 2019 年版。

广西统计局编：《广西年鉴　第二回》，广西省政府总务处 1936 年版。

郭松义：《民命所系：清代的农业和农民》，中国农业出版社 2010 年版。

海登·怀特：《作为文学虚构的历史文本》，载彭刚主编《后现代史学理论
　　读本》，北京大学出版社 2016 年版。

韩茂莉：《中国历史农业地理》，北京大学出版社 2012 年版。

何炳棣：《明初以降人口及相关问题》，葛剑雄译，生活·读书·新知三联
　书店 2000 年版。

胡焕庸、张善余：《中国人口地理（下册）》，华东师范大学出版社 1986
　年版。

胡锡文：《甘薯来源和我们劳动祖先的栽培技术》，载中国农业遗产研究室
　编《农业遗产研究集刊（第二册）》，中华书局 1958 年版。

湖南省农业厅：《农业技术手册》，湖南科学技术出版社 1981 年版。

华中农学院编写组：《农业技术手册》，湖北人民出版社 1975 年版。

黄冕堂：《清史治要》，齐鲁书社 1990 年版。

黄冕堂：《中国历代物价问题考述》，齐鲁书社 2008 年版。

江西省政府秘书处统计室：《江西省农业统计》，江西省政府秘书处统计室
　1939 年版。

姜亚沙、经莉、陈湛绮：《台湾史料汇编》（八），全国图书馆文献缩微复
　制中心 2004 年版。

杰弗里·M. 皮尔彻：《世界历史上的食物》，张旭鹏译，商务印书馆 2015
　年版。

酒井伸雄：《改变近代文明的六种植物》，张蕊译，重庆大学出版社 2019
　年版。

凯瑟琳·赫伯特·豪威尔：《植物传奇　改变世界的 27 种植物》，明冠华、
　李春丽译，人民邮电出版社 2018 年版。

赖彦于主编：《广西一览·农林》，广西印刷厂 1935 年版。

李伯重：《江南农业的发展 1620—1850》，上海古籍出版社 2007 年版。

李令福：《中国北方农业历史地理专题研究》，中国社会科学出版社 2020
　年版。

李秋芳：《明清时期华北平原粮食种植结构变迁研究》，社会科学文献出版
　社 2016 年版。

李昕升：《中国南瓜史》，中国农业科学技术出版社 2017 年版。

李兆良：《宣德金牌启示录——明代开拓美洲》，联经出版有限公司 2013
　年版。

李中清：《中国西南边疆的社会经济（1250—1850）》，林文勋等译，人民
　出版社 2012 年版。

梁方仲：《中国历代户口、田地、田赋统计》，上海人民出版社 1980 年版。

梁诸英：《明清以来徽州地区农业地理研究》，方志出版社 2018 年版。

林江：《食物简史：浓缩在 100 种食物里的人类简史》，中信出版社 2020 年版。

刘翠溶主编：《自然与人为互动：环境史研究的视角》，联经出版有限公司 2008 年版。

罗威廉：《最后的中华帝国：大清》，李仁渊等译，中信出版社 2016 年版。

马克·B. 陶格：《世界历史上的农业》，刘健等译，商务印书馆 2015 年版。

孟凡等：《世界植物文化史论》，江西科学技术出版社 2017 年版。

民国《双山县乡土志》，转引自辽宁省档案馆选编：《编修地方志档案选编》，辽宁省档案馆 1983 年版。

闵宗殿主编：《中国农业通史·明清卷》，中国农业出版社 2016 年版。

农垦部生产局：《国营农场农业技术手册》，上海科学技术出版社 1982 年版。

农商部总务厅统计科：《第九次农商统计表》，农商部总务厅统计科 1924 年版。

农商部总务厅统计科：《第四次农商统计表》，中华书局 1917 年版。

彭慕兰、史蒂文·托皮克：《贸易打造的世界》，黄中宪等译，上海人民出版社 2018 年版。

彭世奖：《中国作物栽培简史》，中国农业出版社 2012 年版。

彭雨新：《清代土地开垦史资料汇编》，武汉大学出版社 1992 年版。

乔·罗宾逊：《食之养：果蔬的博物学》，王晨译，北京大学出版社 2019 年版。

山东省农业科学院：《中国玉米栽培》，上海科学技术出版社 1962 年版。

史志宏：《清代农业的发展和不发展》，社会科学文献出版社 2017 年版。

唐启宇：《中国作物栽培史稿》，农业出版社 1986 年版。

万光汉：《广西分省地志》，中华书局 1939 年版。

万国鼎：《五谷史话》，中华书局 1961 年版。

王宝卿：《明清以来山东种植结构变迁及其影响研究》，中国农业出版社 2007 年版。

王福昌：《明清以来闽粤赣边的农业变迁与山区环境》，中国社会科学出版社 2016 年版。

王建革：《传统社会末期华北的生态与社会》，生活·读书·新知三联书店
2009 年版。

王思明：《美洲作物在中国的传播及其影响研究》，中国三峡出版社 2010
年版。

王毓瑚：《区种十种》，财政经济出版社 1955 年版。

王子今编：《趣味考据》第 2 辑，云南人民出版社 2005 年版。

威廉·F. 托尔博特、奥拉·史密斯编：《马铃薯生产与食品加工》，刘孟
君译，上海科学技术出版社 2017 年版。

威廉·麦克尼尔：《马铃薯如何改变了世界历史》，载陈恒、耿相新《新史
学》第 10 辑《古代科学与现代文明》，大象出版社 2013 年版。

魏宏运主编：《国史纪事本末（1949—1999）第二卷 社会主义过渡时期》，
辽宁人民出版社 2003 年版。

吴传钧：《中国粮食地理》，商务印书馆 1947 年版。

吴慧：《中国历代粮食亩产研究》，农业出版社 1985 年版。

吴松弟主编：《中国近代经济地理（九卷本）》，华东师范大学出版社 2016
年版。

吴增：《蕃薯杂咏》，泉山书社 1937 年版。

夏明方：《民国时期自然灾害与乡村社会》，中华书局 2005 年版。

萧正洪：《环境与技术选择》，中国社会科学出版社 1998 年版。

星川清亲：《栽培植物的起源与传播》，段传德、丁法元译，河南科学技术
出版社 1981 年版。

行政院农村复兴委员会：《广西省农村调查》，商务印书馆 1935 年版。

徐映璞：《两浙史事丛稿》，浙江古籍出版社 1988 年版。

许道夫：《中国近代农业生产及贸易统计资料》，上海人民出版社 1983
年版。

杨虎：《20 世纪中国玉米种业科技发展研究》，中国农业科学技术出版社
2013 年版。

杨文钰、屠乃美主编：《作物栽培学各论 南方本》，中国农业出版社 2003
年版。

伊藤章治：《马铃薯的世界史》，陕西人民出版社 2020 年版。

易劳逸：《家族、土地与祖先》，苑杰译，重庆出版社 2019 年版。

英格丽·哈斯林格：《诸神的礼物：马铃薯的文化史与美味料理》，薛文瑜译，浙江大学出版社 2018 年版。

于薇、吴滔、谢湜：《南岭历史地理研究》第二辑，广东人民出版社 2017 年版。

于振文主编：《作物栽培学各论 北方本》，中国农业出版社 2003 年版。

俞为洁：《中国食料史》，上海古籍出版社 2011 年版。

张宏杰：《饥饿的盛世》，重庆出版社 2019 年版。

张建民：《明清长江流域山区资源开发与环境演变：以秦岭—大巴山区为中心》，武汉大学出版社 2007 年版。

张箭：《新大陆农作物的传播和意义》，科学出版社 2014 年版。

张平真：《蔬菜名称考释》，北京燕山出版社 2006 年版。

张心一：《中国粮食问题》，中国太平洋国际学会 1932 年版。

张心一：《中国农业概况估计》，金陵大学 1932 年版。

章有义：《中国近代农业史资料》第三辑（1927—1937），生活·读书·新知三联书店 1957 年版。

章之凡、王俊强：《20 世纪中国主要农作物生产统计资料汇编》，中国农业遗产研究室 2005 年版。

赵冈等：《清代粮食亩产量研究》，中国农业出版社 1995 年版。

中国第一代历史档案馆：《清代地租剥削形态》，中华书局 1982 年版。

中国第一代历史档案馆：《清代土地占有关系与佃农抗租斗争》，中华书局 1988 年版。

中国科学院中国植物志编辑委员会主编：《中国植物志》，科学出版社 1985 年版。

中国社会科学院经济研究所编：《清代道光至宣统间粮价表》，广西师范大学出版社 2009 年版。

中国社会科学院历史研究所清史研究所编：《清史资料 第 7 辑》，中华书局 1986 年版。

周宏伟：《清代两广农业地理》，湖南教育出版社 1998 年版。

朱维干：《福建史稿 下》，福建教育出版社 1986 年版。

朱维铮、李天纲主编：《徐光启全集（五）》，上海古籍出版社 2010 年版。

主计处统计局：《中华民国统计年鉴》，中国文化事业公司 1948 年版。

Sidney Mintz, "The changing roles of food in the study of consumption", In:

John Brewer/Roy Porter（eds）：*Consumption and the World of Goods*，London/New York：routledge.

期刊

《各省玉米产量及其种植面积》，《中农经济统计》1942 年第 2 卷第 10 期。

《各省玉米种植面积及其指数（二十年至三十年)》，《中农月刊》1942 年第 3 卷第 10 期。

《嘉庆朝安徽浙江棚民史料》，《历史档案》1993 年第 1 期。

L. Canington Goodrich：《中国几种农作物之来历》，蒋彦士译，《农报》1937 年第 4 卷第 20 期。

李鹏旭：《马铃薯传入甘肃初探》，《古今农业》2010 年第 2 期。

曹玲：《美洲粮食作物的传入对我国农业生产和社会经济的影响》，《古今农业》2005 年第 3 期。

曹玲：《美洲粮食作物的传入对我国人民饮食生活的影响》，《农业考古》2005 年第 3 期。

曹玲：《明清美洲粮食作物传入中国研究综述》，《古今农业》2004 年第 2 期。

曹树基：《明清时期的流民和赣北山区的开发》，《中国农史》1986 年第 2 期。

曹树基：《明清时期的流民和赣南山区的开发》，《中国农史》1985 年第 4 期。

曹树基：《玉米和番薯传入中国路线新探》，《中国社会经济史研究》1988 年第 4 期。

曾雄生：《读〈金薯传习录〉札记》，《古今农业》1992 年第 4 期。

陈冬生：《甘薯在山东传播种植史略》，《农业考古》1991 年第 1 期。

陈桂权：《由副食到主食：从马铃薯的本土化看其主粮化的前景》，《古今农业》2015 年第 3 期。

陈树平：《玉米和番薯在中国传播情况研究》，《中国社会科学》1980 年第 3 期。

陈永伟、黄英伟、周羿：《"哥伦布大交换"终结了"气候—治乱循环"吗？——对玉米在中国引种和农民起义发生率的一项历史考察》，《经济学（季刊）》2014 年第 3 期。

陈钟琪：《试论明清时期甘薯在西南地区的传播与影响》，《长江师范学院
学报》2012 年第 11 期。

陈竺同：《南洋输入生产品史考》，《南洋研究》1936 年第 6 卷第 6 期。

陈宗龙：《云南玉米种植制度》，《耕作与栽培》1993 年第 4 期。

崔思朋：《明清时期丝绸之路上的中国与世界——以外来作物在中国的传
播为视角》，《求索》2020 年第 3 期。

崔助林：《19 世纪以来马铃薯在山西地区的传播及其影响》，《山西大同大
学学报（自然科学版）》2008 年第 4 期。

翟乾祥：《16—19 世纪马铃薯在中国的传播》，《中国科技史料》2004 年
第 1 期。

丁晓蕾：《马铃薯在中国传播的技术及社会经济分析》，《中国农史》2005
年第 3 期。

丁颖：《作物名实考（九）》，《农声》1929 年第 123 期。

樊如森：《中国历史经济地理学的回顾与展望》，《江西社会科学》2012 年
第 4 期。

冯尔康：《清代的货币地租与农民的身份地位初探》，《南开学报》1980 年
第 1 期。

符必春：《民国时期四川玉米物流空间格局研究》，《农业考古》2014 年第
4 期。

耿占军：《清代玉米在陕西的传播与分布》，《中国农史》1998 年第 1 期。

龚启圣：《怎样理解近代中国的经济与社会——来自现代经济学的解读》，
《量化历史研究》2014 年第 1 期。

龚胜生：《清代两湖地区的玉米和甘薯》，《中国农史》1993 年第 3 期。

郭沫若：《纪念番薯传入中国三百七十周年》，《光明日报》1963 年 6 月
25 日。

郭松义：《番薯在浙江的引种和推广》，《浙江学刊》1986 年第 3 期。

郭松义：《古籍所载有关玉米别称的几点辩证》，《中国农史》1986 年第
2 期。

郭松义：《明清时期的粮食生产与农民生活水平》，《中国社会科学院历史
研究所集刊》第 1 辑，2001 年。

郭松义：《清代北方旱作区的粮食生产》，《中国经济史研究》1995 年第

1 期。

郭松义：《玉米、番薯在中国传播中的一些问题》，《清史论丛》1986 年第
　　7 期。

郭松义：《政策与效应：清中叶的农业生产形势和国家政策投入》，《中国
　　史研究》2009 年第 4 期。

郭云奇：《玉米在河南的传播种植及其农业经济价值》，《农业考古》2019
　　年第 3 期。

郭志炜：《清至民国山西玉米种植迟滞的原因探析》，《农业考古》2017 年
　　第 4 期。

韩茂莉：《近五百年来玉米在中国境内的传播》，《中国文化研究》2007 年
　　第 1 期。

韩萍等：《中国玉米生产 30 年回顾》，《中国农学通报》2007 年第 11 期。

韩强强：《环境史视野与清代陕南山地农垦》，《中国社会经济史研究》
　　2020 年第 1 期。

韩昭庆：《清中叶至民国玉米种植与贵州石漠化变迁的关系》，《复旦学报
　　（社会科学版）》2015 年第 4 期。

何炳棣：《美洲作物的引进、传播及其对中国粮食生产的影响》，《世界农
　　业》1979 年第 4、5、6 期。

何祚宇、代谦：《雾霾中的历史阴影——美洲作物引入、清代人口爆炸与
　　生态环境的长期退化》，第四届量化历史研究国际年会论文集，2016 年。

侯艳兰、史志林：《马铃薯在甘肃的传播及对其饮食文化的影响》，《古今
　　农业》2016 年第 2 期。

侯杨方：《美洲作物造成了康乾盛世？——兼评陈志武〈量化历史研究告
　　诉我们什么?〉》，《南方周末》2013 年 11 月 2 日。

华林甫：《中国历史农业地理研究的世纪回顾》，《经济地理》2006 年第
　　5 期。

黄志繁：《清代赣南的生态与生计——兼析山区商品生产发展之限制》，
　　《中国农史》2003 年第 3 期。

黄宗智：《中国经济史中的悖论现象与当前的规范认识危机》，《史学理论
　　研究》1993 年第 1 期。

黄宗智：《走出"马尔萨斯陷阱"——博塞拉普〈农业增长的条件：人口
　　压力下农业演变的经济学〉导读》，《文化纵横》2015 年第 3 期。

霍丽杰：《马铃薯传入甘青地区探赜》，《西部学刊》2020 年第 5 期。

姜纬堂：《乾隆推广番薯——兼说陈世元晚年之贡献》，《古今农业》1993
年第 4 期。

蓝勇：《明清美洲农作物引进对亚热带山地结构性贫困形成的影响》，《中
国农史》2001 年第 4 期。

李伯重：《不可能发生的事件？——全球史视野中的明朝灭亡》，《历史教
学》2017 年第 3 期。

李伯重：《反思"新经济史"：回顾、分析与展望》，《澳门理工学报（人
文社会科学版）》2017 年第 1 期。

李博文：《1937 年以前玉米在黄河三角洲地区的发展情况研究》，《青岛农
业大学学报（社会科学版）》2017 年第 2 期。

李博文：《晚清民国时期番薯在黄河三角洲的引种推广》，《农业考古》
2018 年第 3 期。

李浩：《新大陆发现之前中国与美洲交流的可行性分析》，《中国海洋大学
学报（社会科学版）》2018 年第 3 期。

李令福：《历史农业地理学基本理论问题初探》，《陕西师范大学学报（哲
学社会科学版）》2000 年第 4 期。

李令福：《明清山东粮食作物结构的时空特征》，《中国历史地理论丛》
1994 年第 1 期。

李令福：《再论华北平原二年三熟轮作复种制形成的时间》，《中国社会经
济史研究》2005 年第 3 期。

李天锡：《华侨引进番薯新考》，《中国农史》1998 年第 1 期。

李昕升、丁晓蕾、王思明：《农史研究中"方志·物产"的利用——以南
瓜在中国的传播为例》，《青岛农业大学学报（社会科学版）》2014 年第
1 期。

李昕升、丁晓蕾：《再谈〈金瓶梅〉、〈红楼梦〉之瓜子》，《云南农业大学
学报（社会科学版）》2014 年第 4 期。

李昕升、王思明：《近十年来美洲作物史研究综述（2004—2015）》，《中
国社会经济史研究》2016 年第 1 期。

李昕升、王思明：《南瓜在长江中游地区的引种推广及其影响》，《中国农
史》2015 年第 1 期。

李昕升、王思明：《南瓜在中国西南地区的引种推广及其影响》，《自然辩

证法研究》2014 年第 7 期。

李昕升、王思明:《再谈玉米在中国引种和农民起义发生率——兼与陈永伟等先生商榷》,《暨南史学》2016 年第 1 期。

李昕升:《近 40 年以来外来作物来华海路传播研究的回顾与前瞻》,《海交史研究》2019 年第 4 期。

李映发:《清初移民与玉米甘薯在四川地区的传播》,《中国农史》2003 年第 2 期。

李玉尚、杨雨茜:《番薯、玉米与清初以来四川的钩虫病》,《科学与管理》2013 年第 6 期。

李园:《明清时期甘薯的引种及其在山东的推广》,《山东农业大学学报(社会科学版)》2011 年第 2 期。

李兆良:《谁先发现美洲新大陆——中国地理学西传考证》,《测绘科学》2017 年第 10 期。

李中清:《1250—1850 年西南移民史》,《社会科学战线》1983 年第 1 期。

梁方仲:《番薯输入中国考》,《昆明中央日报之〈史学〉》1939 年第 93 期。

梁四宝、王云爱:《玉米在山西的传播引种及其经济作用》,《中国农史》2004 年第 1 期。

梁四宝、张晓玲:《马铃薯在山西的传播引种及其经济作用》,《山西大学学报(哲学社会科学版)》2007 年第 4 期。

梁诸英:《清代徽州玉米经济新探——以文书资料为中心》,《安徽大学学报(哲学社会科学版)》2014 年第 6 期。

刘超建、王恩春:《由外而内:回疆玉米种植问题的再探讨》,《农业考古》2017 年第 1 期。

刘鑫凯、朱宏斌:《清代马铃薯在陕西的引种与传播》,《中国历史地理论丛》2020 年第 3 期。

龙登高:《借鉴明清"田面权"制度 创新土地制度改革模式》,2013 年全国哲学社会科学规划办公室《成果要报》第 41 期。

罗树杰:《清代玉米、番薯在广西的传播差异原因新解——兼与郑维宽教授商榷》,《广西民族大学学报(哲学社会科学版)》2014 年第 5 期。

马雪芹:《明清时期玉米、番薯在河南的栽种与推广》,《古今农业》1999 年第 1 期。

闵宗殿：《试论清代农业的成就》，《中国农史》2005 年第 1 期。

莫柄权：《广西省玉米之栽植及其螟害发生情形之调查》，《中农所简讯》1938 年第 8 期。

莫柄权：《玉米挽救了广西粮荒》，《农业通讯》1947 年第 1 卷第 1 期。

莫代山：《清代改土归流后武陵民族地区的玉米种植及其社会影响》，《青海民族研究》2016 年第 1 期。

倪仲俊：《早期台湾诗歌中对番薯的想象：来源、环境与社会功能》，《中国饮食文化》（台湾）2016 年第 4 期。

欧阳春林、黄敬荣：《土地革命时期番薯在中央苏区的种植》，《农业考古》2019 年第 1 期。

欧阳春林、郑金彪：《金学曾推进番薯在闽种植考》，《青岛农业大学学报（社会科学版）》2012 年第 1 期。

秦和平：《清代农作物交流与四川山地民族交融》，《中山大学学报（社会科学版）》2020 年第 1 期。

饶伟新：《清代山区农业经济的转型与困境：以赣南为例》，《中国社会经济史研究》2004 年第 2 期。

邵侃、卜风贤：《明清时期粮食作物的引入和传播——基于甘薯的考察》，《安徽农业科学》2007 年第 22 期。

施亮功：《外域输入中国之植物考》，《学生杂志》1927 年第 4 卷第 6 期。

石涛、马国英：《清朝前中期粮食亩产研究述评》，《历史研究》2010 年第 2 期。

史志宏：《清代农业生产指标的估计》，《中国经济史研究》2015 年第 5 期。

宋序英：《中国输入重要植物之源流及其经济状况》，《新苏农》1929 年第 1 卷第 2 期。

苏文菁、黄云龙：《〈金薯传习录〉与番薯在中国的传播》，《闽商文化研究》2017 年第 2 期。

唐凌：《战时"农都"促进外来旱地粮食作物本土化效益分析》，《古今农业》2017 年第 1 期。

王宝卿、李欣章、孙宁波：《甘薯的引种传播及其影响研究——以建国前山东为例》，《中国农学通报》2010 年第 11 期。

王保宁、曹树基：《清至民国山东东部玉米、番薯的分布——兼论新进作物与原作物的竞争》,《中国历史地理论丛》2009 年第 4 期。

王保宁、朱光涌:《从抵制到接受:清代浙江的玉米种植》,《中国历史地理论丛》2019 年第 1 期。

王保宁:《花生与番薯:民国年间山东低山丘陵区的耕作制度》,《中国农史》2012 年第 2 期。

王保宁:《乾隆年间山东的灾荒与番薯引种——对番薯种植史的再讨论》,《中国农史》2013 年第 3 期。

王保宁:《以新作物为名:乾嘉年间徽州驱逐棚民运动再讨论》,《清史研究》2019 年第 1 期。

王传堂:《美国大花生传入山东的考证》,《中国农史》2015 年第 2 期。

王加华:《一年两作制江南地区普及问题再探讨》,《中国社会经济史研究》2009 年第 4 期。

王社教:《历史农业地理学刍议》,《陕西师大学报(哲学社会科学版)》1994 年第 3 期。

王思明、周红冰:《中国食物变迁之动因分析——以农业发展为视角》,《江苏社会科学》2019 年第 4 期。

王思明:《美洲原产作物的引种栽培及其对中国农业生产结构的影响》,《中国农史》2004 年第 2 期。

王思明:《外来作物如何影响中国人的生活》,《中国农史》2018 年第 2 期。

王秀丽、陈萌山:《马铃薯发展历程的回溯与展望》,《农业经济问题》2020 年第 5 期。

王叶菁:《试论玉米在甘肃的引种与传播》,《丝绸之路》2014 年第 6 期。

王政军、王宝卿:《清末至民国时期玉米、番薯在青岛地区的传播及对居民主食结构的影响》,《青岛农业大学学报(社会科学版)》2017 年第 1 期。

韦景云:《壮语"玉米"方言词分布及其传播》,《中央民族大学学报(哲学社会科学版)》2018 年第 5 期。

吴德铎:《对〈金薯传习录〉的再认识》,《读书》1981 年第 6 期。

吴德铎:《关于甘薯和〈金薯传习录〉》,《文物》1961 年第 8 期。

吴宏岐:《史念海教授与中国历史农业地理学》,《淮阴师范学院学报(哲学社会科学版)》2001 年第 6 期。

吴建新：《明清广东主要外来作物的再探索》，《古今农业》2008 年第 4 期。

吴理清：《番薯在潮州地区的传播与农业体系变动》，《农业考古》2012 年第 4 期。

郗玉松：《清代土家族地区的移民与玉米引种》，《农业考古》2014 年第 4 期。

咸金山：《从方志记载看玉米在我国的引进和传播》，《古今农业》1988 年第 1 期。

肖克之：《〈金薯传习录〉版本说》，《古今农业》2000 年第 3 期。

谢志诚：《甘薯在河北的传种》，《中国农史》1992 年第 1 期。

熊帝兵：《陈仅〈艺蒻集证〉考述——兼论清代甘薯在陕西的引种与推广》，《自然科学史研究》2019 年第 2 期。

徐天锡、张国材：《广西水稻区域》，《广西农业》1940 年第 4 期。

闫勇：《基因研究揭示玉米驯化史》，《中国社会科学报》2018 年 12 月 19 日 "国际资讯" 第 3 版。

严奇岩：《清代玉米的引进与推广对贵州石漠化的影响》，《贵州师范大学学报（社会科学版）》2010 年第 3 期。

杨宝霖：《我国引进番薯的最早之人和引种番薯的最早之地》，《农业考古》1982 年第 2 期。

杨金兰：《黑龙江玉米种植小史》，《黑龙江农业科学》2008 年第 6 期。

尹绍亭、耿言虎：《生态人类学的本土开拓：刀耕火种研究三十年回眸——尹绍亭教授访谈录》，《鄱阳湖学刊》2016 年第 1 期。

于爱芝：《番薯引入对明清人口的影响》，《华中农业大学学报（社会科学版）》2020 年第 4 期。

喻国忠：《漫谈广西主要土壤》，《南方国土资源》2007 年第 3 期。

张钫：《金皇后玉米在中国的传播与改良》，《农业考古》2018 年第 4 期。

张建民：《明清时期山区开发与发展研究综述——以南方内地山区为中心》，《中国经济与社会史评论》2010 年第 0 期。

张箭：《马铃薯的主粮化进程——它在世界上的发展与传播》，《自然辩证法通讯》2018 年第 4 期。

张箭：《新大陆玉米在欧洲的传播研究》，《海交史研究》2018 年第 1 期。

敏波、刘锋：《清代番薯引种栽培对湘西种植业的影响》，《湖南农机》

2007 年第 3 期。

张敏波、刘锋：《清代玉米推广栽培对湘西种植业的影响》，《湖南农业大学学报（社会科学版）》2007 年第 2 期。

张茜：《甘薯在四川的传播及对四川饮食文化的影响》，《农业考古》2013 年第 3 期。

张青瑶：《马铃薯引种山西及相关社会经济影响》，《历史地理》2013 年第 1 期。

张祥稳、戴家翠：《现象与本质：清代长江下游山区玉米生产引发的社会环境恶化——以杭嘉湖和皖南山区为中心的研究》，《中国农史》2020 年第 4 期。

张祥稳、惠富平：《当代长江下游山区玉米生产引发的环境问题及其应对研究》，《鄱阳湖学刊》2020 年第 3 期。

张祥稳、惠富平：《清代中晚期山地广种玉米之动因》，《史学月刊》2007 年第 10 期。

张祥稳、惠富平：《清代中晚期山地种植玉米引发的水土流失及其遏止措施》，《中国农史》2006 年第 3 期。

张祥稳、李祥凝、戴家翠：《清代以来玉米在长江下游山区的传种动因初探》，《中国农史》2019 年第 4 期。

张心一：《江苏省农业概况统计》，《统计月报》1930 年第 2 卷第 7 期。

张振兴：《论清代在西南山区推广玉米种植的生态后果》，《原生态民族文化学刊》2010 年第 3 期。

赵圣涛：《乾隆后期河南的灾赈与番薯推广》，《兰州学刊》2010 年第 8 期。

赵永翔：《清中期秦巴山区玉米种植及其影响》，《华中农业大学学报（社会科学版）》2015 年第 2 期。

郑维宽：《清代玉米和番薯在广西传播问题新探》，《广西民族大学学报（哲学社会科学版）》2009 年第 6 期。

郑伟：《玉米在四川的传播及对四川饮食文化的影响》，《农业考古》2017 年第 3 期。

周邦君：《甘薯在清代四川的传播及其相关问题》，《古今农业》2010 年第 2 期。

周邦君：《玉米在清代四川的传播及其相关问题》，《古今农业》2007 年第

4 期。

周琼、李梅：《清代中后期云南山区农业生态探析》，《学术研究》2009 年第 10 期。

周性初：《甘薯入华史》，《科学趣味》1939 年第 1 卷第 4 期。

周源和：《甘薯的历史地理——甘薯的土生、传入、传播与人口》，《中国农史》1983 年第 3 期。

朱川豫：《从美洲作物的传播到世界农史分支的开拓——评〈新大陆农作物的传播和意义〉》，《史学理论研究》2016 年第 3 期。

卓慧：《台湾文学中的番薯意象》，《海峡两岸》2016 年第 10 期。

Jia R. "Weather shocks, sweet potatoes and peasant revolts in historical China", *The Economic Journal*, 2014, 124（575）, pp. 92 – 118.

Nunn N, Qian N. "The Columbian exchange: A history of disease, food, and ideas", *The Journal of Economic Perspectives*, 2010, 24（2）, pp. 163 – 188.

Chen S, Kung K S. "Of maize and men: the effect of a New World crop on population and economic growth in China", *Journal of Economic Growth*, 2016, 21（1）, pp. 1 – 29.

Logan Kistler, ed. *Multiproxy evidence highlights a complex evolutionary legacy of maize in South America*, *Science*, 14 December 2018: Vol 362 Issue 64209.

学位论文

曹玲：《美洲粮食作物的传入、传播及其影响研究》，硕士学位论文，南京农业大学，2003 年。

陈银生：《清代江西灾荒与民间救灾探略》，硕士学位论文，江西师范大学，1997 年。

邓啟刚：《域外经济作物的引种及本土化研究》，硕士学位论文，西北农林科技大学，2013 年。

黄福铭：《明清时期番薯引进中国研究》，硕士学位论文，山东师范大学，2011 年。

姜海燕：《清代江西的粮食运销》，硕士学位论文，南昌大学，2006 年。

欧阳春林：《番薯的引种与明清福建沿海社会（1594—1911 年）》，硕士学位论文，福建师范大学，2012 年。

宋军令：《明清时期美洲农作物在中国的传种及其影响研究 ——以玉米、
番薯、烟草为视角》，博士学位论文，河南大学，2007 年。

王弘扬：《清至民国山东番薯的引种与本土化研究》，硕士学位论文，山东
农业大学，2021 年。

吴玉娴：《从明清文献看外来植物的引进与传播》，硕士学位论文，暨南大
学，2007 年。

杨光芬：《外来旱地粮食作物传入桂东南与民族经济融合研究——以玉米、
番薯、马铃薯为载体》，硕士学位论文，广西师范大学，2014 年。

杨海莹：《域外引种作物本土化研究》，硕士学位论文，西北农林科技大
学，2007 年。

杨虎：《20 世纪中国玉米种业发展研究》，博士学位论文，南京农业大学，
2011 年。

杨鹏：《美洲作物在武陵地区的引种、推广及其影响研究》，硕士学位论
文，华中师范大学，2020 年。

袁泉：《番薯引入对清代社会的影响研究》，硕士学位论文，南京财经大
学，2018 年。

张艺凡：《域外农作物的引种及其本土化研究》，硕士学位论文，西北农林
科技大学，2013 年。

郑南：《美洲原产作物的传入及其对中国社会影响问题的研究》，博士学位
论文，浙江大学，2009 年。

其他

农林部：《20 至 37 年各省历年农作物面积、产量统计表》，"中央研究院"
近代史研究所档案馆藏，资料号：20 - 07 - 065 - 01。《年鉴》很可能便
是以本档为资料来源，本档优势在于每年每个省的数据均可查便。缺乏
东北地区数据，笔者根据许道夫《中国近代农业生产及贸易统计资料》
自行修正。

王社教研究员：《玉米比番薯更容易引起地力衰退等生态问题》，http：//
ahnews. ahu. edu. cn/n/2013 - 09 - 29/262656. shtml，2013 - 09 - 29。

索　引

后　记

经常有人戏称我是南农的大土著，从本科、硕士、博士、就业，再到博士后，一直在一个学校，南农是我"唯一"的母校，我们搞历史地理、环境史的常说"环境决定技术选择"，环境更塑造了一个"人"，身处这个环境，自然潜移默化地佩戴了这个团体的"标签"，无论是为人处世、还是行文风度，无不具有这个学术共同体的特色。正是由于中华农业文明研究院（中国农业遗产研究室）一个世纪的传承，我想我才被形塑成了今天的样子，而且可以做得更好，这是我发自内心和首先感谢的。虽然我已经离开南农，但观点始终不曾改变。

有两个印象较深的体验，一个已经毕业的前辈，到了其他的单位工作之后觉得南农的研究方法、研究理念还是老一辈那一套；一个传统史学刊物对我投稿的反馈意见是感觉文风不大符合史学刊物风格。我想这都需要我们辩证地去看待的，无论我们的研究处在什么样的状态，都应该坚守自我、耐住寂寞，而没有必要一味去迎合"主流"，如南瓜一般默默地成长，相信终究会被认可；这也涉及共同体学术自信的问题，存在即是合理，如果没有了自我的特色，最终不过是"四不像"尔。所以当我有一次前往中国农科院与退休前辈刘宜生研究员座谈时，刘先生对南农依然记忆犹新，因 20 世纪的南农在农学界如同耀眼的明星，蔬菜专家的他印象最深的就是已经仙逝的叶静渊先生对栽培植物源流的考证。

我并不是因长期生活在农村，而选择农史这一毕生志业，或许是提醒我只有回到农村、关注农业、贴近农民，找寻中国文化的根，才能够在浮躁与喧嚣的生活中获得最终的安逸，因此我一直提示自己要"耕读传家"，戏称自己为"宁镇农夫"，只有增加三农的生命体验，与古代农人共情，才能写出有温度的文字，做到了解之同情，实现古今这场无休止的对话。

　　我的第一本专著是《中国南瓜史》，出乎意料地产生了一定的社会影响，"南瓜博士"一称不知谁最先叫起来，已经"家喻户晓"。不过到今天我的研究方向也发生了转向①，部分原因是我在农林经济管理博士后流动站的经历，自发地促使我的研究与经济史结合，博士后合作导师应瑞瑶教授也一直建议我要研究较大的问题（如人口增长、过密化理论等），这样自有其充分的对话空间和联结到更大的学术意义。部分原因是有感于农业经济史的衰微，20世纪经济史是经济学的主流，而农业作为第一产业，农业经济史的重要性可想而知，不但很多学者前赴后继，课程、教材（多是以"农业经济史"为名）亦是多如牛毛，今天由于各种各样的原因受重视程度有所衰弱，但是并不代表它不重要，我们农史学者更应扛起农业经济史的大旗，否则便会出现本书中提到的情况，经济学学者大行其道，并抢占了话语权。

　　包括美洲作物在内的所有作物史研究，目前学界学术关切主要倾向于作物推广、流布史，与经济史缺乏恰切的关联；研究多倾向于作物引种、推广的线性研究，仅有定性描述，且多是"引种—影响"的单调分析范式。自从我从南瓜史毕业后，我就基本不再关注南瓜了，并不是如有的学者所说的"一个南瓜一辈子"，但我也没兴趣听从朋友打趣般的建议，挨个做冬瓜史、丝瓜史等，由于视野的变换，我开始关注美洲作物群体，研究思路也有了显著变化，并不是单纯地从一到多，如开始涉猎海洋史、量化历史，提出"中国超稳定饮食结构"等。本书做的就是通过理论经济学的量化评估其影响，特别关注粮食作物的经济指标（总产、亩产、供养人口数量、土地营养密度等），以美洲作物为例，验证经济学的主要理论和事件对今天经济表现的影响，等等。

　　本书部分内容取自我已发表的文章，如发表在《中国经济史研究》（《中国社会科学文摘》全文转载）、《清史研究》（人大复印资料全文转载）、《中国历史地理论丛》、《历史地理》、《中国农史》、《海交史研究》等刊物，发表时有删节，本书全部还原，并均有不同程度地校订。我一直认为核心章节能够发表的书稿才是最好的书稿，一来证明了文字洗练，经过了期刊编辑、外审专家等的多重认可，二来也可见并不是简单地文字堆

---

① 详见李昕升《问题、范式与困境——〈中国南瓜史〉研究理路》，《地方文化研究》2020年第5期。

砌，匠心独运，存乎一心。

拉拉杂杂谈了这么多，终于可以致谢了，前面谈得多必然挤占了致谢的空间，这也是我这次乐于看到的。之前出版的专著致谢了很多人，总是挂一漏万，所以鳞次栉比，过于冗杂，这次"偷懒"一下大概也未尝不可。

感谢我的博士生导师王思明教授以及博士后导师应瑞瑶教授、郭忠兴教授的学术指导、生活关怀。感谢韩茂莉教授、"第二导师"曾雄生研究员在百忙之中做了《文库》推荐以及匿名评审专家的修改意见。

感谢郭声波教授不辞辛苦赐序一篇，而且指出了本书存在的问题：马铃薯在边疆民族地区有其独特地位，如果能够补进去与玉米、番薯一起讨论，那就非常完美了；此外，亦有专家指出本书所引方志众多，但没有补全编纂者、版本等信息，以及引用文字的具体页码。这些都是本书的遗憾，也是笔者未来的努力方向。

感谢东南大学、南京农业大学以及其他学校的许多师友，我最为得意的就是号称朋友遍天下，每个省都有数位至数十位好朋友，虽然可能是我一厢情愿，但我总是从他们的言语中收获慰藉。感谢中国社会科学出版社宋燕鹏编审，从《文库》申报到书稿出版，无一不浸润着"宋头领"的心血。我的研究生朱艳梅、张志斌就部分书稿进行了校对。

本书系国家社会科学基金重大项目"岭南动植物农产史料集成汇考与综合研究"（16ZDA123）、国家社会科学基金重大项目"古代中国乡村治理与社会秩序研究"（18ZDA171）、国家社科基金冷门绝学研究专项学者个人项目"明清以来玉米史资料集成汇考"（21VJXG015）、江苏高校哲学社会科学研究重大项目"明清以来番薯史资料集成汇考"（2021SJZDA116）的阶段成果；此外，本书研究得到东南大学中央高校基本科研业务费专项资金资助（2242022R10021）、劲牌·天佑德中国科学与文明奖学金、第六届（2020—2021年度）李约瑟丝路奖学金资助。

我一直认为学术不过是自娱自乐加混口饭吃，我们要尊重学术，但是没必要把自己看得太高；我的性格也比较直，遍览史书的我情商也还是堪忧，带来不少麻烦。学业、事业、家庭、生活中充斥着各种烦心事，所幸还有懂我的妻子、父母、朋友，特别是我的妻子蒋莉，虽然并非学术圈之人，但特别擅长鞭笞我不断进步。家家有本难念的经，人生不如意真的十有八九，希望我能如倪根金教授对我说的那样："前行中也会遇到不尽如人意的地方，但我觉得你都能战胜！"

我的《中国南瓜史》献给了我的父母，请允许我将这本书献给我的导师王思明教授。

2021 年岁末识于南京家中

第十批《中国社会科学博士后文库》专家推荐表 1

推荐专家姓名	韩茂莉	电　话	
专业技术职务	教授	研究专长	农业史
工作单位	北京大学城市与环境学院历史地理研究中心	行政职务	无
推荐成果名称	明清以来美洲粮食作物经济地理研究		
成果作者姓名	李昕升		

（对书稿的学术创新、理论价值、现实意义、政治理论倾向及是否具有出版价值等方面做出全面评价，并指出其不足之处）

　　玉米、番薯自明代嘉靖、万历年间传入中国后，逐渐成为重要的粮食作物，对中国的种植制度、种植空间、饮食结构、人民生计等都产生了重大影响，因此相关研究颇多，但近年研究新意无多，多是"引种—影响"的单调分析范式，可以说在美洲粮食作物这个问题上，无论是农业史还是历史农业地理研究都进入了一个瓶颈期，但量化历史研究却做出了"再研究"——认为玉米可以解释 1776—1910 年人口增长的 18％，这其实是认为前近代中国是典型的马尔萨斯社会。

　　李昕升受过较好的农学史学术训练，后又关注历史地理相关研究，进而联结经济史，以作物为中心，反响较好。目前所见之书稿，视野开阔、思路清晰，搜集和引证了诸多文献，深入探讨美洲粮食作物的经济地理格局及其演变的内在机制，历史时期作物地理区域变化的过程、特征和影响，推陈出新，在一定程度上推进了历史农业地理的研究。

　　全书新史料、新视野均有突破，首次利用"中央研究院"近代史研究所档案馆藏美洲作物档案，用数据说话，采用"以量化对量化"的方式，得出"美洲作物推广作为技术革新之一，是由人口增长决定的，不能倒因为果"的观点，强有力地回击了"美洲作物决定论"。作为"数据史学"的研究成果，有别于传统的叙述方式，更加强调理论视野和实证的结合，倚重历史学、农学等的分析框架、分析视角和社会科学的多样化方法，从不同角度切入分析，自然结论更加可信。该书对何炳棣先生提出的"人口爆炸—粮食短缺—美洲作物推广"三位一体的设计也进行了调试。

　　该书的不足之处是区域研究虽然覆盖了重点地理单元，但仍可继续扩大研究，锦上添花。
总之，该书是一部资料翔实、颇具新意的学术著作，推荐《文库》出版。

签字：韩茂莉

2021 年 1 月 22 日

说明：该推荐表须由具有正高级专业技术职务的同行专家填写，并由推荐人亲自签字，一旦推荐，须承担个人信誉责任。如推荐书稿入选《文库》，推荐专家姓名及推荐意见将印入著作。

第十批《中国社会科学博士后文库》专家推荐表 2

推荐专家姓名	曾雄生	电　话	
专业技术职务	研究员	研究专长	农学史
工作单位	中国科学院自然科学史研究所	行政职务	无
推荐成果名称	明清以来美洲粮食作物经济地理研究		
成果作者姓名	李昕升		

（对书稿的学术创新、理论价值、现实意义、政治理论倾向及是否具有出版价值等方面做出全面评价，并指出其不足之处）

　　自何炳棣关于美洲作物的引进、传播及其对中国粮食生产的影响的经典研究发表以来，关于美洲作物的讨论渐多，几乎所有的结果都指向一个结论——美洲作物的引进，对于清代人口增长有巨大作用。近年来量化史学更是将美洲作物，尤其是玉米，对清代人口增长贡献率给出了一个精确的数据。李昕升博士利用传统的理论与实证的方式以美洲作物经济地理为中心的研究，却得出了不一样的结论。他肯定了美洲作物的贡献，但这种贡献存在时间和区域上的差别。同时他认为，清代中国人口的增长主要还是要归功于中国传统粮食作物的贡献。这和我的看法是基本一致的。我认为，稻、麦、粟等中国传统的主要粮食作物的增产是清代以后中国人口迅速增长的主要原因。我推荐昕升博士的研究不仅仅是因为我与他所见略同，更因为我了解他在这个问题上所花的工夫。昕升从做研究生开始就致力于美洲作物的研究，并且卓有成效，出版了《中国南瓜史》专著，而后他又将对美洲作物的研究扩展到了玉米、番薯、马铃薯与中国人口增长等的研究上来，基础厚实，研究系统而深入，结论可信。

签字：曾雄生

2021 年 1 月 23 日

说明：该推荐表须由具有正高级专业技术职务的同行专家填写，并由推荐人亲自签字，一旦推荐，须承担个人信誉责任。如推荐书稿入选《文库》，推荐专家姓名及推荐意见将印入著作。